Les origines de la
France contemporaine
Hippolyte Taine

现代法国的起源Ⅲ：
大革命之雅各宾

[法] 伊波利特·泰纳 著
姚历 译

吉林出版集团股份有限公司

图书在版编目（CIP）数据

现代法国的起源．Ⅲ，大革命之雅各宾/（法）伊波利特·泰纳著；姚历译．—长春：吉林出版集团股份有限公司，2018.1

ISBN 978-7-5581-4116-4

Ⅰ.①现… Ⅱ.①伊… ②姚… Ⅲ.①法国大革命-研究 Ⅳ.①K565.41

中国版本图书馆 CIP 数据核字（2017）第 305279 号

现代法国的起源Ⅲ：大革命之雅各宾

著　　者	［法］伊波利特·泰纳
译　　者	姚　历
出 品 人	刘丛星
创　　意	吉林出版集团·北京汉阅传播
总 策 划	崔文辉
责任编辑	齐　琳　史俊南
封面设计	朝圣设计·阿正
开　　本	650mm×960mm　1/16
印　　张	19.75
版　　次	2018 年 5 月第 1 版
印　　次	2021 年 6 月第 2 次印刷
出　　版	吉林出版集团股份有限公司
发　　行	北京吉版图书有限责任公司
地　　址	北京市西城区椿树园 15-18 号底商 A222
	邮编：100052
电　　话	总编办：010-63109269
	发行部：010-63104979
官方微信	Han-read
邮　　箱	beijingjiban@126.com
印　　刷	三河市元兴印务有限公司

ISBN 978-7-5581-4116-4　　　　　定价：58.80 元

版权所有　侵权必究

目　录

序·致读者　　　　　　　　　　　　　　　　　　001

第一卷　Ⅰ　新政体的建立

第一章　　　　　　　　　　　　　　　　　　　003
第二章　　　　　　　　　　　　　　　　　　　022

第二卷　Ⅱ　夺权的第一步

第一章　　　　　　　　　　　　　　　　　　　049
第二章　　　　　　　　　　　　　　　　　　　063
第三章　　　　　　　　　　　　　　　　　　　077
第四章　外省　　　　　　　　　　　　　　　　098
第五章　巴黎　　　　　　　　　　　　　　　　119
第六章　　　　　　　　　　　　　　　　　　　135

第三卷　Ⅲ　夺权的第二步

第一章　　　　　　　　　　　　　　　　　　　169
第二章　外省：革命病毒的传染性特征　　　　　202
第三章　　　　　　　　　　　　　　　　　　　237
第四章　处于地区控制中的中央政府　　　　　　266

序·致读者

　　按照作者的创作初衷,本卷将继续追溯公权力的历史。相对于那些谈论外交、军事、经济或是宗教的大作,此卷所涉及的内容并不广泛。然而,与大革命的终篇一样,本卷的篇幅难以缩减。

　　此外,本卷的内容可能会引起诸多同胞的不快。作者不得不在此说明:如果有人认为自己掌握了政治真理,并以此去评判历史的话,那么作者肯定不在此列;事实上,作者之所以提笔作书,正是为了寻求真理。然而,作者所找到的真理似乎又过于简单,让人难以置信。不过,作者对此深信不疑,因为它是本卷论述的一切事实判断的基础。简而言之:首先,一个社会,特别是现代社会,总是纷繁复杂的。其次,这个社会总是让人难以认识和理解,因此也就难以管理。在此社会中,教养良好的有识之士必然优于粗俗不堪的平庸之辈,这是理解其他诸多社会现象的前提。如果读者们对此略加思考,这一点就不难理解。

1881年4月 于巴黎

第 一 卷

I 新政体的建立

第一章

Ⅰ.革命性政党的理论基础与实践 Ⅱ.雅各宾派—他们的人格特征—在任何社会,其主张和理论都会受到压制和反对,而在有序社会中,雅各宾思潮如何得以化解—雅各宾主义者如何在新体制中寻求发展—想象与抱负的影响—过度幻想、言语不当、思维混乱—心灵空虚、贪婪妄想、心智失序 Ⅲ.雅各宾心理—思维方式—重形式、轻事实—心理失衡—心理失衡的革命性表现—雅各宾式言语及其含义—雅各宾思维的劣势—雅各宾思维的优势—思维幻觉 Ⅳ.雅各宾主义的许诺—个人虚荣心的满足—革命激情—革命激情的形式与行为特征—在雅各宾主义者眼中,除他们之外,别无真理—因此,要清除异己—此观念的最后成型—丧失理性,道德沦丧

当社会分崩离析时,唯有民众的情绪可以左右时局。能够上台掌权的,往往都是那些懂得如何取悦他们并加以利用的党派。面对民众的呼求和主张,合法的政府既无法压制,也无法满足。于是,非法的政府开始形成,对民意进行授权、刺激甚至是鼓动。随着前者的解体和削弱,后者逐渐完善和强化。直到最后,非法的政府完全合法化,取代前者的位置。

I

民众运动之所以会变得暴虐和残酷,是因为他们的行为可以在"人民主权论"中找到依据。有别于那些肤浅即兴的附议之说,这个理论历经启蒙哲学的发展与丰富,已经深入人心,成为了新宪政谱系的基石。简而言之,"人民主权"意味着政府从属于人民,是大众的公仆。人民是政府的构建者,而即使在政府建立之后,人民依然是它的主人。政府和人民之间存在着一个永久性的,或至少是长期性的"契约";"除非双方达成一致或一方违约",否则这个契约无法解除。无论政府的结构或行为如何,都必须服务于人民,而人民则无需对其承担责任,并有权随意地"调整、限制和收回出于信任而赋予政府的种种权力"。

一切公共事务都被视为人民固有的、不可分割的财产。如果我们把它们交托给政府,也应当被视为像君主暂时将权力交给臣属那样;和后者一样,政府也时常试图滥权,因此人民需要对其进行监督、训诫、斥责、压制,甚至是驱逐。但是,人民也需要提防政府的阴谋诡计,因为后者经常会以维护公共秩序为借口来束缚他们。虽然政府可以制定各种法规,但众法之上存在着一个最高法则,即政府不得侵犯人民主权。因此,如果政府冒犯了人民的权利,也就意味着它影响和妨碍了这项最高法则。即使是国民议会也可能僭越人民主权,把人民看成是虚君,将他们置于那些尚未获其认可的法律之下,他们的主张只有通过议会的议员来实现。因此,人民需要直接行使主权,对公共事务进行集体商议,对其议员的行为进行审查和批评,通过不信任投票对他们进行威慑,通过自己的公义和从政热情去弥补他们的缺失和懈怠,与他们共同把握政治的方向;而如果议员将人民带入险滩,后者有权罢免他们,拯救自己的命运。

事实上,这就是民众性政党的原则。1789年7月14日以及10月5日和6日,这个原则被付诸于实践,劳斯塔罗、卡米尔·德穆兰、费雷隆、丹东、马拉、佩蒂翁和罗伯斯庇尔在各个俱乐部、报纸以及国民会议中不断地宣扬人民主权的思想。对于他们来说，无论是在中央还是地方，政府都在滥权——如果我们推翻专制政府之后又建立了一个新的专权体制，那么之前的行为有何意义？虽然我们不再受到特权贵族的压迫，但议会代表们又构成了新的专权阶层。至少在巴黎已是如此，"公民团体已不存在，而一切都在市政府的掌控之中"。市政厅否决了一个选区撤换五个议员的权力，限制公民随意集会，并且禁止俱乐部在皇家宫殿①活动，这些都是对人民神圣权力的侵犯。

"共和主义受到保王党人的排挤"，巴黎市长巴伊"身着华丽的制服，为自己开出高达1.1万利佛尔②的年金"，私自签发军官的任命状，强制商贩佩戴特许经营徽章，并设立了针对报纸的签署审核制度。他不仅仅是暴君，更是贪污犯和窃贼，是"损害人民利益的罪人"。而国民议会本身更是一个篡权者，它要求人民和它一样向宪法宣誓，却将其体制凌驾于他们之上；它要求人民向它效忠，却漠视他们的至高权力，剥夺了他们的表决和审批权。这意味着"对人民主权的否定，对其尊严进行挑衅"，用1200人的意志替代人民的意愿（议会成员对其所代表的民众缺乏尊重）。

这种情况绝非仅有，代表们的僭越行为不甚枚举；面对民众——议会的合法主人，他们不止一次地采取解除武装、限制言论等高压政策；他们假借民意发号施令，却处处与人民为敌。他们制定高压法令，以"防止公众骚乱"，由此堵住了人民反对篡权者、压迫者和叛国者的唯一出路。为了严禁各种公共宣传和集会，他们又推出了一系列"既无效又非法的政令"，对"人民权力造成了最为严重的侵犯"。特别是议会颁布的选举法，由于其用一定的纳税额度为选举权设限，同时又为被选举权规定了更高的纳税门槛，这实际上是在非法剥夺

---

① 在大革命时期，皇家宫殿是奥尔良公爵的宅邸，但花园被公爵开放给平民使用，因此也成为了雅各宾派的活动中心之一。—译者
② 旧时法国的货币名称。—译者

成百万人的政治权利,迫使后者只能采取"报复行为"来伸张正义。因此在会场外,民众将篡权的多数派领袖们抓捕起来,并对他们宣称:"你们剥夺了我们的社会权利,因为你们在会场中是多数派;而现在我们要剥夺你们的生命,因为会场之外我们人数众多。你们从政治上将我们消灭,而我们将要从身体上消灭你们。"

在这种观念下,一切骚乱都成为了合法行为。于是,在主席台上,罗伯斯庇尔试图赦免暴乱的农民和破坏贵族府邸的纵火犯,为苏瓦松、南锡、阿维农和殖民地的民变进行辩护。至于杜埃发生的两起私刑命案,德穆兰则表示这是民众与军人们共同所为:"当时,我告诉他们不要害怕反对我,暴动是他们的合法权利";那些人罪有应得,民众有理由将他们绳之以法。

实际上,雅各宾派的领袖们不仅为各种暴乱进行开脱,而且还对其进行煽动。德穆兰以"路灯私刑总长①自居,呼吁每个省份至少执行一次私刑";而马拉也在不厌其烦地通过报纸对民众进行鼓噪,"既然公义受到威胁,那么民众应当收回他们交托于当权者的权力……是时候把那个外来的母狗②和她的小叔子③关起来了……逮捕那些重臣和他们的属下,把他们用铁链铐起来;市政长官和其他职位都应当由民众自己来担任;对拉法耶特要格外小心,高层军官们都应该被扣押起来……既然大家都食不果腹,那么有什么理由还要让王位继承人吃饱? 我们应当联合并武装起来,在国民议会上呼求,直到议会给予我们足够的政治权利……我们有权要求将我们出于爱国所缴纳的税金用在穷苦平民之上。如果这些诉求遭到拒绝,我们就要拿起武器,从那些私饱中囊、将我们置于饥饿和压迫之下的恶人那里夺回土地与财富……那些贪官污吏,拉法耶特以及他在军队高层中的鹰犬,那些军队中的反动军官,德·巴耶和市政厅里的反动官员,以及所有

---

① 在法国大革命时期,路灯经常被民众用作私刑工具,将受害者绞死在灯杆上。——译者
② 指玛丽王后。——译者
③ 指普鲁旺斯伯爵,即后来的路易十八。——译者

国民议会中的叛徒,是时候砍下他们的狗头了!"

事实上,但凡稍有理性的人都会把马拉看成是个疯狂的、夸大其词的煽动者。然而,马拉之言对应的却正是人民主权论的最终论点:在政治领域,常规和合法的代表制权力之上,存在着一种难以言表而又盲目恐怖的权力,它绝对、持久而又危险:这就是民众自己;他们是最为多疑和暴虐的君主,可以随意摆布自己任命的臣属,如果后者稍有不忠,就会被权力的利刃砍下头颅。

II

如果这个理论来自于某个闭门造车的思辨家,被一个独居于穴的疯子所推崇和鼓吹,那么一切都会得到合理解释:那位思辨家不过是纸上谈兵,利用抽象和空泛的人物自编自演,创造出这个理论来。疯子则因为与世隔绝的生活而被幻象所迷惑,在不断涌起的民众运动中任意针砭时局、挑拨是非、煽动变乱,并以"人民之友"的名义独断专权,对一切妄加评论。

如果说民众是因为苛捐杂税难以承受、食不果腹并受人蛊惑而接受这个理论并将之付诸于实践,这也不难理解:如果生活过于痛苦,民众会对一切充满敌意;对于受压迫者来说,任何可以使他们从压迫中解放的理论都是真实可信的。然而,让人不解的是,一些党派领袖、立法议员、官员乃至政府要员和领袖们却接受了人民主权论;而且,随着这个理论的危害性在三年之中变得越发明显,他们对其更加趋之若鹜。他们亲历了社会在这个理论的敲打下分崩离析,却从不承认它包含着导致社会失序的祸心。面对足以为证的痛苦回忆,他们不但没有对其恶劣影响进行反思,反而继续为其歌功颂德。某些个人、党派、甚至几乎是整个议会都将这个理论作为教条,以狂热的、宗教般的虔诚将其贯彻到底。

于是,在其鼓动下,政客们走进了一条越来越窄的死胡同;他们陷得越深，相互之间的倾轧就越猛烈；最后，当他们在自己臆想之中的自由圣殿里走到尽头时，才发现自己所构建的不过是一座国家屠场，在担当屠戮者之后自己又遭到屠戮。而事实上，在所谓普世和完美的自由之上，他们所建立的却是达荷美①式的专制政权；他们的蛮横不亚于宗教裁判所，血腥程度也有如墨西哥（指阿兹克人）的人殉。虽然监狱和断头台遍布四处，他们却对自己的合法性和美德深信不疑。即使在他们倒台时，他们依然执迷不悟，以殉难者自居。这种极端思想与极度傲慢的重合在历史上绝无仅有，其复杂的社会背景也可谓难得一见。

然而，高度的虚荣心和教条式的理性在人类社会中并不罕见。在任何国家，雅各宾派的这两大精神渊源都生生不息，在社会中暗流涌动。虽然它们遭受到现有体制的压迫和限制，却时刻想要突破历史的禁锢。无论是在今天还是在其他任何时代，穷学生寄居的阁楼、流浪汉的棚屋、破落的私人诊所和律师行都是培育布里索、丹东、马拉、罗伯斯庇尔和圣茹斯特这类人的温床，只是由于社会环境的限制，他们才没有发展壮大。

当一个二十岁的年轻人进入社会时，他的理性和自尊心都会遭受扭曲。

首先，无论他身处的是一个什么样的社会，都与纯粹的理性格格不入：社会并非是哲人立法者按照某个简单原则而构建出来的，它是历史而非逻辑的产物，将一代代人的各种诉求进行协调，并传承下来。因此，对于这样一个设计混乱无序，靠修修补补来维持的"危楼"，年轻的理想主义者对此不屑一顾。其次，无论这个年轻人所在社会的制度、法律和风气如何完善，都无法让他感到满意。而他深受"先辈们"的熏陶，思想被禁锢于后者所推崇的道德、政治和社会理论之中；即使他开始对此并不十分认同，但一经灌输，他就会像一匹

---

① 西非的专制国家。—译者

被缰绳套牢的马，顺从地负轭前行。此外，从本质上说，任何体制都是等级式的，身处其中的年轻人，会发现自己无论是现在还是将来，都一直处于从属地位，不过是体制的基层成员。即使是在最为开放自由，人人有机会进入上层的社会，处于精英和领导地位的人依然是少数，仍然会有成千上万的人发现自己不过是接受领导的普通百姓。每个入伍的新兵都会被告知他们将来可能成为法兰西元帅，但几乎所有人都会很快发现，这个机会过于虚无缥缈。

因此，我们不难想象为什么新兵们经常会无视军队纪律，反抗那些当初威逼利诱他们应征入伍的军官。同理，他们也倾向于突破旧制，接受某种可以将这些军官置于他们之下，让他们凌驾于长官之上的理论。人民主权论简明易懂，能够迎合这类阅历尚浅的年轻人，因此很快就被他们所接受和掌握：大部分年轻人，特别是那些刚离开学校，需要为自己前途打算的青年学生们，或多或少都会带有一些雅各宾派的影子。这属于一种成长期疾病。

在完善的社会中，这种疾病危害性不大，且易于消除。由于公共体制稳固可靠并得到有效维护，社会的异议者会发现自己的力量过于单薄，不足以撼动体制，如果自己一意孤行，只会遭到体制捍卫者们的痛击。即使他们为此愤愤不平，但最终也会通过某种渠道融入体制，在其中找到自己的位置。在他人影响下，他们开始懂得分析利益得失，生活也随之习惯化，最终成为体制的核心成员。当他们维护公共利益时，也在维护着自己的私人利益。因此，差不多所有的年轻人在十年之后都会站到体制的一边，乐于在自己所处的社会阶层内一步步向前发展。他们不再公开对抗体制，也不再咒骂维护体制的暴力机关。事实上，当想到成千上万的人正在相互排挤，争先恐后地向上一层的社会等级攀爬时，他们甚至觉得暴力机关的存在和社会阶层的封闭都有其合理性，否则社会可能陷入更深的灾难之中。

如果社会阶层之间的界限变得模糊，而暴力机关过于软弱，无法有效地维护体制，那么所有的社会秩序就会被完全打破。很快，社会开始崩溃，混乱不堪，社会成员也变得浮躁焦虑，各种呼求与主张相互倾轧。每个人都要求绝对的自由；要求建立新的、充分开放式的社会阶层体系；要求尽可能地弱化维护体制的暴力机关。所有这些都是我们曾经所经历过的，其结果就是，曾经处于社会上层的特权者们被人们踩到了脚下，其中很多人死于动乱之中。长期的混乱状态被视为社会的最终秩序，穿着精致的权贵们不断地遭受着布衣平民们的践踏。

今天，高度虚荣心和教条式理性缺乏市场：没有任何所谓的旧体制对它们进行压制或打击。事实正好相反，新的宪法甚至对其在理论与实践上的主张表示鼓励。一方面，从法理上讲，宪法声称其建立在纯粹理性的基础上，并通过一系列抽象的概念来阐明其规定的合理性：将一切法律交由哲人们讨论，后者根据其所支持的原则对法律进行解释或否定。而另一方面，从事实上看，宪法又将一切权力建立在选举之上，并赋予党派对政府的监督权：这实际上是在鼓励那些政客和野心家的想法：他们认为自己比当政者更有能力，所要做的只是找出后者的弊端并取而代之。无论在哪种体制中，特权阶层的出现和社会压迫都无法避免，而被压迫阶层则成为了滋生鼓吹革命的动乱者们（包括那些咖啡馆政客、俱乐部演说家领袖、街头运动煽动者、广场动乱领袖以及委员会代理人）的温床；他们很快就会变得既桀骜不驯又不切实际，短短几个月后，炙热的革命情感就会将他们残存的理性焚烧殆尽。

这种基于野心与幻想的狂热将带来何种后果呢？既然旧体制已经崩溃，百废待兴，那么就应当对社会进行彻底改造，而怀有善意的公众都应当参与其中。改造的原则十分简单，即将最初所接受的政治理念坚持到底。于是，在各级议会、俱乐部、政治小报和宣传小册中，政治投机者们的野心和幻想不断膨胀，跃跃欲试。

"我们无法指望一个只读过《爱洛伊斯》[①]的商行职员、只翻译过

[①] Mallet du Pan，《回忆录》，II 241。

十几页李维(古罗马历史学家)的学校教员、只翻过几页罗林(法国历史学家)的艺术工匠,或是仅靠背诵《社会契约论》自学成才的小报作者去完成一部国家宪法……然而,在理想化的政治幻想面前,人人都变得焦躁不安,蠢蠢欲动,一切似乎都有可能。起初参与政治活动的好奇心很快就被政治热情所取代;他们期待着一种魔幻式的变革,幼稚地认为自己有能力开天辟地,创建一个完美、博爱、富足和幸福的新世界,即使是最为自由的政府都无法与之相比"。

这种幻想一旦产生,就会变得极具活力。从五六本宣传册①中总结出的短短几句政治口号,就足以鼓动成千上万的乡村农夫和近郊工人,让那些身处穷乡僻壤的下级教士、税吏和军士们变得自命不凡;马洛艾和米拉波爵爷、王庭重臣、国王、立法议会、教会、外国政府、法国乃至整个欧洲,都是他们针砭的对象。 其后,他们开始僭越妄为,毫无顾忌地发表鼓动性的言论。民众的喝彩使他们对自己的豪言壮语更加自负;空谈政治也由此成为了名利双收的事业。有见证者如是说:"无论是在巴黎还是在瑞士的政治集会上,政治演说从不间断;英国人需要研究6个月的事情,我们只需一刻钟就能决定。"②

于是,无论何处,譬如市政厅、民众团体、地区议会、酒馆、公共集会甚至是街头,有人在虚荣心的唆使下走上讲坛,不厌其烦地进行演说。在这样一个被浮躁之气所笼罩的社会,人人都自命不凡,虚荣心甚至会趋使他们去和日月争辉。政治声誉要靠不断重复宣传来维持,而社会资源被庸碌之辈及其煽动者们所占据。在这样的环境下,几乎无人能够安贫乐道,即使是街边的商贩都自觉比孔代亲王更为尊贵。然而,虽然各种政治运动此起彼伏,却又毫无章法、漫无目的。无论是文人还是白丁,无论是权贵还是仆从,只要粗通文墨,就敢于自比孟德斯鸠。强烈的虚荣心使他们变得强词夺理,扼杀了言

---

① 这六本小册子分别为《采访热拉德老爹》(Herbois著)、《人民访谈录》(巴热尔著)、《乡村民众的法兰西宪法》、《无套裤汉参政指南》、《新共和纲领》和《祖国与共和政府的使命》。
② 《法兰西信使》中Mallet du Pan的文章,1972年4月7日(1791年纪要)。

语中的最后一点理性。他们只知道咄咄逼人地教训他人,却忘记了如何虚心求教。被求胜之心冲昏的头脑所追求的只是去驳倒对方。在读书时,即使他们只是一知半解,也敢于断章取义,总结和概括出某种"准则"来。整个社会都变得颠倒,妇人们不知廉耻,而骗子们却开始讲"仁义",无耻之徒们也开始讲"尊严";想要以下犯上的仆从们也开始以布鲁图斯(刺杀凯撒的刺客)自居。实际上,他们不但敢想,而且敢做:一旦将匕首刺入主子的胸膛,他们就真的成了布鲁图斯。但在行动之前,他们已经深受各种宣传的洗脑,成为了只知道空喊革命口号的行尸走肉;对于乌托邦的空想让他们放下了最后一丝心理负担。

新体制所带来的不仅仅是社会思想的混乱,民众的情绪也随之受到搅扰。"政治权力已经在毫无制约的情况下由凡尔赛宫转到了无产者及其煽动者们的手中"。[①]旧体制的官僚体系在瞬间倾覆;然而,通过全民普选建立的新体系不但无能低效,而且只知道一味地夸大事实、迎合民众,沦为政治阴谋与交易的场所。不但社会各阶层的合法权益被强制性地拉平,而且正常的社会秩序也完全颠倒,以下犯上的僭越之举层出不穷。于是,在新社会中,"权贵们在公共领域的位置被民众所替代:律师替代了法官、市民替代了官僚;平民们妄想成为士兵,士兵们妄想成为军官,而军官则妄想成为将军;普通僧侣妄想替代副堂神父,副堂神父妄想替代本堂,而本堂又妄想替代主教。投机商们随时准备大赚一笔,而小报记者和作家们也试图在政坛中名利双收。一言以蔽之,穷困潦倒者们都梦想着在新体制下大富大贵"。

在这种社会奇景之下,最为底层的民众也会因为大量社会资源和空位的涌现而蠢蠢欲动,让他们重拾自尊,对未来充满希望。这种痴心妄想使得他们头脑发热,忘记了自己卑微的社会地位。于是,每个人都野心勃勃:士兵只想成为军官,而军官们则想着成为将军;小

---

① 《法兰西信使》1791年12月30日至1792年4月7日刊。

办事员希望得到高官厚禄,律师们梦想披上法官的法袍,神父们期待着成为主教,而潦倒文人们则认为自己有一天能挤进议院。体制新旧交替时出现的大量空位,让底层民众们觉得自己大有可为。

渐渐地,随着社会环境的进一步改变,他们变得更加浮躁。"法兰西成为了一个名利场,民众丧失理性,在政治宣传的煽动下对其趋之若鹜。食不果腹之人也妄图赌上一把……即使你一文不名,也有机会成为国家官吏,这又让谁不为之心动呢?"民众只要置身于"这场人民财富的豪赌之中,即使无才无德、无权无势,也有机会加官进爵,将大众贡献出的资源转移到自己身上"。这让无数政客流连忘返;他们之中最初的一批人还是满怀理想的,认为自己掌握的是救世济民的良方,并试图将其强加于社会之上。因为他们自认为是救世主,理应身居高位。良知和公义之心促使他们去争权夺利,甚至通过暴力来攫取和维持权力。无论如何,他们都要将自己的济世良方付诸于实践。

III

于是,我们的雅各宾派在分崩离析的社会环境中找到了发育的温床,如同雨后春笋一般,迅速发展壮大。他们对于自己的教条有着一种类似于清教徒一般的虔诚和坚持,希望将其贯彻到底;但从心理层面上看,他们的感官和情绪也随之失衡。

对于那些所谓的"政治家"来说,当他们了解到诸如人民主权这样的抽象理论后,往往会思考其普遍性和实践性,并根据个人经历和其他可搜集到的信息,从中找出一系列乡村和市镇,并臆想其中的居民完全按照这个理论处理选举、赋税和行政事宜。在找出十来个"例证"之后,他就会按照类比法将此理论奉为具有普遍性的真理,并予以推行。

然而,社会现实远比纸上谈兵要复杂:对于具体情况的把握需要极为敏锐的观察力;针对不同的环境以及社会观察和描述中的纰漏,处理的方式和技巧也不一样。如果有人确实神机妙算,则主要得益于具有丰富的经历和超常的天赋。即便如此,他在对改革进行设想时依然会小心谨慎,步步为营,部分地、渐进地施行新法,在对施行效果进行评估后,根据结果决定是否修订、暂停或删减其改革计划。即使自己高瞻远瞩,但在对设想的社会进行思辨时,依然会一步步地探索前进。

雅各宾派则完全相反,它的政治原则有类于自我求证的几何公式,不过是将简单的观点叠加起来,就成了公理。例如人性、人权、社会契约、自由、平等、理性、本能、人民和专制这些基础概念,虽然其中有些不过是空洞的口号,词义并不清晰,但这并不重要,因为它们足以让民众的大脑为之一新。当这些概念在雅各宾党人的脑中叠加起来时,就成为了放之四海而皆准的真理。于是,面对现实世界,他们毫不关心,因为他们已经自我封闭,即看不见,也不愿意去看,只是将凭空捏造的政治模型强加于自我假设的社会之中。他们从不去考虑人类社会的波动性与复杂性:乡间的农夫、作坊里的工匠、店铺里的商人、讲坛上的教士和豪宅中的贵族;他们的信念不同、倾向不同、意愿也不同。然而,雅各宾党人却对所有这些置若罔闻,他们所信奉的唯一真理封堵住了通往真相的渠道。

如果他们的信念"不幸"遭受到一些亲身经历的困扰,无论这些真相如何具有说服力,最终都会遭到排斥。在必要时,这些雅各宾党人甚至会对真相进行扭曲和遏制,将其斥之为挑战真理的歪理邪说。很明显,这是一种病态的、缺乏平衡的思维,一方面,他们在理论上十分充分,无懈可击;另一方面,这些理论公式却无实证作为依托;于是,这种雅各宾式的思维无可救药地倒向了理论一边。

让我们来回顾一下雅各宾思维发展的诸个里程碑:《宪政之友》(报纸)、劳斯塔洛、德穆兰、布里索、费勒隆和马拉的小报、罗伯斯庇尔和圣茹斯特的小册子和演说稿、立法议会和国民公会的辩论记录、吉伦特派和山岳派的各种宣传稿和通信以及布歇和鲁挨编纂的四十卷书稿。雅各宾派的各种著述浩如烟海却又空洞无味,在世间绝无仅有。他们喋喋不休,咄咄逼人,用沉闷而又傲慢的言语来掩盖事实。这让很多历史研究者们痛苦不已;他们不得不在雅各宾派的长篇累牍中来回折转,却经常一无所获;如果想要找到一些具有事实价值的材料,如农夫或乡绅的观点、市政厅或兵营的结构,或者是市政管理和骚乱的细节,恐怕就要心力交瘁了。因此,如果我们想要理清当时社会的众多社会环境,就必须另辟蹊径,在区域行政通信、法庭文告、警局密报[①]以及外国人的记述[②](由于他们的教育背景与我们不同,可以跳出社会契约论之外,用别样的眼光审视当时的法国)之中寻找线索。

当时在法国2.6万平方法里(一法里约合四公里)土地上上演的这一场由2600万人参加的惨剧,却被雅各宾党人直接无视了。正如其著述所表述的那样,他们置事实于不顾,专注于已经烂熟于心的理论。雅各宾派的作家们大多都是柯德塞这样的职业理论家,作品结构大多杂乱无章,而其演说者们大多是议会普通代表或是俱乐部的发言人,他们对启蒙思想一知半解,从政经验也不够丰富。这使得雅各宾理论的推销很快成为了一场节奏紧张的意识形态豪赌,它的支持者们既迂腐又狂热;他们的用词不超过一百个,所有的观点都指向一个原则,即人性本身:人人生而平等,在契约关系之下共同生活。这就是他们对于社会的构想和认识。社会中的任何特性都应当减除,因为他们眼中的是一个只存在共性的世界。

这种思维过度系统化和简化,贫瘠乏味至极。追随当时的潮流,雅各宾派推崇卢梭,将自己的思想禁锢在"经典模式"之中。事实上,"经典模式"在启蒙时代末期已经显得有些狭隘,在雅各宾派手中进一步地僵化,变得毫无价值。吉伦特派的柯德塞、山岳派的罗伯斯庇

---

① Schmidt《法国大革命报告》第三卷(特别是Dutard的报告)。
② 《莫里斯总督通信》—《Mallet du Pan回忆录》——摩尔《法国游记1792-1795年》。

尔都是代表性人物，他们在思想上都极端贫乏。他们目光短浅，根本无法制定可持续性的法律，更不可能根据具体的现实情况和特点对社会体制进行改革；死板的政治公式遮挡了他们的眼界，使他们看不清真相，只能在自己的小团体和俱乐部里纸上谈兵，沉迷于乌托邦式的幻想之中。

然而，这种机械化的执念却能帮助他们暴力夺权、独断专行。和真正的政治家们不同，雅各宾派行事操切而专横，他们既不会总结前人经验，纵观全局并反复斟酌，设想出多种可能，也不懂得顾及不同阶层的利益、习惯和观念。在他们看来，三思而后行的做法低效累赘、不合时宜；辨析政府是否合法、法令是否合理，只不过是瞬间就能决定的事情。无论是推翻旧制度还是建立新体制，他们的教条都是无二之选。因此，在面对2600万活生生的法国人时，他们看到的却是抽象的、理论化的人性需求。在教条的洗脑下，追求所谓的自由、平等和人权，以及捍卫人权和社会契约，成了他们的唯一使命：既然我们已经提前预知到了人民的基本需求，那么接下来我们就可以直接行动，而无需花费时间听取他们的意见或是等待他们投票赞同了。无论如何，民众肯定是支持我们的。如果他们没有站在我们一边，那是处于他们自己的无知、误解或者是恶意；因此，民众的反对无效，为了不使他们误入歧途，我们必须强制性地将他们引向正道。

雅各宾派在这一点上似乎理直气壮，因为他们所主张的权利，并非属于那些我们在乡村或是城市所见到的有血有肉的法国人，而是生长于自然、受教于理性、抽象概括的人性。在他们看来，前者不过是一些自命不凡的庸碌之辈，他们的疯言乱语无需理会；而后者则相反，是他们教条的完美镜像，和他们的理性妄念相互契合，值得他们尊崇。于是，雅各宾党人将人性与社会上活生生的民众对等起来，将人性需求视为自己的最高准则。更糟糕的是，他们将持异议者都看成是受到蒙蔽的一代人；而他们要通过自己的努力，在人性的默许下对社会进行改造，保证下一代人回归人性的真谛。

因此，雅各宾党人不但不认为自己是篡权者和暴君，反而自视为人性的代言人，身负解放人类，使其返璞归真的重任。他自认为深得民心，成千上万的支持者们在为他们凯歌高扬。实际上，这不过是形而上学的幻想，是他们内心妄念的折射而已；然而，他们却将自己的妄想投射到了现实之中。

IV

某些政治理念之所以能够蛊惑民众，并非是因为它缜密严谨，而是因为它不断地作出各种承诺。它更善于抓住人们的感性需求而非理性需求；与其说人心常常受到蛊惑，不如说人心本身也是蛊惑者。我们之所以赞同某种体制，并非是因为我们认为它合理；相反，首先我们先需要赞同此种体制，而后才会认为它合理。任何政治或宗教狂热，无论其哲学或神学依据为何，都源于某些热切、隐秘而又积蓄长久的需求、热情和欲望，并为之寻求出口。在这一点上，雅各宾派与清教徒们如出一辙。

对于清教徒来说，对于公义的热切渴望和焦虑派生出一系列规章条陈，而他们视之为上帝的诫命。如果有人想要对他们的思想有所限制，他们就会反抗。而且，如果他们将其理念强加于人，则一定会变得专横甚至暴戾。所幸的是，清教徒首先需要面对的问题，是自我压抑。而且，清教理念首先是道德原则，而非政治纲领。而雅各宾派却正好相反，政治斗争乃是他们的第一要务；他们所强调的并非是自己的职责，而是自己的义务。而他们的理念不但没有成为道德鞭挞的工具，反而成为了牧养民众虚荣心的草场，让他们变得更加自负[①]。

在雅各宾派邪说的蛊惑下，我们不要指望那些自以为是者会自

[①] 德穆兰是法国大革命的宠儿，但他也不得不和其他人一样承认："我们的革命是纯政治性的，但其根源依然是自我主义与虚荣心的结合。"（《布里索真相》，德穆兰，1792年1月）—Buchez et Roux XIII卷，207页。

我限制，按照自己所主张的公义原则履行相应的义务，如确保充分的民权以及与之相关的政治自由权、人身及财产安全、法律的稳定、司法独立、法律及税务面前人人平等、废除特权、民主选举及设立公共救济体系；所有这些都是确保人民主权神圣不可侵犯，保护人民人身财产不受到任何公私权力压迫或剥削的重要条件。只有当它们得到满足时，人民才能平静地、有尊严地生活，而无需顾虑任何时局变化，也无需惧怕政府官僚或是国家本身。而这也是马鲁埃、穆尼埃以及杜潘等英国体制和君主立宪的支持者们的政治追求。

然而，在游走于虚空之上的人民主权论面前，上述主张不值一钱；前者主张的并非独立、人身安全，或者是两年一次的普选、对公权力进行间接的监督、介入和影响；它所鼓吹的是政治上的完全支配——"法国和法国人民完整和完全的权利！"这一点毋庸置疑，因为按照卢梭的观点，所谓社会契约，即"个体将自身及属于自身的权利，毫无保留地转让给其所属的集体，而其自身及其一切财产，都是这个集体的一部分"。

于是，国家又一次成为了民众的主子，只是这一次，它不但占有了民众的财产，还要掌控他们的身体和灵魂，并且能够以合法的名义将自己在教育、信仰和社会观上的倾向强加于其所有成员之上。[①]人之所以为人，是因为他是国家这个专制机器中的一分子。因此，无论一个人如何无知、如何无能、身份如何卑微，都能够充分地享有同属2600万法国人的财产和生活，并按照他所所获得的权利范围内任意妄为。但是，拥有这一切需要一个前提条件，即他必须是人民主权论的拥护者。只有他和那些和他一样共同签署社会契约的人才能完全从中得利。相反，如果有人对于社会契约有所保留，那么就无法获得契约中所规定的权利。

此外，由于社会契约原则完全符合自然规律，因此具有强制性，

---

① 卢梭的"国家万能论"也见于路易十五与拿破仑的言论之中。有趣的是，这个观念后来又被半文人半平民的小资产阶级进一步发展。

如果有人敢于拒签或是反悔,那他肯定是不怀好意的挑衅者,是人民公敌。在过去,如果有人冒犯国王,即被视为犯了欺君之罪;而今,只要有人敢于在行为、言语或者思想上否定或是挑战人民的权威,同样也可以被视为犯上之举。于是,人民主权论的教条必然导致这样的结局:少数人对其他大多数人进行专权统治。不接受雅各宾教义之人则不受法律保护。因此,聚集于巴黎的五六千名的雅各宾党徒,俨然成了国家的合法君主与精神领袖,而那些顽冥不化者或是温和派,无论他们是来自于政府、教会、权贵或是商贾阶层,无论他们的态度是反对、不确定还是漠不关心,一概都应被视为是在挑衅人民的主权,因此都是专政对象。

于是,雅各宾派制造的惨剧一个接一个地发生,无论其依据为何,恐怕只有那些极端傲慢自负之人才能坚持接受下去。因为只有自恃过高者处理公务时,才会像对待私事那样有恃无恐,与其同党一起通过直接和强制的手段干预政事,并以政府的引导者和监察者自居。尽管他们才疏学浅,对拉丁文一知半解,只读过书店出售的一些小册子,获取信息的来源不过是咖啡馆和小报,从政经验也仅限于社区议会和俱乐部,却敢于随意地决定那些重大和复杂的问题。实际上,即使是那些经验丰富的专业人士,面对这些问题时也要斟酌再三。当然,在正常的社会环境中,这种狂傲自大的心态有如墙面上的细小霉菌,并不起眼。即使是狂傲者本身也不会注意到自己的野心。然而,一旦时间和条件成熟,它就会立即撕下平和的外表,恶性膨胀,一发不可收拾。

于是,那些三四流的律师、医生、记者、教士、艺术家和文人,纷纷加入雅各宾派的行列。这种心态有点像一个牧羊人在自家的茅草房中突然发现一张羊皮古卷①;让他自以为是皇亲贵胄。雅各宾党人的卑微出身与其人民主权论所宣扬的权利之间形成了强烈的对比,

---

① 中世纪时期的贵族头衔凭证都写在羊皮纸上。—译者

这让前者毫不犹豫地投入了后者的怀抱,并梦想由此改变自己的命运。于是,这些人满怀虔敬之心,重复诵读着《人权宣言》《1791年宪法》,以及所有那些授予他们辉煌特权的文书,并随之浮想联翩[1]。很快,他们开始以一种极度傲慢和专横的语调说话,认为这样才能与他们的尊荣地位相称。

路斯塔洛、费勒隆、丹东、马拉、罗伯斯庇尔以及圣茹斯特,说话时都是这种典型的雅各宾腔;最开始,这种腔调只用于俱乐部和制宪会议的演讲中,但到后来,即使是和自己的亲随讲话,他们也变得傲慢无礼。无论是在言语还是行为中,他们都不再谦虚和宽和,对任何人都不屑一顾,而他们的僭越之心也溢于言表:不仅仅是雅各宾中的领袖人物,甚至是党派中的普通成员,个个都敢大言不惭。在他们眼中,自己是播种文明的罗马人、是民众的救主、是英雄和伟人。正如克罗茨所描述的那样:"在会场的讲坛上,我感觉自己是人性的使者,暴君的臣子们都以妒忌和恶意的眼光望着我。"[2]而在特鲁瓦俱乐部组建当天,一位学校老师就告诫妇女们要"在孩子们刚咿咿学语时就开始教导他们人人生而平等的道理"。[3]而当我们读到佩蒂翁坐着国王的马车从瓦雷内归来时,会惊奇地发现雅各宾党人的傲慢已经到了何种程度。[4]在他们回忆录中乃至是自己的墓碑上,巴尔巴鲁、比左、佩蒂翁、罗兰和罗兰女士[5]都在不停地宣扬着自己的高风亮节,自以为是普鲁塔克笔下的完美人物。

无论是吉伦特派还是山岳派,都越来越自命不凡。圣茹斯特年仅24岁,野心就已经膨胀到了难以抑制的地步。而马拉则这样评价自己:"我觉得自己对于人性的道德、政治和哲学表现已经论述得十

---

[1] 《观察家》,1792年1月5日 第九卷 46页,Isnard的演讲。
[2] 《观察家》,第5卷,136页,1790年7月14日庆典。
[3] Babeau,《特鲁瓦革命史》第一卷 436页(1790年4月10号)。
[4] Ternaux《雅各宾专政》,佩蒂翁认为伊丽莎白夫人想要勾引他。
[5] 《罗兰夫人回忆录》:"我很美丽,而且还有心智,激起人们的爱慕……我是哲学家、政治家和作家,即高贵又高尚。"

分充分完全了。"从革命伊始直至终点,罗伯斯庇尔始终自命不凡,认为自己独一无二,纯洁而不可朽坏。这种自我崇拜、自奉神明之举可谓前无古人。

当他们变得傲慢至极时,他们就敢于将人们主权论的毒酒一饮而尽,全然不顾如此行为所招致的种种不快以及致命后果。于是,他们成了道德的化身,反抗他们便是恶行。在他们的诠释下,人民主权论将法国人一分为二:一边是贵族、疯子、自私与腐朽之徒,是公民中的恶人;另一边则是智慧高尚的爱国者,也就是雅各宾党人。①在他们看来,这种一分为二的做法使道德和社会的界限更为明晰。于是,政治斗争的目标也变得十分明确——镇压那些反动派!为此,我们要没收他们的财产,将他驱逐、毒死、淹死或者送上断头台。对待民族败类,任何手段都不为过。在雅各宾派眼中,滥杀不过是一种义举。这有点类似于将一个神学家培养成宗教裁判所的迫害者,需要将两种极端又相互矛盾的性格结合起来,塑造出一个充满理性的疯子或是追求公义的怪物。在教条和虚荣心的蛊惑下,雅各宾党人的心智扭曲,丧失了最后的良知。在追求抽象的、概念化的人性之时,他们完全忽略了现实中的民众;在自我崇拜和自我陶醉之时,他们将自己的对手看成是应当斩尽灭绝的恶人。没有任何人能够阻止他们沉沦下去,因为在颠倒是非之时,他们已经扭曲了心中最后的良知。他们的双眼完全封闭,容不得一线光明;他们以爱国为名随意厮杀,心中却没有一丝悔意。

---

① 《观察家》第14卷,189页,d'Herbois的演说:"雅各宾人都很高尚,他们慷慨、谦虚,富有人性。"

第二章

Ⅰ.雅各宾派的形成—其成员—鲜有上流社会人士或平民大众—主要来自于中产阶级及上层平民—加入雅各宾派的环境及教育因素Ⅱ.1789年7月14日之后自发形成的组织—其演进过程—理性者的退出—退出选举的人数—雅各宾党派的出现与发展—其影响与成员—其行动与专权Ⅲ.其对于出版自由的理解—政治角色Ⅳ.雅各宾派的核心—巴黎政党的源起与组织—吸收外省政党—其领导者—其追随者—其煽动者—其目标—其手段Ⅴ.雅各宾党人—他们的力量源起—结派—信念—没有顾虑—在党派内部,满足前面这些条件的派别上台

Ⅰ

雅各宾派的妄想与狂傲,并不一定局限于特定的社会环境或阶层,其党徒中不乏上层人士:巴拉斯和沙托纳德郎通都来自古老的贵族家庭;孔多塞不但有侯爵头衔,还是著名的数学家、哲学家和两院院士(法兰西学术院和法兰西科学院);戈贝尔则同时兼任利达教区主教和巴塞尔教区主教;埃罗塞谢尔是王后的被监护人和巴黎最高法院的大律师;勒佩勒提耶·德·圣-弗尔戈则是高院院长,同时还是闻名全法的大地主;夏尔德哈赛不但出身名门,而且还是陆军元帅;甚至还有王位的第四顺位继承人奥尔良公爵。不过,这些人不过

是他们所属阶层中的异类；无论是贵族、高层官员、城市权贵、地主、工商行业的领袖，还是其他具有一定社会地位的阶层中，都鲜有雅各宾派的影子。

　　基于利益考虑，即使旧体制摇摇欲坠，他们也不希望看见其倾覆于乌有。而且，即使他们政治经验不足，他们也很清楚雅各宾派不过是凭着几套简单的理论在纸上谈兵。而另一方面，这些理论也无法吸引居于偏远乡村的普通民众。对于依附于贵族采邑，日日忙于勤耕苦作的农夫们来说，他们的眼界无法通达村庄之外，所关心的也不过是日用的饮食而已，根本就听不懂抽象的理论。由于他们思想尚未开化，因此无论教条新旧与否，在他们看来都无甚区别。如果有人硬将他们拉到俱乐部里，他们肯定会在高谈阔论中昏昏欲睡，只有像"什一税"或是"封建特权"这样的词才会让他们突然惊醒。在非常时期，农民暴动或许借革命一臂之力；但在此之后，当他们发现自己依然是被征税的对象时，对于王权的抵触和仇视就会转嫁到共和国之上。

　　因此，雅各宾派的信徒大多来自于社会的两极之间，即中产者中的下层和平民中的上层。当我们把这两个阶层看为一体时，还要从中忽略掉那些忙于生计、无暇顾及或专注公共事务之人；这些人大多都已经成年成家，在所在行业拥有一定的事业或成就，思想也比较成熟；生活经验让他们不再执着于自我或是某种理论，因此也不愿意拿自己所拥有的一切去冒险。无论何时，普通民众大多安贫乐道，不会因为时局变化而贸然心动。

　　此外，几个世纪以来，中产者们已经习惯了旧体制，知道如何与之相处，变得温和甚至有些胆怯。于是，可供选择的只剩下一小部分人了[①]，他们大多涉世不深，因此也浮躁不安：有些人因为刚刚入行

---

① 参照相关数据。

或还处于学徒或见习阶段,在行业中的地位低下①,归属感不强。另外还有些人则是天生叛逆,由于社会体制动摇(如教会分裂和修院解散,司法、行政、财政、军队以及其他私有或公共制度的变革以及行业的兴衰等)而变得一无所有。如果在太平年代,这群人应该会安守本分;但随着时局的变化,他们在政治上变得游离不定,思想也光怪陆离。

这些人又可以分为两类,第一类人大多都接受过一定的教育,知道在学习抽象的理论和原则之后如何由此推导结果;然而,由于缺乏专门性的培训,或是因为生计所限,他们无法应对纷繁复杂的社会和生活环境问题,其才能仅限于发表一些演说、撰写几篇文章、报道,或是出版一两本宣传小册子,词句之间洋溢着激烈、教条之气。如果说他们之中确有出众者,也不过是口才尚好而已。因此,雅各宾派的领袖往往都是些律师、公证员、低级法官、外省法务人员;他们在制宪会议和国民公会中占据了三分之二的席位。

此外,诸如波、勒瓦瑟和博多这样的小城医生;巴勒尔、卢维、加拉、马略里和罗森这样的二三流文人;卢歇、罗姆和莱奥纳波旁这样的中小学教员;布里索、德穆兰和费勒隆这样的记者;克洛德布瓦这样的演员;赛让这样的艺术家;富歇、夏博、勒本、夏斯勒、拉卡拉那和格利高这样在会或还俗的教士;圣茹斯特、斯特拉斯堡的莫奈、圣阿尔班的卢瑟林和拉德罗姆的于连这样的穷学生;简而言之,所有那些心智不全者,一旦他们接触到人民主权论,就会迅速膨胀,挤掉他们心中存留的善意和良知。

除了他们之外,我们还要算上各种疯狂卑鄙的投机者,如富歇、克罗茨、夏利尔和马拉之流;这些人不过是一群饶舌的乌合之众,只知道在街上兜售他们的谬想。除此之外,雅各宾派中还有另一类成员,由于他们缺失基础教育,因此即理解不了抽象的理论,也不知道如何推断和演绎,只能靠直觉来弥补逻辑和理性上的不足。人民主

---

① Mallet du Pan,第2卷,491页,1793年,丹东曾这样说过:"旧制度犯了这样一个错误,我曾和权贵们一起上学。但我结束学业后,却发现自己一无所有,失落至极。"

权论为他们的贪婪、妒忌和仇恨提供了生长的土壤,雅各宾的教条让他们在冥冥之中看到了希望,以为自己找到了取之不尽的财源。他们可以不知疲倦地为俱乐部里长篇大论的演讲者欢呼喝彩,在公园里蛊惑人心,在法庭大声咆哮,肆意发布逮捕令或改组国民卫队,积极地充当专政者的鹰犬;除此之外,他们一无是处。这类人的社会背景迥异,包括政府办事员,如赫伯和亨热尔;教士,如文森与夏默特;屠夫,如勒让德;邮政员,如德鲁埃;木匠,如杜普雷;学校教员,如后来成为要员的布歇,等等。这些人的共同点是,尚能识字,写得几篇文章,也能在公众场合说上两句。

于是,这些处于社会下层的教员、教士、军官、流动商贩、旅店老板、菜贩子以及工场雇工,乃至杂货商、鞋匠、裁缝、酒贩、理发师以及其他各色商贩和工匠,纷纷加入到9月的屠杀当中;居于城郊的"演说家"圣安托万、看守理性圣殿的鞋匠西门以及革命法庭的木匠特林夏尔都是其中的代表性人物。此外,在任何一场民众的暴乱狂欢之中,我们都可以看到如阿维农的茹尔丹和"美国人"富尼埃等人这样野兽般的影子:其中的一些女性,如特罗瓦涅、罗斯拉格布和国民公会里的诸多妇女,全然没有了女性应有的形象。此外,由于警察系统崩溃,匪徒们如获大赦,准备大展拳脚;而过去生活在劳苦压迫中的街头流浪汉们也跃跃欲试,以人民主权为借口来满足他们的野性本能,过上既可以不劳而获,又可以随意施暴的生活。

因此,虽然雅各宾派的成员来自于社会的各个阶层,但其主要的征召对象,是上述两个沉迷于教条与妄想的群体。他们受过一点教育,掌握了一定知识,却因此而禁锢于其社会和行业阶层,因此不断寻求突破。然而,由于他们所受的教育太过基础和肤浅,以至于当他们跳出自己的社会禁锢时,就会感到不得其位。于是,当他们接触到一定的政治理念时,就开始自命不凡。然而,他们的政治观念要么过于程式化,要么模糊不清,因此根本就不具备从政能力。这种一知半解的状态使得他们最终投入了雅各宾的怀抱。

II

于是，上述这些人不可避免地走到了一起；他们有着共同的信念——人民主权，和共同的目标——攫取政治权力；因此，雅各宾派既是乱党又是邪教，这种双重特性反而使得其成员之间的联系更加自然和紧密。

革命伊始，政治派别林立，雅各宾并不出众。攻占巴士底狱后，旧体制衰落崩坏，急需人们有组织地行动起来填补权力真空，及时地满足公共需求、对抗匪徒、防范宫廷生变、保证粮食供给。于是，有人在市政厅设立了一些委员会；还有些人自愿组建了民兵队来保卫城市；近乎崩溃的中央权力被上千个地方自治机构代替。①六个月之中，所有人都参与到公共事务中来，为国尽献绵薄之力。无论何时，政府都负担沉重，在混乱时期更是不堪重负。尽管大多数人对此都能够理解，但依然会有少数异议者。于是，这些临时从政者们开始分化成两个群体。其中一个人数众多，却并不活跃，组织也十分松散。另一个群体虽然人数有限，却十分活跃，组织也极为严密。这两个群体相行渐远，最终分道扬镳。

上述的大群体主要由普通人组成，他们都拥有稳定的工作或事业，思想清醒，保有良知且野心不大。权力对于他们而言，价值不会超过路边的弃物，即使被迫掌权，也不过是权宜之计，因为他们心中清楚，自己并不具备从政的经验和能力——既然没有人可以一夜成良医，那么行政官员和立法者也无法速成。如果是形势所逼，我不得不代理公务，那么我必须小心谨慎，量力而行，只要做到防止事态恶化就行。由于我知道自己不够称职，所以随时准备着选贤让能。②而我自己更愿意和其他人一样做一个普通选民，对诸多竞选者进行考

---

① 《大革命》357页及后。
② 巴伊的证词（《回忆录》，passim）。

察,从中挑选最为贤能之人来。当合适的人选上任后,我绝不会高居于其之上,不会像孩子或是密探那样缠着他,而是让他放心地履行其职责。他在处理政事时无需我的认可,事实上他肯定比我知道得要多;无论如何,为了让他自由思考,我绝不能打搅他;而我自己也有自己的店铺和客人需要招待。各人都有各自的工作和负担,应当尽量避免越俎代庖。

1790年伊始,大部分思想正常、没有被野心和偏执冲昏头脑的民众们都是如此思考的;历经半年的从政体验告诉他们,去应对过度激动和饥饿的群众是一件危险而又无味的事情。1789年12月,区域行政法一颁布,人们很快就选举出了市长和其他市政官员,其后又确立了省份和地区长官。于是,权力真空的状态终于告一段落:各级机构权力界限明晰,合法的体制也由此确立。理智和诚实的公务代理者们开始归还权力,毫不留恋。很快,由于失去目标,他们所组建的团体也随之解散。即便有新的组织成立,其目的也是为了保护新建立起的体制。因此,在接下来的六个月中,他们相互团结,众志成城。

再后来,1790年7月14日之后,这些人都回归到了自己的私人生活之中,他们的政治诉求也大多得到满足。虽然他们口中重复地念诵着卢梭关于消除社会等级的教导,心中所期望的不过是减少政府的掣肘并从中获利。[1]实际上,他们得到的更多,特别是国家之主的尊称以及来自公权力的尊重;提笔写上几篇文章或是即兴说上几句就可以赢得各种头衔。更重要的是,他们可以决定中央或是地方官员的任免,将公权把握在手中。议员代表、国民卫队军官、民事或刑事法庭法官、各级政府的公务人员或者是各级神职人员的人选,都由他们选举决定。此外,为了充分保证选民的控制权,被选举人的任职时间不能太长[2];每四个月就会有一场选举举行,确保国家的"主

---

[1] 布列塔尼一《巴黎之夜》,第九夜,36页:"我寄居巴黎已有25年,这里的自由有如空气一般新鲜。其一,获得自由只需两个条件:诚实守信;不要去宣传与政府对抗。"

[2] 《大革命》,IV卷34页。

人"们充分行使其权力。但这又有些过于频繁,以至于这些"一国之主"们也开始厌倦,选举权变成了他们的负担。于是,在1790年最初的几个月中,大部分人开始放弃自己的选举权。

1790年5月,沙特尔的1551名具有选举权的公民里有1447人缺席市政大会。1790年1月,贝桑松选举市长和市政官员时,3200名登记注册的选民中有2141名没有投票;到年末11月,缺席选举的人数竟然达到了2900人。① 同年8月和11月,格勒诺贝尔的2500名选民中缺席人数超过了2000名以上。② 在利摩日,投票人数只有150人。而在巴黎,81200名选民中,缺席8月份选举的人数达到了67200人;3个月后,缺席人数则升至71408人。③ 可见,投票的人数只占选民的1/4、1/6、1/8、1/10甚至是1/16。

这种情况不但见于行政官员的选举,即使是议会代表选举也是如此。1791年,巴黎基层议会选举中,81200注册选民中有7.4万人缺席。而在杜省,参选人数只占选民的1/4。在科尔多省,投票的选民不到1/8。而在二级选举中,放弃投票的人也不在少数。在巴黎,946名通过基层选举确定的投票人中,只有200人完成了其投票职责;在鲁昂,700个投票人中愿意履行职责的只有160人,到了投票当天,到场的竟然只有60人。

简而言之,正如某位演说家所指出的那样:"在各个省份的二级选举中,完成其投票职责的投票人,勉强占到总人数的1/5。"可见,大部分人都因为倦怠或厌倦而轻率地放弃了选举权;他们没有特别的政治倾向,心中也没有特别青睐的候选人,而选举时的喧闹场面则让他们感到难以忍受;于是,他们自动放弃了宪法赋予他们的权利。成立新的政治组织或是社团,在他们看来更是额外的负担。既然这些人连一年四次的选举都不愿参加,就更不会在一周三次的俱乐部集

---

① 《观察家》IV卷495也,沙特尔公告,790年5月27日。
② 《Sauzay》,I卷,147页,195页,218页,711页。
③ 《法国信使报》,1790年8月7、14、28号刊和12月18号刊。

会中出现。最后,他们完全退出了政治,由于他们倦于选举活动,也就更不指望去影响或约束政府。

而作为小众的雅各宾党人则正好相反,人民主权论的教条和虚荣心,让其自认为具有王者之风;于是,他们不但积极参加选举,并试图以此攫取权力。在他们眼中,他们是一切权力机关的创造者,理应在其中身居高位:从法理上看,人民主权论主张权力归于"人民";从现实上看,他们对于到手的权力过于迷恋,无法舍弃。①在常规选举制度确立前的六个月中,他们竭力地自我宣扬,谋求民众的认可和推选,同时又相互秘密勾结,以达到其政治预期。②

其后,随着其他社团的解散,他们的组织迅速行动起来,抢占被前者丢弃的阵地。马赛早在1789年就落入他们手中;随后,在1790年的前半年,他们掌控了境内所有的大城市,如埃克斯、蒙彼利埃、尼姆、里昂和波尔多先后在2月、3月、4月、5月和6月落入他们手中。③然而,他们迅速膨胀,则是在7月14日之后。当众多的地区组织随着国家的统一而相互融合时,他们却趁势自立门派。例如,1790年7月14日,两名医生联合一个印刷商、一个监狱的教士、一个犹太寡妇以及四个家庭妇女,总共才八个人,却敢于在鲁昂成立一个独立的社团。④他们自认为出污泥而不染,具有极度高尚的爱国情操,对于社会契约论有着独到的见解。⑤既然天赋人权,那么即使藐视宪法也不为过。他们不但计划着改革现状,甚至还在着手准备革命。

他们利用联盟日(7月14日)鼓吹自己的理念,并怂恿志同道合者加入。而后者在回到各自的家乡后,就立即开始宣扬自己刚刚学到的教训和指示,并传授俱乐部的组建和运作之道。于是,各种民

---

① 1791年6月13日的初级选举中,贝泽选区(科多尔省),460名选民中,只有157人到场;到了最后一轮时,只剩下58人。

② Albert Babeau, I 206, 242,特鲁瓦革命委员会首次会议,1789年8月。在市长Huez遭到暗杀之后(1790年9月10日),此委员会成为了该城的最高权力机构。

③ 《大革命》,卷IV 74、88、98页—Buchez et Roux, VI, 179—《里昂革命史》,卷I, 87页。

④ 《法国大革命》卷II, 47页 Michelet。

⑤ 巴黎俱乐部要求其成员"根据俱乐部的精神设立和保护宪法"。

众性组织开始疯狂扩散。一个月以后,已经有60个此类组织成立;三个月后,其数量发展到了122个;到了1791年3月,又增长到了229;直至同年8月,此类组织的数量已接近400。①而后,得益于两个同时出现的新形势,他们开始迅速蔓延;其一,1791年7月之后,那些遵纪守法、头脑清醒的立宪派和斐扬派俱乐部政治的节制者们,开始退出政坛,这使得他们变得更加任意妄为。于是,政治活动流于酒馆和门房,这两处地方也就成为了各种政治组织的滋生之处。其二,与此同时,被选出的选举人收到了召集令,被要求选出一个取代各个地方权力机关的国民立法议会;一时间新的政治团体林立,呈现出群雄逐鹿的景象。仅仅在两个月中就有600个新团体出现②;到1791年底,新团体的数量增长到了1000个;而到了1792年六月,这个数字已经达到了1200,与全法的城市和乡镇的数量相当。当王室倒台时,出于对普鲁士入侵和重回1789年混乱局面的恐惧,社团的数量达到了2.6万个,相当于每个公社③一个。罗德尔这样评价:每个村子都有五六个头脑发热,狂喊乱叫之人;他们写得几篇歪文,并藉此表达政治诉求。

从1790年5月开始④,如当时的一位著名记者所说,"每条街,甚至每个村子,都有一个俱乐部。任何一个工匠都有机会在夜间将邻居们聚集起来;在他的带领下,大家一起在昏暗的灯光下学习立法议会的法令,并按照自己的理解添油加醋。在'议程'结束时,为了活跃气氛,他还会读上一段马拉的新刊,之后大家又会要求他继续念上一段《杜歇老爷报》⑤,陶醉在其中充满爱国激情的污言秽语之中。"

议会中情况也是如此,会场之中总是会有人高声诵读巴黎出版的一些宣传小册或是小报,如《乡村快报》《山岳报》《杜歇老爷

---

① 《法国信使报》,1790年8月11日 罗德埃的演说 Buchez et Roux 卷XI,481。
② 《观察家报》,卷XII,1792年11月,347页。
③ 法国最基础的行政单位,相当于村。——译者
④ 《巴黎革命》,Prudhomme,173号。
⑤ 法国大革命的极端报纸。——译者

报》《巴黎革命报》和《拉克洛报》等,并高唱革命歌曲。如果演说者小有口才,原来从事的是法律或是教育工作,则定会滔滔不绝,言必称希腊罗马,谈的都是破旧立新一类的大话。他们劝说妇女们"将《人权宣言》作为家中最宝贵的装饰";谈到战争时,他们又这样描述:"爱国者引领军队,披头散发,手持花饰,颇有酒神之风(花饰是酒神的象征)。"他们长篇累牍,听众却为之欢呼不已,头脑开始发热;有如被点燃的木炭,这些人聚在一起,在演说者们的煽风点火下,狂妄之火越烧越旺,如果不想引火上身,就必须对他们敬而远之。

与此同时,拉帮结派使他们的执念变得更为顽固。无论是在政治还是宗教领域,集体的影响力都不可小觑。正如信仰培育了教会,而教会反过来又坚固了信仰一样;无论是在俱乐部还是在议会,人人都以为自己获得了其他人的一致授权,他人的言语无非是在证明自己的正确。真理之所以为真理,是因为无人能对其进行辩驳;不幸的是,雅各宾派所生活的圈子过于狭隘和封闭,容不得任何挑战人民主权的思想。只要有一两百会众,他们就自认为可以代表公众;他们找不到与自己的执念相抗衡的理论,在他们看来,除了人民主权论,其他一切思想都荒谬不经。此外,在俱乐部献媚式的连续煽动下,他们自以为是高尚睿智的爱国者。对此他们深信不疑,因为在加入雅各宾派之前,他们已经是合格的公民了。

因此,他们自认为是最为爱国的精英团体,无论思想还是言语都和普通人不尽相同。例如彭塔尔利耶的俱乐部从一开始①就禁止其会员使用日常的礼貌用语。"相互见面问候时,不能用日常的语言,应当避免使用诸如'很荣幸……'这样的语句",而应当使用更为严肃和正式的话语。"在巴黎,雅各宾的神圣讲坛不足以让那些叛徒和招摇撞骗者为之胆寒么? 那些反革命们不是将要化为灰烬么?"

无论是在外省还是在巴黎,一旦俱乐部建立,就立即投入到群众

---

① Sauzay 卷I,214页,1791年4月2日。

运动之中。在巴黎、里昂、埃克斯和波尔多等大城市,雅各宾派会设立两个相互联系的俱乐部①;其中一个居于上层,主要集中"各个机关的行政人员,负责一般性的统一行动",而另一个则是前者的附庸,更为活跃和务实,通过酒馆或咖啡馆的演说来吸引雇工、菜农和小资产者,其主要功能是在紧急情况时发起暴乱。一位下级俱乐部的会员如是说:"我们处于人民之中,向他们宣读雅各宾的指令,给他们预先洗脑,通过演说让他们得意忘形。我们鼓励他们控诉世间的不公,向他们指出一切政治阴谋。当他们'领悟'后,我们就开始激发他们的诉求;随后,我们开始一起进入更为具体的讨论之中。"在这些思想混沌不清却身强力壮者的支持下,雅各宾派的势力开始上升,倚仗着自己的权势排除异己,为自己设立种种特权。

III

现在,我们通过一个出版领域中的个案来了解雅各宾派的行动模式。由于被马拉和费勒隆在小报中指责为政府密探,工程师艾迪安先生向警方法庭起诉他们办的两家报纸,要求他们撤回报道并支付2.5万法郎的赔偿金。当这两位名记者于1790年12月收到法院传票时,他们大为光火,认为自己的立场无可辩驳,不容侵犯。马拉表示:"需要清楚这样一个基本原则,无论指控者有何种言行,只要他的出发点是为了保证民众的利益,那么就只对公众负责,任何法庭都无权对其进行指控。"

于是,朗格多克直接将艾迪安先生斥为叛徒,"我,朗格多克,希望您(艾迪安)闭嘴……如果可能的话,我希望把您送上绞架。"但艾迪安先生毫不让步,法庭的初审结论也对他的诉求表示支持。这使得马拉和费勒隆怒火中烧。费勒隆这样威胁道:"多里昂先生(作出

---

① 《宪政之友》,卷I,534页。

初审的警方代表），您会在人民面前公开受罚的！这个该死的判决必须撤销！"马拉更是提笔进行煽动："公民们！让我们把市政厅围个水泄不通，不要放过审判厅里的任何一个士兵。"

由于官方过度松懈，审批当天只安排了两名军人维护秩序；但这在雅各宾派眼里仍然是冒犯之举，他们狂喊道："你们解散吧，我们才是这里的主人！"于是，这两名士兵只好撤离，而费勒隆则盛气凌人。据说当天占领审判厅的"约有60名攻占巴士底狱的勇士，无畏的桑泰尔首当其冲，并要求直接介入庭审"。而实际上，他们确实介入了，就在法庭门口，艾迪安先生遭到袭击，由于经受不住民众的打骂责难，他最后跑到了门房避难。暴民们往他身上吐唾沫，甚至有人"提议割下他的耳朵"；他的朋友们也"被踢了不下一百脚"。最后，他不得不逃走，诉讼也不得不暂停。由于法庭几次试图重审，法官们也成为了雅各宾派恐吓的目标。

有一个叫曼达的人，他不过只写了一本关于人民主权论的宣传小册子，就敢于在旁听席高声呼喊，要求市长巴耶（同时也是法庭庭长）退出审理。巴耶让步了，并且以惯例为依据为自己的软弱找了一个冠冕堂皇的借口："只要庭审双方有一方要求撤换法官，那么该法官就必须退出；既然有一个公民要求我撤出，那么我就必须离开。"其他的法官则饱受羞辱和威胁，最后不得不屈服，并且以一种合法的手段来掩饰自己在司法上的无能表现。艾迪安先生和他的律师签了一份无法出庭的证明，因为他们都不敢冒生命风险去维权。于是，法官们判决道："由于起诉人及其律师无法出庭，起诉不予立案，指控撤销。"

马拉和费勒隆大获全胜，他们的文章传遍全法，却不受法律限制。从此之后，雅各宾可以随意地指控、侮辱、攻击任何人，不受任何司法和法律约束。

接下来我们来看看雅各宾是如何在言论上是如何压制对手的。马勒·杜潘无疑是那个时代最为伟大的人物之一，他思想独立、为人正直、口才出众、思维清晰，是自由和公共秩序的捍卫者；每个星期，他都会在当时数一数二的报纸上发表一些针砭时弊的文章,但绝不针对个人。就在艾迪安案十五天前,皇家宫殿的代表团突然到访,他们有12到15人,穿着体面,也十分礼貌,看上去并无恶意。然而,他们一开口,我们就可以发现他们已经被时兴的雅各宾理论洗脑。

杜潘这样记述当天的场景:"他们中有一个人开口了,说他们是来自皇家宫殿爱国团体的代表,此行的目的是要求我改变立场,要求我停止批判宪法。否则,我将会遭受报复。我回答说:'除了法院和法律,我不承认其他任何权力机构。只有法律,才是你我共同之主。钳制言论是违法宪法的。'刚才说话的那个人这样回答我:'宪法体现的是一般性的规则,而您所说的法律不过只是您自己的挡箭牌而已。您还是早点放弃吧,我们向您传达的是民族意愿,这才是法律。'"于是,杜潘向他们解释,自己也是旧制度的反对者,但依然支持王权。于是,他们齐声回答道:"哎,我们也不希望王室倒台,我们也支持国王,尊重他的权威。但是他不允许您反对主流意见以及立法议会所规定的自由。"

听了这些话,杜潘有些糊涂了。不过,对于生于瑞士,在共和国体制生活了20多年的他来说,也就见怪不怪了。他们五六个人异口同声,却语无伦次,谈到具体细节时总是自相矛盾,却要求杜潘闭嘴。"您不应当去对抗人民意志;否则,这就是在煽动内乱,藐视政令,危害民族利益。"

于是,他们以民族领袖自居,或者至少将自己看成是民族的代表:由于自视为民众推选的政治、司法和军事领袖,他们一向无所顾忌。至于亲自向杜潘进行通告,已经是屈尊降贵了。实际上,三天以前就已经有人在杜潘家附近集结,并威胁说"要像对待德·卡斯特里家那样"把他家砸烂,将所有东西都丢出窗外。还有一次,他写了一篇关于绝对和延期否决权的文章,却引来了四个亡命之徒;他们冲到他家,用枪胁迫他签字保证不再支持穆尼埃先生,否则将性命不保。

实际上,从大革命的第一天开始,"当整个民族刚刚进入到充分保证思想和言论自由的法制中时,乱党们就蛮横地将这一切从人民手中夺走,并对每个尚有良知的公民叫嚣:如果不同我们为伍,就是自取灭亡。"从此以后,他们利用自己的私权①发号施令,随意地逮捕、迫害甚至是暗杀与他们政见不合者,以此来消除反对的声音。仅1792年6月,杜潘本人就"收到了三张逮捕令、115份揭发信;在自己的家中遭受了四次人身攻击,在法国的财产也全数充公"。在接下来的四年中,他"寝食难安,担心随时失去自由甚至生命。"由于他后来得以脱身于法国,所以没有被送上断头台或被施以吊灯私刑。但其他人就没这么幸运了,8月10日,一位名叫苏洛的记者被当街残杀。这就是雅各宾派对言论自由的理解:他们不断地侵占舆论高地,随意论断他人。法律被他们视为无物,既无法限制他们也无法保护那些受迫害者。于是,一切权利都归于雅各宾派所有,与他人无份。

在雅各宾的专横之下,无人能够幸免。"在马赛,俱乐部直接要求市政官员辞职②,并自行管理市政,既不承认省政府的权威,也不把省级官员放在眼里。奥尔良的雅各宾党人则对高级法院进行长期监控,并将其作为自己的会场。在卡昂,与当地路易十四雕像被毁案件相关的卷宗被抢走并烧毁;审理此案的法官还遭到了人身攻击。在阿尔比也发生了同样的事情,暴民们冲击法院的书记室,抢走并焚烧了指控一位暗杀凶犯的材料"。在古坦斯,俱乐部威胁当地的议员们"切不要与人民之法为敌"。里昂俱乐部更是截获了炮兵的辎重,其借口是现任的官员对民族不忠。

在各地,雅各宾党人都忙于夺权或夺权的准备。一方面,他们在候选人中排除异己,垄断投票活动。结果,他们将自己推上政坛,无论从事实上还是法律上,他们都为了政治新贵,拥有各自特权。而另一方面,他们私自组建特务机构,自行拟定和散发黑名单,追查那些对革命怀有恶意、怀疑或是不温不火者。他们谴责那些将子女送往

---

① 《法国信使》1791年9月3日,杜潘的文章。
② 《法国信使》1791年8月27日,司法部长Duport-Dutertre的通报。

国外的贵族,那些不愿意向宪法宣誓效忠,坚守在老堂区的神父,以及那些"有违宪举动"的修院教士。在地方政府面前,他们趾高气扬,将自己视为超越法律的更高权威。但很快,他们的嚣张气焰开始招致有识之士的不满;在一些地区,雅各宾派开始遭到抵制。有人在请愿书中这样写道:"这样的组织(指雅各宾)只会叫人民武装起来,然后相互残杀……他们总是在论断和诽谤他人,却不知自己已经侵犯了人民最为神圣不可侵犯的权利……正派之士被他们恶意中伤,却无法保护自己。这个组织和宗教裁判所无异,是惹是生非之地,是教人图谋不轨的学校。如果民众因为某些无耻的政策而感到不满,那是因为这些政策都来自于这类组织……是那些头脑发热,妄想控制国家的小人们制定的。"

无论在何处,雅各宾派"都试图控制民众的思想,打压合法的政府,让自己成为权力的代理人",一旦攫取了合法的权力后,就立即成为"专横的僭主"。虽然立法会议对于时局一再表示不安,却并无任何实际意义;相反,它一直在纵容民众性团体的发展。有一位雅各宾派的记者如此说道:"所有人民都应该按照小团体模式组织起来。"于是,两年之中,这些小团体一个个地建立了起来;由此,每个城镇都出现了由暴民组成的团伙,操纵着当地的政事。这样的团体遍布全国,只需要再建立一个枢纽式的总指挥部就可以立即转型成一支军队。实际上,这个总部很早就形成了,就是宪政之友协会(雅各宾派的别称:译者注)。

IV

事实上,这是法国历史上第一个具有权威性的党派。它产生于大革命之前(1789年4月30号)。[①]当时,布列塔尼地区奎泊、恩勒波

---

① 彭第维地区代表布耶发给其代理人的信件(1789年5月1日)。

和彭第维三地的代表们抵达凡尔赛；他们租用了一个公共房间，以便商讨投票事宜。随后，多费内地区的秘书穆尼埃和其他几个省份的代表们也参与进来，形成了长期开会讨论的惯例。一直到10月6号，这个团体的成员还是仅限于地区代表们。其后，会议地址迁往巴黎圣宝莱街雅各宾修道院的图书馆，并开始吸收虽然不属于代表，但具有一定影响的人物：康德赛首当其冲，其次还有拉阿普、谢尼尔、尚佛尔、大卫和塔尔玛等知名作家和艺术家。虽然此时此团体的总人数不过千人，却无平庸之辈，聚集了当时社会上的精英人士，其中还包括两三百名议会代表。如果有人想要加入，首先需要十名会员的推荐，并需经过全会投票通过。而且，会员们参会时必须出示入场证，由门口的两名检证员核实后方可入内；年轻的沙特尔公爵就曾担任过这种检证工作。

协会设有一个办事处，并设立会长一名。会员们讨论问题时井然有序，如同议会一般，讨论的议题也具有针对性，大多都是立法会议所涉及的问题。① 而在其他时间，雅各宾图书馆的下层大厅向公众开放，会有专人对劳工阶层解释何为宪政。从表面上看，宪政之友协会似乎是世界上最为开明且善于引领舆论的政治团体。但如果有人走近一步看，就可能得出其他结论。不幸的是，外省的民众只能对其远观瞻仰，无法看清其本质。

此外，由于法国长期中央集权，人们都习惯于唯巴黎马首是瞻，因此也就把总部设于巴黎的宪政之友协会看成是政治标杆，将其规章制度和政治纲领无一遗漏地照抄下来。于是，宪政之友协会成为了雅各宾派的"母会"，而外省仿效其而设立的团体则成为了它收养的弃儿。各地俱乐部的名字出现在宪政之友协会发行的报刊上，而它们的所有诉求也得到了后者的支持。由此，即使是再为偏远的乡镇，雅各宾党人也盛气凌人，这不仅是因为他们有当地的俱乐部作为

---

① 协会规章："本协会的目的是讨论那些在制宪会议上的议题..并与其他类似的组织相互联系。"

后台,更因为雅各宾派已经成为了一个分支结构遍布全国,同时又紧密联系的政治集团,其成员都能从中得到充分的庇护。但这也就意味着所有的外省俱乐部都必须听命于巴黎总部,执行其一切决议。

从中央到地方,再从地方到中央,这种连续性的互联关系是其生存之本。可以这样说,雅各宾派就是一台化整为一的政治机器,只要一声令下,其千万党徒可以步调一致地向前进行,而一切指令都来自于雅各宾修院图书馆中的几个煽动者。

这台机器的效率惊人,它可以随意捏造出一些充满暴力色彩的观点,将其粉饰为民意,在大众的沉默之中攫取他们的权力并转交到浮躁不堪的少数人手中,其后胁迫政府执行。格利高①曾这样说过:"我们的行事方式很简单,只要抓住机会在立法议会中提出议案,结果会招致大多数议员的嘘声。但这不重要,我们可以要求将议案提交到某个委员会审议,让那些议员以为此议案就此被否决。这个时候,巴黎的雅各宾党人就开始行动了。通过巴黎的报纸和其他刊物,全法三百个俱乐部就都知道了这件事。于是,三个星期之后,各省的请愿书就会像雨点一样袭向立法议会,要求重新讨论之前被否决的提案,而由于民意沸腾,议会中会有很多人改变态度,并以多数票通过此提案。"

这也就是说,立法议会必须听命于我们,如若不然,我们就要迫使它改变态度;为了达到这个目标,即使是不义之举也不为过。对于这一点,雅各宾派的领袖们都十分默契,因为他们已经丧失理智,为了成功不惜采用阴谋手段。

这些人中首当其冲的是曾经担任过议会顾问的杜博尔;早在1788年,他就已经将民变暴乱作为政治手段加以利用。最早的一批密谋革命者曾受到过他的接待,在他的"勤劳耕作"下,被撒下"洞穴政治"的种子,诸如西耶士这样的极端分子都深受其影响。

---

① 《回忆录》,I 卷,387 页。

1789年7月28日，杜博尔设立了搜查委员会，一些人本着维护社会秩序的善意加入进来，却被他亲手驯化成了监视民众和滋事闹事的打手。雅各宾派原先用于教化群众的大厅，也由此成为了他招募鹰犬的场所。而他的两名副手——拉梅特兄弟则竭尽全力去为他打造一支狂热的队伍。"每一天①都有十名忠实的成员前来听令，随后他们又分别传达给巴黎的各个小分队。通过这个方式，全巴黎的所有的分队组织，可以同时接到同样的指控文件和暴动提议，让他们一起行动，对抗巴黎市长、省长或是国民卫队的最高长官。"而这类行动却都在隐秘中进行，不敢对外公开，连其组织者都只用"安息日"来代称它；除了那些狂热的雅各宾信徒之外，他们甚至还会招募一些匪徒。"那些基层领导者们亲自将命令发给其他人，于是匪徒们从三十法里以外的地方聚集起来，到了那一天，城里一片喧嚣，陷入混乱之中，杀戮和劫掠随处可见。"②

　　有一次，为了制造骚乱，"有六个人集结成一个小组，其中一个人开始高声喊叫，很快就集结到六十人；然后，这六个煽动者又跑到其他地方，不断反复地运作"，把他们的煽动行为掩饰成民众情绪。

　　还有一次，"四十个疯狂的煽动者们领着四五百个被收买的打手"闯进杜勒伊宫，"狂喊乱叫"，跑到制宪会议会场的窗下"叫嚣要杀人"。一位议会代表对会场的雅各宾派说道："你们派去制止动乱骚乱的传令官听到他们不止一遍地要把你们想要驱逐的人杀掉，把他们的人头献给你们……当天晚上，动乱者中的一个小头目就是这样和你们的传达员说的；他还吹嘘说现在是时候让'正直的公民'们听从他的建议了。"

　　动乱者们的口令是"你忠诚可靠么"，回答则是"我忠诚可靠"。他们每天能够收到12法郎。参加动乱时，他们又可以在现场额外收到12法郎的佣金。"根据国民卫队和市政厅所搜集的证据，有不少

---

① 马鲁埃，II卷，248页。
② 拉法耶特《回忆录》回当时的情况是，杜博尔指挥，拉梅特办事。

'正直的公民'是在拿了12法郎之后才发出你们期望的叫嚣声的,而这12法郎是从你们手上得到的"。

这些佣金来自奥尔良公爵的钱袋,后者可谓是倾囊而出;到他去世时,虽然留下了1.14亿法郎的财产,却也欠下了7400万法郎的债务①;作为雅各宾的一分子,他理应出钱;而作为全法最富有的人,他也理应出的最多。虽然他软弱无能,无法成为实权领袖,但他的"小班子",特别是他的秘书和军师拉克洛却对他寄予厚望。他们希望让公爵当上临时摄政,甚至有一天能够成为国王。②这样,他们就可借他之名掌控政权并从中获利。在这个过程中,他们不断地激发公爵的野心。特别是拉克洛,他是低级的马基雅维利主义者,无恶不作,性格晦暗,集各种劣迹于一身;无论是在政治和生活上,他都像是《危险关系》③中的主角。在过去,他不过是偶尔地玩弄上流社会的女性和教唆纨绔子弟;现在,他开始专业操纵街边的妇女和匪徒了。1789年10月5日,有人看见他"身着褐色的衣服",夹杂在第一批冲向凡尔赛宫的妇女之中。其后,无论是"通宵骚乱"还是"焚毁城堡与土地界碑"等事件,他都在暗中操纵,将整个法国引入对假想敌的恐吓之中。

马鲁埃指出:"所有这一切行动,都由奥尔良公爵提供资金支持。"他和其他的雅各宾成员"各怀鬼胎"。但在当时,他们的联盟正处于黄金期;1790年11月21日,拉克洛当上了宪政之友协会的秘书、通信部主任、报社主编,并由此掌握了一切行动的领导权,成为了雅各宾派的实际控制者。于是,无论是野心家、煽动者,还是拿钱的打手和盲目的革命者,他都能够节制并加以利用。于是,这两个群体走到了一起,为着共同的事业而努力,不择手段地想要夺取政治权力。

---

① 《旧制度》45页。
② 特别是在国王叛逃事件之后,拉克洛和布里索亲自起草了雅各宾的请愿书。
③ 18世纪的一本色情小说,男主角是个道德败坏者。—译者

V

从表面上看,雅各宾派的成功让人难以置信;他们不过微不足道的少数派。即使我们将所有主张革命的派别都计算在内,包括吉伦特派和山岳派;那么在1792年11月的贝桑松,他们在当地3000个选举人的名额中,只占到了五六百个;到了1792年11月,他们在选举团中所占人数只不过为六七百人①,不会更多。在巴黎,1791年11月,登记入册的8.1万名选举人中,支持他们的也不过6700人;到了1792年10月,登记的选举权人有6.1万人中,但支持者也只有1.4万人。②在同年,在选举权人数分别为7000人和8000人的特鲁瓦和斯特拉斯堡,其中的雅各宾党人都只有四五百人。③

可见,在具有选举权的人口中,他们所占比例不会超过百分之十;如果我们将较为温和的吉伦特派从他们之中剔除,那么这个比例又会下降一半。到1792年末,贝桑松的2.5万到3万居民中,只有300名纯粹的雅各宾党人。而在人口超过70万的巴黎,雅各宾派的人数也不过5000。虽然身处首都,他们人多势众,也更为狂热;但即使是在收买流氓打手寻衅闹事时,其总人数也没有超过1万。④在图卢兹这样的大城,骚乱生事者也不过400人。⑤

由此估算,每个小城市的雅各宾党徒估计只有100多人;在小市镇上大概为20人;在村子里估计也就五六个人。平均下来,雅各宾派在选举权人和国民卫队中所占的比例不过1/15;即使将全法国的

---

① Sauzy,卷II 市政选举,1791年11月15日。——市长选举,1792年11月。
② 《巴黎信使报巴黎信使报》,11月26号刊,佩蒂翁在10682票中获得6728票,当选市长。1792年10月,他在14137票中获得13746票,再次当选。
③ Albert Babeau 卷II,特鲁瓦的32000居民中有大约7000名选举人。1792年12月,雅克在555票中获得400票,当选市长,而当地的俱乐部正好有400名成员。Carnot,《回忆录》卷I,当地医生发现,当地具有选举权的8000公民中,只有400人投票。
④ Mortimer-Ternaux,VI卷,21。
⑤ Michelet,卷VI 95页。

雅各宾党人算到一起,其总人数也只有约30万人。这个团体并不庞大,最后却能够将全法六七百万具有完全行为能力的法国人置于禁锢之中,如同亚洲的专制君主那样统治这个拥有2700万居民的国家,这让人觉得有些不可思议。然而,势力强大与否与人数多寡并无直接联系。与无序、分散的平民相比,雅各宾党人们沆瀣一气,咄咄逼人。他们犹如一把铁椎,在软弱的民众身上敲凿出一个又一个伤口。

对于一个民族来说,若想免于内忧外患之苦,唯有依靠政府,在其组织之下统一行动。一旦政府出现危机或是陷落,大多数忙于生计的民众就会因为懈怠和迟疑而无法团结合一,最后在危机之中灰飞烟灭。旧体制在1789年7月14日之后彻底垮台,却又阴魂不散,更加令人憎恶,因为它不但没有反思自己的滥权行为和强加于人的沉重税赋,反而叫嚣着要进行复仇和清算。于是在1790年,不可一世的旧体制拥护者们武装起来,在边界制造事端,直接导致了外敌和流亡国外者的入侵。而制宪会议建立起来的新政权在结构上却有着诸多缺陷,大多数人都不知道应当如何驾驭;史上恐怕从未有过如此沉重和低效的行政机制。为了让其运转起来,就需要每个公民在每个星期贡献出两天的时间①。而在其运转过程中,民众对它的诸多期望,如恢复税制、平息骚乱、维护日常生活以及保护民众的良知、生命和财产等,都没有如约兑现。于是,它因为食言而遭受摒弃,被另一种高效、非法的体制取而代之。

在任何一个集权的大国,一旦有人控制中央政权,就能操纵整个国家。长期以来,法国人都习惯于接受领导。②外省人的眼睛都不自觉地朝向巴黎;一旦出现政治危机,他们都会提前在驿道边上等候消息,以此确知自己受制于哪个政府。虽然有极少人反对这种集权体制,但大多数人却能接受或是忍受;这是因为:其一,对于那些彼此隔绝、仰视中央的外省民众来说,"政府很强大",他们不敢抗争,根深

---

① Cf. 二卷,第三章。
② Cf.《旧制度》291页。

蒂固地认为政府的背后是一个强大法国（政府），可以把他们压得粉碎。其二，对于那些彼此隔绝、对政府又表示不屑的少部分人来说，他们不愿意"抗争，因为这"并非易事"。实际上，他们都没有组织好。由于长期以来深受逆来顺受思想的灌输，他们很快就会认命。无论是王治还是共和，外省的官员们每天都会准点地来到自己的办公室，处理中央下达的命令；同样，警察们每天也是照着中央的通缉令缉拿案犯。无论是何种命令，一旦自上而下地传达出来，就会得到贯彻和执行。只要能够掌握中央政权，就可以操纵这台由成千上万个机件组成的国家机器。而要想夺权，就需要有强大的信念支持，并善于玩弄权谋，使用暴力，而这些都是雅各宾派的长项。

首先，雅各宾党人都具有坚定的信念，而信念让他们具有"翻山倒海"之力。设想一下，当一个二流的律师、商铺老板或是艺术家加入雅各宾派时，后者所宣扬的伟大思想会对他们的那颗愚钝有限、毫无准备的大脑造成何种震撼？长期以来，他们在生活上都墨守陈规，眼界也局限于自己的社会阶层之内；但现在，一整套关于自然和人性、社会和信仰，以及人类发展历史[①]的哲学完全呈现于他们面前，对人类的过去、现在和未来都下了定论，对绝对权力已进行了定义，而且还构建出了完全的真理体系。而这一切都可以套用几种固定模式来进行概括；例如，"宗教是迷信；君主制是阴谋；所有的教士都是招摇撞骗者；所有的君王都是暴君"。

当这些思想被灌入他们的大脑时，就像是洪水涌进了狭窄的河道；后者不但无法疏通，反而被完全侵没。于是，这些人开始迷失自我，忘记了自己不过是普通的市民或是劳工；在他们看来，自己所拯救的不仅仅是祖国，更是全人类的解放者，且必须为此而做出牺牲。

8月10日的前几天，罗兰夫人"含着眼泪说"，"如果自由在法国死去，那么她也将不复存在。哲人们的希望就会落空，而这片土地则

---

① Buchez et Roux, XXVIII卷，55页。

会惨遭暴君的蹂躏"。①在立法议会的首场会议上,格利高宣布君主制被废除,当想到自己要为全人类带来巨大的福祉时,他近乎癫狂。"我得承认,这几天来,我高兴得既吃不进又睡不着。"在会场上,一位雅各宾党徒高喊道:"我们就是世间的众神。"

可见他们如果不是发疯,那么至少是患上了妄想症。圣茹斯特的一个伙伴这样说:"有人的热度只有24小时,而我的热情已经燃烧了12年……"②其后,"随着年龄的增长,他们开始倾向于逻辑分析,因此热情不再"。而另一个党徒则宣称:"在危机之时,理性与狂热密不可分。"博多则说:"圣茹斯特和我,当我们烧掉维森堡(指维森堡战役)的大炮,他们都表示赞同;我们不需要这些东西,因为我们知道炮弹打不到我们。"

在这种极度狂热的状态下,他们可以克服一切困难,根据不同的情形做出惊人之举,既可能自我牺牲,成为革命英雄,也可能让他人流血,成为战争屠夫。他们沉醉于妄想之中,气力顿时增加百倍,无人能够与之抗衡。路人见了他们,有如见到狂奔的疯牛一样避之不及。

如果他们不幸没有避开这些雅各宾党人,就会被其掀翻,因为他们不但狂热,而且毫无原则。在任何政治斗争中,他们都会使用一些卑鄙的手段,为大多数正直理性的人所不齿。在后者看来,如果破坏任意一个规则,世上将毫无规则可言;因此,他们不会想要去推翻现有的政权,因为如果权力出现真空,那么社会就会回归野蛮状态;不会想要去引发骚乱,因为这等于将公权力置于野蛮和狂热之下;他们也不会将政府变为任意剥夺个人生命和财产的工具,因为政府本身是为了保护人身安全和个人财产而存在的。因此,面对不择手段的雅各宾派,他们束手待毙。③

---

① Barbaroux,《回忆录》336页—格力高《回忆录》卷 I 410页。
② Quinet,《法国大革命》。Baudot,《回忆录》,卷 II 209、211、421、620页。
③ 拉法耶特,《回忆录》,卷 I,467页。

雅各宾派从本质上就是藐视法律的,对于他们来说,人民专制才是世间的根本大法。他们可以毫无顾虑地与政府作对,因为在他们看来,政府不过是供人民随意差遣的奴仆。骚乱和暴动也是他们常用的手段,因为它们都是将无限的权力回归人民的重要途径。和决疑论者一样,他们深信目的能够决定手段正确与否。①立法议会上,有人这样说:"为了保证思想统一,这些人还不如死了才好。"圣茹斯特则这样写道:"如果有一天,我发现自己无法给法国带来善良、勤劳和理性的风尚,无法让他们远离专制和不公,那么我将自杀谢罪。"然而,尚在等待那一天的他已经将无数异议者推上了断头台。卡耶这样说道:"与其按我们的理念改造法国,还不如将它变成一个墓场。"

无论何时,只要能够掌舵,他们都不惜凿沉法国这条大船。从一开始,无论在城市还是乡间,他们都无端生事,教唆妓女、流氓等粗野之徒为害一方。在政治斗争时,他们利用饥荒、阴谋、内乱以及外患的恐惧来调动民众的情绪,使他们变得疯狂和盲目,足以毁灭一切。而后,他们夺权上台,靠着独裁和压迫维系自己的统治。

一方面,他们思想极端,让人不知如何应对;另一方面,他们对自己的权威深信不已,却蔑视他人的权利。这种癫狂和无耻正是他们以少数挟持多数的本钱。从1789年到1794年,雅各宾派的政客们先后四次坐到了政治的赌桌之前,中间派、斐扬派、吉伦特派和后来的丹东派,则先后输掉了手中的权力。因为在这四次政治赌局之中,这些多数派都不愿意违背游戏规则,触犯法律、人性和良知的底线。而雅各宾派则相反,虽然他们只是少数派,但为了夺权完全不顾廉耻;在他们看来,权力本来就是他们的囊中之物;他们对任何规则都不屑一顾。在关键时候,他们可以直接用枪对准对手的脑门,推翻谈判桌,用暴力攫取权力。

---

① 里昂的雅各宾派代表勒克拉克1793年5月12日对巴黎的雅各宾派这样说:"应当建立属于人民的马基雅维利式政权;让所有不纯粹的革命者们从法国消失……他们指责我们,说我们是匪徒,那么消除指责只有一个办法,就是让指责者消失。"

第 二 卷

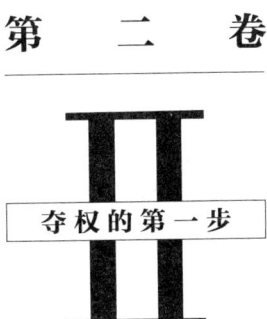

夺权的第一步

第一章

雅各宾派上台—1791年的选举—他们所占的席位 I.他们的夺权途径—排斥大部分选举权人及温和派参选者的方式—选举的频率—宣誓义务 II. 公共体制受到威胁—立宪派被排斥于立法议会之外 III. 维护体制的团体被禁止集会—在巴黎和外省同时遭受冲击—保守团体被严令禁止活动 IV.1790年选举中的暴乱—1791年选举—国王叛逃的后果—探访—选举期间的莫尔塔尼 V. 温和派受到威胁并退出—勃艮第、里昂和普鲁旺斯以及其他大城市的民变—雅各宾派的参选手段,以埃克斯、达克斯和蒙彼利埃为例—惹是生非者逍遥法外—人身攻击—利用农民—雅各宾的一般手腕

1791年6月之后的五个月中,①具有选举权的公民们被召集起来,推选他们的公共事务代理人;根据当时的法律,合法政府的各级权力代表都应当经过他们推选产生,首先包括4000名二级选举权人、745名议员;之后是83个省份、544个行政区和4.1万个社区的半数行政官员;而后则是各个城市的市长和议会主席、各省的刑事庭庭长和检察长以及全法国民卫队的各级军官。这也就意味着政府机构将面临着1789年以来的第二次或者也可以说是第三次人员更新。

---

① 根据1791年5月28-29日的官方通报,具有选举权的公民总人数为4288360人。Buchez et Roux,XII卷,310。

在此之前，雅各宾派通过小团体运作，一点点地向公权力渗透；而这一次，他们将要大举进攻。在巴黎，佩蒂翁成了市长，市议会主席的位置则先后被马努埃尔和丹东占据；罗伯斯庇尔则被任命为总检察长。在市议会开幕的第一周，①就有136名新代表在雅各宾俱乐部注册。在立法会议中，雅各宾派占有了约250个席位。而从全国范围上看，他们则把持了政府之中约三分之一的职位。在两年之中，雅各宾党人凭着敏锐的直觉蚕食鲸吞，以合法的手段将法兰西置于自己的淫威之下。

I

首先，他们成功地将政府清空，然后又胁迫制宪会议制定一系列规则，使支持社会主流民意的代表无法成为议会中的多数派。一方面，以充分保证人民主权为由，选举制度被弄得纷繁复杂，以至于每个选举权人不得不花费自己六分之一的时间来参加投票，这种负担对于那些忙于生计或是事业的人来说过于沉重；②然而，这些人恰巧又是维护社会理性和秩序的主要力量。而另一方面，根据宪法，每个选举权人投票前都必须进行宣誓，在民事和宗教上都要忠于国家，由于很多人不愿意进行宗教效忠宣誓，因此投票无效。例如在杜省，33个社区的选举就因为这条规则而被视为无效。③因此，不但是4万名未宣誓的教士，就连那些较为虔诚的天主教教友们都被剥夺选举权。

这个问题在阿尔图、杜省、茹拉、上莱茵省、下莱茵省④、德塞夫勒、汪代、下卢瓦尔、莫尔比昂、菲尼斯泰尔、北部海岸、洛泽尔、阿尔

---

① Buchez et Roux, XII 33—Mortimer-Termaux,《雅各宾专政》卷II，205、248页。Sauzay, 卷II，第八章，Albert Babeau, 卷I, 第20章。
② 德穆兰在一封信中（1792年4月3日），说明了参加投票所需花费的时间，其吸引力和倦于参加投票的主要人群。
③ Sauzay 卷II, 83-89页及123页。
④ 国家档案馆档案，F7 3253，1792年4月7日，省政府通信。

代什①以及中部省都更为严重。于是，由于选举规则既不易操作又苛刻专横，无论是数百万计的理智选民还是天主教徒，都再也无法牵制雅各宾派的势力。在排除掉这两大投票群体之后，选举会场里的人数已经少之又少了。

II

那么如何应对剩下的选民呢？当务之急是让他们无人可选。向宪法宣誓效忠的制度已经部分地完成了这个任务：很多公职人员不愿意宣誓，而选择离职。自然，他们不会出现在下次选举的候选人名单之中，因为没有人会去谋求一个自己已经放弃的职位。一般来说，如果掌权派遭受过度打击，其成员自然就会对从政生厌，也就不会去参选。雅各宾派深谙此道，他们制造无数的骚乱和民变，不但针对国王、官员、贵族和教士，也打击农场主和地产主，对任何性质的公权力机构都敢于挑衅。而政府则一再让步，对暴乱、纵火、抢劫和行凶之事过度宽容。

两年之中，有市长行使职权时却担心会被吊死；有军官在保护正常的赋税活动时却对自己的下属提心吊胆；还有法官在依法对破坏国有林产的盗伐者进行判决时遭受威胁和侮辱。本应维护正义的公权力被迫妥协，听任正义遭受扭曲。如果有人胆敢反抗，雅各宾的重拳就会不断砸来，强迫他们屈服于其淫威之下，成为其傀儡或者共犯。对于那些良心未泯的人来说，这简直是奇耻大辱。因此，在1790年和1791年两年之中，那些自1789年以来执掌市政厅和国民卫队的名流要员，那些贵族、圣路易骑士团成员、国民议会的老议员、城中的富商和大地产主都远离政事，回到了各自的私人生活之中，不再参与到选举活动之中。于是，在后来的投票中，竟然没有秩序派的候选人。

---

① 《巴黎信使报巴黎信使报》1791年9月3日刊。

不过，人们对雅各宾派的担忧也与日俱增。有人指责该党派的领袖毫无从政能力，拒绝将一些诸如议员和部长这样的重要位置，让给那些两年来政治观念毫无长进的政客。至少在1791年6月，即使在驱除了不肯妥协的右派代表之后，制宪会议中还剩下700名议员；虽然他们拥护宪法，但多数坚决主张结束动乱；如果他们能够再次当选，也可能重建一个理性的立法机构。除了少数革命乱党之外，这样的局面可以让绝大多数人满意。

然而，在处理国王出逃和战神广场的叛乱这两件大事时，他们却显得十分无能。虽然在三个月中，他们手握重权，但他们没有控制局面，反而被暴民们所击败。于是，有人就此在政治上收手，有人甚至想回到从前。① 于是，他们开始和雅各宾派划清界限；在俱乐部注册的三四百制宪会议议员中，只有七人留了下来②。其他人转投斐扬派，与雅各宾派针锋相对，其领导人为杜博尔、拉梅特兄弟、巴拉弗，以及其他宪法的起草者和新体制的创建人。在制宪会议的最后一篇法令中，他们高声谴责民众性政党的阴谋，不允许他们参与任何政事，也禁止任何以民愿为借口的请愿活动。③

于是，对于那些希望恢复社会秩序的选民来说，这些人成为了立法议会的最佳候选人；他们在各自的选区都有着一定的声望，受到当地人民的信任。他们制定的宪法深得人心，并且得到了选民们的支持，因此极可能成为议会的多数派。然而，雅各宾派早有防备。在选举开始前四个月④，王室一错再错，酿成大祸，⑤ 而雅各宾派则充分地利用了右派的仇恨和议会的松懈与倦怠，制造各种不和与争端。最后，制宪会议出其不意地通过一项决议，所有会议议员代表不得参与下次选举。于是，斐扬派的总部被预先摧毁。

---

① 瑞典公使斯达尔先生通信，1791年9月4日。
② Ib,1791年7月17日信件——"制宪会议中除了三四个人外，其他300人都与雅各宾派决裂。"
③ 1791年9月29-30日法令。
④ 1791年5月17日法令，马鲁埃，XII，161页 "不该犯的错误，我一个都没有落下"。
⑤ 几个月之后，在巴黎市长的任命上，王室放弃了拉法耶特，而选择了佩蒂翁。

III

面对雅各宾的咄咄逼人，很多人先后站出来想要去抗争，却感到举步维艰。如果想要参与选举，就必须组织起来进行沟通与商酌；然而，虽然法律赋予他们结社之权，却因为受到政敌的干扰而无法正常行使。从最开始，①雅各宾派就对聚集于罗亚尔大街法国沙龙的右派进行嘲讽和打击。治安法院依据惯例，认定"此种社团可能会带来麻烦，因为它为聚众滋事者提供了活动场所，并通过暴力手段谋求自保"，强迫他们解散。

到了1790年8月，马鲁埃和克莱蒙·托奈尔伯爵又集结了一些更为温和理性的人士，建立了"君主宪政之友"协会，期望重建社会秩序并延续改革之路。他们已经完成了所有必需的手续，在巴黎的会员已达800人，且仍在不断增长之中；此外，他们在外省所获得支持也越来越多。但问题是，他们还希望通过销售廉价的面包团结底层民众。由于他们在民意和影响上有赶超雅各宾派之势，这个现实让后者坐立不安②。

克莱蒙·托奈尔伯爵本来已经付下租金，计划租用沃克斯豪尔大楼；国民卫队的一名上尉却在这时找到大楼的业主，威胁说如果他胆敢出租此楼，皇家宫殿的爱国者们就会用身体把大楼的房门堵住。这位业主害怕他们会跑来乱砸一气，于是解除了租约，而市政当局则由于害怕雅各宾派骚乱，暂停了该协会的活动。后者则一再坚持，据理力争，终于获得了结社的官方批准。但很快，雅各宾派的煽动者们和报纸，就开始对其进行猛烈抨击，以绝后患。

1791年1月23号，贝纳弗斥责这个新社团的成员"喂给人民有毒的面包"，并通过这种隐晦的语言激起民变。四天之后，克莱

---

① 德蒙洛泽尔先生《回忆录》，II卷，309页。
② 马鲁埃，II卷，50页。《法国信使报》，1791年1月7号刊和2月5号刊。

蒙·托奈尔伯爵的家遭到了暴民的武装围攻，马鲁埃几乎被从马车上拽了下来，匪徒们不断在他四周叫嚣："这就是那个诋毁人民的杂种！"最后，"君主宪政之友"的创建者们等了两个月，终于在市政府的关照下租到了位于小爱居里街的一间大厅，并于3月28日开始活动。

有人这样描述当时的场景："一到那里，我们就看见了一群醉汉和衣衫褴褛的妇女，他们在一群士兵的煽动下吵吵闹闹，他们都拿着两尺来长的棍子，可以轻易地把我们的头打破。"①局势迅速升级，最开始他们还只有三四百人，约十分钟后，人数已经增长到了五六百人，一刻钟后，竟然激增到了四千之众；这些人都由四处聚集而来，都是暴乱活动的常客。"本街区的居民都表示自己不认识这些人"。他们最开始只是和在场的会员争论，但很快就转为咒骂和威胁，同时抡起刀棍乱打乱砍。这些会员们平时"都没有携带武器的习惯"，毫无防备，被打得四处逃窜；其中有几人被人揪住头发，在地上拖行，共有十二到十五人受伤。为了给这次暴乱找借口，袭击者拿出一些白色的绶带（白色意味着忠于王室：译者注），说是从会员们口袋里找到的。巴黎市长巴耶直到一切都结束以后才来到现场，并以"维护公共秩序"为名彻底关闭了君主立宪派的俱乐部。

在雅各宾派的暴力蛮横和政府的故意纵容下，其他类似的党派也遭受到了同样的厄运。这类组织数量众多，在各大城市中都能见到，如"和平之友"、"祖国之友"、"国王、和平与宗教之友"，以及"宗教、人身及财产保护者"等。这些党派的成员大多是军官、市政官员等温文尔雅的城市精英人士。在过去，他们一直有着聚会讨论的习惯；随着时局的变化，他们的俱乐部也很自然地将讨论主题由文学转向了政治。

于是，雅各宾派开始对这些外省团体动手。②"这些都是阴谋

---

① Ferrieres，卷II，222页。
② 《宪政之友报》波尔多国家咖啡馆俱乐部的信件，1791年1月20日。

之家，应当对它们进行监控"。在建立长期监控后，雅各宾派开始将它们逐一消灭。例如在卡奥尔①，一小队国民卫队的士兵在剿灭邻近地区的贵族之后，想一劳永逸，侵袭了当地的精英会所；他们"将家具从窗外扔出，并毁坏了房屋。很快，在佩皮里昂，当地的暴民包围了精英会所，围着房子跳起了法兰多拉舞，并不停叫喊："路灯私刑！"结果，会所大楼洗劫，楼内的80名会员被打得鼻青脸肿，以保证他们的"安全"为由被关了起来。在埃克斯，当地的雅各宾俱乐部跑到精英会所去羞辱他们，结果引发口角冲突；结果，市政厅却因此立即给会所大门贴上了封条，把会员们全部逮捕。

无论在何处，地方精英们都在遭受暴力袭击；好像他们的存在就是一种罪过。无论如何，这些原来的社会精英都不怀好意，有违背公民道德和义务的嫌疑；因为他们的存在导致社会出现等级划分，这就足以将他们治罪了。在加德，根据省里发出的命令，一切社团都必须解散，因为它们是"滋生阴谋之所"。在波尔多，市政厅借口"整个城中都弥漫着恐慌，人人都害怕教士和特权阶层死灰复燃"，禁止所有雅各宾派之外的所有集会。于是，"在世界上最为自由和先进的制度下，在个人合法权益充分的《人权宣言》面前"，根据以平等为基本原则所制定的法国宪法，非雅各宾党人无法享有任何公共权力。这个专权的党派独尊于天下，任何组织都必须"接受它的公民思想和话语逻辑，并得到它的认可"。只有它才有集会和宣传的权利。

在王国的任何地方，温和理智的人们都无权组织选举委员会、设立讲坛、吸收会员，并建立能够影响民意的组织。这使得他们无法团结起来保护法国既不受革命之苦，也不用担心回归旧制度。如果他们不过是在私下抱怨，雅各宾派尚能容忍，但如果他们想要建党设盟，集中选票并推荐自己的候选人，等待他们的就是毫不留情的压迫。于是，在投票当天，与化整为一、积极参与且喧闹不已的雅各宾

---

① 《法国大革命》，539页。

派相比,这些精英选民们显得分散、倦怠和沉默。

IV

那么,到选举那一天,他们是否能够自由投票呢?按照过去的经验,这个权利难以保证。1790年4月,制宪会议议员布瓦-达西先生从巴黎回到他的家乡(勃艮第的布瓦-达西地区),准备参加当地的选举①,却遭到威胁;有几十名暴徒冲到他面前,警告他贵族和教士不得参选,否则就会把他吊死。而在邻近的圣科隆布,德·维托先生被驱逐出选举会场,在饱受三个小时的酷刑之后被杀害。在瑟米尔也发生了同样的惨剧,有两名贵族被活活用棍棒和石头打死,另有一名侥幸逃生;此外,还有一位本堂神父被捅了六刀,不治而亡。这无疑是在威慑其他贵族和教士们,让他们不敢去投票。

然而,雅各宾派所威胁的对象并不限于这些人,无论是粮商还是地产主,只要被他们怀疑上,就会收到警告。于是,到了选举人——"人民"终于可以收回他们主权的时候。这些暴徒们深信,任意妄为是属于自己的合法权利,因此驱逐那些敢于蔑视他们的候选人和选民并无不妥之处。

在巴黎附近的圣乔治新城②,一位正直刚毅的律师被推选为地区法官,但当地的暴民们担心这样的人担任法官会阻挠他们作奸犯科。于是,有四五十人聚集到选举大厅的窗下,高喊:"我们不想让他当选。"选举团主席德·克罗斯奈神父无奈地向他们解释,选举团代表的是九十个社区的约一万居民。他们不应该把自己四十个人的意志强加于这一万民众之上。然而,暴民的呼喊却更加高亢;最后,选举团的选民们最后不得不撤回了原先的选举结果。

---

① 《法国大革命》,527页。
② 《法国信使》,1790年12月14号刊。

在波城,当地民兵团的爱国者①发动叛乱,将他们的一个军官强行监禁起来,罗列了一份驱逐名单并四处发放;将监票人打倒在地,进而又用刀刺他。被列在驱逐名单上的人都躲了起来。到了第二天,"再也没人敢去投票了"。

　　1791年的形势更加糟糕。当初级选举在全国各地开始举行时,国王逃往瓦雷纳,革命遭受内忧外患双重威胁,命悬一线。国民卫队不得不四处动员,号召人们拿起武器,而雅各宾派则利用了这种恐慌,不断地聚众闹事,使四处民变不止。保王党人、立宪派和其他保守温和的群体都闭门不出,以免引火上身;而普通民众也只是武装起来谋求自保,不会去自找麻烦,没有人再去关心选票多少。

　　现在,我们将以一个较为平静的小地区②为例,以小见大,来了解法国在选举期间的情况。

　　莫尔塔尼③是一个人口不过6000的小城,直到国王叛逃之前,大革命对该市的影响都是正面的。在当地的四五十个贵族家庭中,大部分人属于自由派。和其他地方一样,无论是贵族、教士还是中产阶级,都深受18世纪启蒙哲学的影响,让这个偏远的外省洋溢着新鲜而进步之风。因此,这里的社会上流人士极具奉献精神,积极地参与到了公共事务之中。选举产生的地区首长、市长和市政官员都来自于贵族或教士阶层;国民卫队的三位最高指挥官都是圣路易骑士团成员,其他的军官也都来自中产阶级。在这里,权力通过自由选举被合法地交到了社会上层手中,一个以社会地位、教育和能力为等级划分基础的新秩序由此建立。

　　但六个月以来,"十二个头脑放热的异动分子聚集起来,以厨师拉蒂尔为首领"组建起一个俱乐部,并开始发展会员,寻找闹事的机会。当国王出逃后,雅各宾派"四处宣扬说是贵族和教士们拿钱资助

---

① 国家档案馆档案,H 1453。
② 地区为大革命期间的一级行政单位,在省之下。——译者
③ 国家档案馆档案,F 3249。

了这次叛逃,是反革命分子"。他们的指责和论断似乎无可辩驳,因为他们列出了每个贵族家庭的出资数额,这说明每一家都"根据自己的能力"出了钱。很快,莫尔塔尼的"雅各宾骨干与国民卫队中的投机分子串通起来",在城中分散作乱。他们冲入贵族和中产阶级的宅邸,没收了他们所有的武器,如"毛瑟枪、手枪、佩剑、猎刀和剑仗"等。暴徒们四处搜寻,强迫监管军火库的看守人员开库发枪,或者干脆自己动手砸开仓库寻找武器。他们无处不入,甚至有人竟然搜到了女眷的更衣间。为了防止贵族们反抗,暴徒们"砸烂了他们的膏药盒,说里面藏有子弹;又打翻了他们的粉盒,说里面的化妆粉可能是火药"。然而,这伙人并没有就此收手,他们又转向乡村,以同样的方式洗劫贵族们的城堡。"在首次动乱之中,所有具有防卫能力的正直公民都在一天之内被解除了武装"。

对于暴动者来说,所有的贵族都是缴械的对象。然而,在他们眼中,那些"反对在光天化日之下行凶犯罪,不加入俱乐部且容留那些不愿意在宗教上向国家效忠的教士们"都是反动的贵族,首当其冲是"国民卫队中的贵族军官,特别是总指挥官和指挥部中的高级军官"。这些人在动乱中都毫无反抗地让暴徒们解除了武装,而这个举动被其他心存隐忍和爱国之心的军官们加以仿效;事实上,他们"甚至为军队没有在动乱中解散,自己没有被解职而沾沾自喜;希望此事就此终结",甚至期望省府能主持公道。

然而,虽然省府责令雅各宾派归还武器,却无济于事;这些雅各宾党人以过往未向宪法宣誓为借口拒绝归还;他们毫不遮掩地宣称,"只要边疆炮响,他们会立刻扭断贵族和未宣誓教士们的脖子。"当国王向宪法宣誓后,省府再次要求他们上交武器,他们仍不理会。于是,国民卫队调来大炮,驻扎在贵族们的宅邸门前,但雅各宾派毫不示弱,继续对贵族们进行侮辱与威胁。街边的顽童开始追逐贵族们的女眷,在她们身后唱起《来了》①,并且在歌曲最后加上她们的名

---

① 大革命时期煽动民众的一支歌曲。—译者

字,并叫嚣要将她们挂在路灯上。而"如果有人(指贵族)邀请多于十二人一起聚餐,也会引起暴民骚动"。于是,国民卫队中的贵族军官全部辞职,雅各宾派趁机夺权。他们无视法律,撤换了卫队中的所有军官;而由于温和的市民们不敢参与新任军官的选举,结果新成立的卫队指挥部"被一群来自社会最底层的疯子们"占据。

在清洗了民兵组织之后,雅各宾派又对准了教会,他们追逐逮捕不愿进行宗教宣誓的教士,搜查范围甚至深入到了邻近地区。最后,连市政府也无法自保,遭到清算。无论城市还是乡村,频繁的动乱让人居无宁日。对于那些地主、贵族和其他具有一定社会地位的人们来说,巴黎是他们最后的避难所。在莫尔塔尼的第一次缴械动乱之后,约有七八个家庭逃到巴黎暂避。而在雅各宾派威胁要掐死贵族和教士之后,又有十二到十五个家庭离开。而当宗教迫害的序幕拉开时,那些聚集宣誓的教士、尚未迁离的贵族和中产者(其中有些人"经济上并不宽裕"),开始大规模地出逃。至少,当他们隐没于人海时,不会有人认出他们,因此也不会遭到平民的仇杀,由此可以过上平静的生活。可见在外省,如果人们连基本的民权都没有,如何奢谈政治权利?

"在初级选举,正直的议员们因为受到威胁或攻击而被迫离开……把位置留给那些只需交付45苏税金的穷人;这些人的大名有一半都列在申请救助的穷困者名单之上"。这就是莫尔塔尼初级选举时的情形:参选的候选人名单由那个组建当地俱乐部的厨子签署或指定;当二级选举在省府举行时,参加投票的选举人无一不是雅各宾党人。

V

于是,1791年春夏两季的选举在雅各宾派的压迫下进行。在全法各地,贵族、教士、地产主,以及任何稍有教养的阶层都日夜惶恐,他们的武装遭到解除,居所也时常遭受攻击。于是,很多人选择逃离,前往大城市避难或者直接迁往国外;其他人则退出了政治舞台,封闭于私人生活之中,拒绝任何政治宣传,也不愿参选或是投票。对于他们来说,在此暴力横行之时,在任何场合露面都是在冒险。

在勃艮第和里昂,有城堡遭到劫掠和焚烧,老贵族们被残杀或遗弃在废墟中等死。奎因先生遭到暗杀,尸体被肢解。而在马赛,温和党派的领袖被投入监狱,而执行法院决议的,不过是一队武装起来的瑞士佣兵。如果有人胆敢提出异议,雅各宾派就会用活埋来威胁他,让他闭嘴。在土伦,雅各宾派直接向温和派开枪。海军舰长德·博卡尔先生遭到暗枪刺杀。当地的雅各宾俱乐部在穷人、水手、码头工人和流动商贩的支持下,夺取政权并实施独裁。在布雷斯特、蒂勒和卡奥尔,一些贵族和军官惨死街头。

在其他地方也是如此,只要有人敢于挑战雅各宾派的淫威,就会被清除。在埃克斯,负责宣读选举权人名单的选举助理遭到斥责,因为"只有纯洁的嘴才配念选举人的名字;而他是一个贵族和疯子,因此既不能投票也不能参选"。而后,未经任何合法程序,他直接被赶到了门口。由此,雅各宾派顺利地从少数派变成了多数派。

而在达克斯,雅各宾夺权的方式更为迅速。当地的斐扬派坚持自己才是真正的"宪政之友",与雅各宾派划清界限。①他们之中甚至还有人提议改组国民卫队,驱逐其中"那些既无财产有无能力的外来人",那些按照法律没有选举权却对之觊觎已久,只知道"不停咒骂正派公民们"的无耻之徒。结果在选举当天,雅各宾派向举行投票的教堂发起冲击。当时在场的有两个斐扬党人:玻璃商布鲁纳歇和担任监票员的劳勒德;后者被雅各宾党人抓住,摔向圣水池;他立刻头破血流,想要逃跑。结果,暴徒们抓住他的头发,用刺刀刺他,最后把他和布鲁纳歇一起关了起来。八天以后,二级选举团里就只剩下雅各

---

① 国家档案馆档案 F3229。

宾党人了；于是，他们"全部当选"，组建了新的市政府。虽然省府一再要求他们释放这两个被监禁的斐扬党人，他们却置之不理，反而把他们投入了地牢。

在蒙彼利埃，雅各宾派的行动虽然迟了一些，但场面更为"宏大"。当时投票已经结束，选票箱也已经封好，大部分人都把票投给了温和派。结果，雅各宾俱乐部和自称"执行机关"的铁棍帮一起冲到会场，烧掉了一个选票箱，并开枪杀死了两个人。为了恢复秩序，市政厅要求国民卫队的所有连队前往他们连长那里集合待命；虽然温和派服从了命令，但雅各宾派却对此置若罔闻。他们集结了约两千人占领城市，随意私闯民宅，杀害了三个市民，并胁迫市政府撤销选举团。

此外，他们还要求"贵族军官们"解除武装。当这个要求没有得到满足时，他们抓住了一个工匠（他当时正在和母亲一起散步），将他杀害，砍下了他的头颅并挂到了他家的门上。在此"劝告"之下，市政府发出了解械令。于是，这些得胜的匪徒们开始兴高采烈地在街上游戏；出于幸福和警示，他们不时地用枪射击那些"可疑分子"家的窗户；结果，又有一男一女因此丧命。在其后的三天之中，约有六百个家庭搬离此地。而掌权的雅各宾派们却认为一切太平；他们这样写道："现在，选举终于可以安静地举行了，因为那些满怀恶意者们都自愿退出，他们中间还有一部分人已经离开了这座城市。"于是，投票会场几乎空无一人，雅各宾派却称之为"一致通过"。这次行动对于他们来说意义重大，从此以后他们不再需要多数人参加投票了。只要他们侥幸得胜，逍遥法外，哪怕是只有几个人的投票也可生效。自此以后，威胁成为了雅各宾夺权的首选途径：再也没有人敢去反抗他们，人人都知道与他们作对将付出惨重代价，而前往选举会场则只会自取其辱。因此，即使在选举开始之前，雅各宾派的对手们就都已经认输了。而且，除了拳头之外，雅各宾的喉舌更是咄咄逼人。

在巴黎，马拉连续在三期的报纸上咒骂那些希望参加选举的人为①"流氓和无赖"。实际上,这些人既不是贵族也不是教士,不过是一些普通的中产者、医生、律师、建筑师、珠宝商、纸商、印刷商、织毯商和其他一些工场主。无论是他们的姓名,还是职业和地址,都无一遗漏地列在了马拉的报纸上;名字之后往往还跟着一些论断式的描述,如伪君子、道德败坏者、破烂货、阴谋家、告密者、诈骗大师,等等。而且,列在报纸上的这份诋毁名单很快就变成了驱逐令。

在全法各地的大小城镇,只要当地的雅各宾分会认为自己在选举中无法占优,就会印刷和发放同样类型的黑名单。在乡村,他们则会对农民们进行劝诱,这一招在那些饱受农民暴动侵扰的地区特别有效。例如在克雷兹,"动乱几乎侵袭了全省,谈论最多的话题就是抓住那些引起骚乱的串联者。"②在整个选举期间,俱乐部无处不在,"他们不厌其烦地劝说选民们参加他们的集会";每一次,"会议的内容都会提到废除地租,演说者最后还会总结说,农民们不该为土地付任何钱。"乡间的选举人大多都是目不识丁的农夫,很快就被雅各宾派的口才吸引;由于后者推选的参选人又异口同声地表示反对地租,因此大部分选票都落到了他们身上,使他们成为了议员或公诉人。换言之,为了拉到选票,雅各宾将地产主们的财产私自许诺给了那些贪心的佃户。

总之,通过1791年大选,雅各宾派获得了立法议会三分之一的席位,为他们在1792年占据国民公会全部席位埋下了伏笔。从这第一次大选活动中,我们不但看清了雅各宾派的行事准则和政治手腕,还熟悉了那些被他们推上中央或地方政治舞台的政客,了解到了他们的社会和教育背景以及精神和性格状态。

---

① Buchez et Roux, X卷223页,《人民之友》1791年6月17、19和21号刊。
② 国家档案馆档案, F 3204。

第二章

Ⅰ.立法议会的人员构成—议会的社会阶层—从政经验、能力缺失，偏激 Ⅱ.智力水平与文化层次—Ⅲ.开会方式—俱乐部游戏—投机者之间的合作Ⅳ.党派—右派—中间派—左派—吉伦特派的立场与思想—与极左派结盟Ⅴ.他们的行动方式—解散斐扬派—议会演讲的压迫力—外部集结Ⅵ.议会中的阴谋—紧急情况频现—原则性投票—点名投票—中间派的威胁—弃权—对多数派的镇压

Ⅰ

一个民族理应由其精英阶层来代表，但大革命中法国所遇到的问题是，它的代表们过于单一化。随着议会的更替，政治局势也不断恶化；特别是从制宪会议到立法议会，政局崩裂得极其严重。把握时局的派别刚刚开始进入角色，就立刻出局。而且，他们还是自愿退出，听凭政坛上的其他势力被一层层剥落。

一位公使①这样写道："先前的一期议会聚集了法国最优秀的精英，有能力、有资源更有名望。虽然平民们可能会对某个人感到不

---

① 斯达尔男爵与瑞典宫廷通信，1791年10月6日。

满,但议会在整体上让他们信服。而现在的议会(指国民公会),不过是法国城市和乡村律师的大集合。"

事实上确实如此,在立法议会的745名代表中,竟然有"400名律师,而且大多都不入流",20名进行过宗教宣誓的教士和"同样数量的三流文人,其中大多数人穷困潦倒"。这些代表的年龄大多不超过30岁,其中还有60人年龄在25岁以下;他们几乎都是"民众性团体或俱乐部"的成员。旧体制中的高级教士和贵族、大地产主、高级官员,或者是专业从事外交、金融、行政和军事的人员,都不在代表之列。

代表中只有三个末流的将军;其中一个三个月前才刚刚得到任命,而另外两个根本就没人听说过。而执掌外交委员会的,是名记者布里索,他曾经在英国和美国游走过一番,似乎可以胜任外交工作。但实际上,他与委员会的其他成员一样,傲慢、无能,只知道空谈,却自以为可以纵横欧陆,将外交看得像遣词造句一样简单。有一次①,他突发奇想,准备把加莱和敦刻尔克让给英国,以求与之结盟。还有一次,他计划"入侵西班牙",同时派舰队横扫墨西哥。

财务委员会的主管是来自蒙彼利埃的批发商康邦,他算得一手好帐,通过精兵简政使国库债台高筑,也就是说让国家彻底破了产。任职期间,他竭尽全力鼓励政府增加开支,陷入长达23年的战争之中。在他看来,"国家有的是钱"。指券(1789-1797年流通于法国的一种有国家财产为担保的证券,后当作通货使用)已经被发光,而税又收不上来;于是,国家不得不增发指券,使其价值跌落了40%。1792年的财政赤字预估为4亿;但是,这位革命金融家想出了充公的好办法,在法国强制施行,并准备在比利时进一步推广,对国内和国外的私人财富进行系统性的掠夺。

康德赛是议会中唯一参与过宪法制定的人;但他头脑过于狂热,思想被体制磨平,执着于自己的抽象概念和程式之中,认为可以把

---

① 斯达尔男爵与瑞典宫廷通信,1792年1月19日。

自己数字化的公式应用于社会领域,由此陷入谬误之中。他博览群书,却不懂得识人;他崇尚科学和理性,却在歪曲事实。6月20日的前两天,他竟然视眼前的骚乱暴动为无物,颂赞"和平"和"大众的理性"——"从民众处理事件的方式来看,他们每天肯定花了些功夫用于学习和研究"。而在6月20日的后两天,对暴民们强加给路易十六的小红帽①大加赞扬:"这顶王冠胜过另一顶,配得上诸如马可·奥勒留②般的明君贤王。"③

议会领袖们如此短视和无能,其他普通会众的素质可想而知。会议的新晋代表都是来自外省的新面孔,思想观念深受街边小报的影响。由于他们远离巴黎,对政治大局根本就不了解,在政治观念上比制宪会议的代表们至少要落后两年。马鲁埃这样说道④:"大部分人都不知道要去反对君主专制,而只是叫嚣着要打倒王室、贵族和教士;在他们眼中,一切都是阴谋,只有依靠暴力才能捍卫他们自己的权利。虽然他们之中也不乏人才,但是缺乏经验,甚至连我们(指制宪会议)都不如。我们的代表尚且懂得自我批评,但他们却从不认错,准备将一切都推倒重来。"

此外,由于他们基本上都来自于新体制,因此他们的当选也意味着法国政治进入了新的阶段。立法议会的成员包括264名省级官员、109名其他官员、125名治安法官和公共检察官、68名市长及市政官员、20名国民卫队的军官,以及进行过宗教宣誓的主教和神父。这556名公务人员都是在过去20个月中通过选举产生,在选民的监督下行使职权的;因此,他们对民众百般讨好和献媚,顺从"民意",在暴乱面前显得软弱无能,只知道不停地劝说,不厌其烦地重复大道理"。他们之所以能成为议会代表,不但需要民众的推荐,更得经过当地雅各宾的默许。因此,他们在言语和政治观念上都习惯于妥协,

---

① 小红帽是革命的标志之一。—译者
② 古罗马五贤帝之一。—译者
③ 《巴黎新闻报》,1792年9月4日刊。
④ 马鲁埃,II卷,115页。

不过是一群庸碌无能之辈。每次开会,都不过是一些饶舌之人在空谈妄论。国家的最高权力机构由此成为了愚人之家和炫耀口才的秀场。

II

那么,正派人士们是否可以接受他们的荒诞言论呢?让我们来听一听一位代表的发言①:"我是个做工的,现在我可以拿起自己的犁向贵族们吹嘘了。我家中的几头牛就是我祖辈签署社会契约的见证;它们在地上的勤耕苦作比贵族老爷们的羊皮纸更有说服力!"

另有一个代表提交了一份主张放逐或杀害4000名教士的提案,他的理据更加夸张不已、荒谬不经:"在乡间,婚烛的光辉逐渐变得苍白惨淡,更像是复仇的火把;执念与迷信的阴影,夹杂在理性的喜宴之中,在真理与新人之间挖掘鸿沟,将一切自由的爱慕者们捆绑起来……啊,罗马啊,你为此而高兴么?难道你也像农神一样,需要人们日夜为你牺牲献祭么?……离开吧,你们这些纷争制造者们!自由的土地上不允许你们任意妄为!难道你们想将人民再次逼上阿梵丹山②么?祖国已经为你们准备好了离港的大船,水手们在高呼,自由之风正鼓动着风帆。上船吧!像忒勒玛科斯一样,去海上找你们的父亲去吧!但是,你们能找到的,无非是西西里的礁石,或者是罗佳丽的诱惑③。"

像这样卖弄文采、含沙射影地攻击政敌的说辞充斥着立法议会的会场。哪怕是再为华丽的演说都掩饰不了这些演说者们的种种缺陷;他们大多心浮气躁,只知道堆砌辞藻、卖弄玄虚,却对事实置之不顾,甚至刻意歪曲。即使是像伊斯纳尔、居阿代和维尼奥这样的演说

---

① 《观察家》X卷,1791年10月26日会议。
② 罗马七丘之一,曾经是平民运动的中心。—译者
③ 这位代表的发言以18世纪初期法国作家芬奈伦的小说《忒勒玛科斯游记》为基础,忒勒玛科斯是奥德修斯的儿子,他出海寻父,经历很多险境,例如文中提到的罗佳丽,就是一个能够诱惑人的女仙。—译者

天才，也只知道说些虚浮之词，如同一叶轻舟在浮夸之风的鼓动下随意漂流，毫无深度可言。他们牢记着学校里学来的条陈章法，并因此而沾沾自喜，试图通过记忆中晦涩的拉丁词句来理解现代社会。

法兰赛·德·南特谴责教宗"在奴役和压迫加图和斯卡沃斯拉（此二人皆为罗马共和国晚期平民派的领袖：译者注）的传人"。伊斯纳尔则主张效法罗马元老院的治国方案：当内部出现不合时，就通过对外征服来加以解决。确实，古罗马和1792年的法国有着惊人的相似之处。雅克·卢则要求神罗皇帝（神圣罗马帝国皇帝）在3月1日之前同意妥协让步。"在相同情况下，罗马人都没有推迟期限，那么我们法国人也没有推迟的理由"。既然那些德意志诸侯们迟疑不决，那么就应该把他们包围在"波皮利乌斯①之圈"中。由于军需匮乏，难以支持军队在巴黎和其他大城市设防，结果有人提议出让国家森林换钱，结果却招来阵阵反对之声："凯撒的军团曾经认为高卢的森林是神圣的，因此不敢砍伐。难道我们不该效仿这种敬意么？"②

学校带来的迂腐之气与流行一时的哲学理念相互结合，形成种种古怪思想。拉里维尔经常在议会讲台上③念诵《社会契约论》或是卢梭的其他作品，宣称掌握主权的人民有权驱逐社会中"不愿接受人民信仰的异教分子"，并处死那些"表面上接受人民主权信条，行为却与之背道而驰者"。费拉塞尔先生也鹦鹉学舌，宣称"卢梭的理论就是我的提案，现在我要求议会对此进行投票表决"。在会场上，有人甚至主张父母不应干涉女儿们的婚姻，因为根据《新爱洛伊斯》，"一旦女孩长到了十三四岁，就开始对纯粹真实的感情充满期望，因此不得不在情感与责任之间徘徊；如果她战胜了自我，就会成为感情的殉道者，因为回归天性与本能意味着付出代价；于是，很多年轻人历经八年的心理挣扎之后，因为心力交瘁而默默地选择放弃。"议

---

① 古罗马政治家和军事家。—译者
② 《观察家》卷IX，179页，1792年1月20日会议。
③ Ib，卷XII，479，5月24日会议。

会还通过了离婚法案,以"确保人们的婚姻幸福,解放他们的自由情感……"从此之后,离婚再也不会带来任何负担,而是祖国赋予公民们的神圣权利……自此以后,它成了婚姻权利的守护神。

尽管这些演说者们都在其革命纲领中长篇大论,但却都是以一些迂腐的古典教条为基础,内容过于浅薄,没有任何精确可信的信息;简而言之,他们所推销的不过是一种肤浅的文化,只能靠言语诡辩来逞强。然而,这些恶俗危险的言论,却成了立法议会新代表的精神食粮。

III

由此,我们可以想象立法会议中的议事场景。它有类于制宪会议,却"更加混乱失序和吵闹喧嚣"。①理性的辩论越来越少,谩骂声却越来越多,教条主义更是大行其道。如果说制宪会议上的言论过于死板、偏激和目光短浅,立法议会中的发言则更为蛮横、狂热和盲目。

在议会大厅里毫无秩序可言,骚乱不停、喧哗不止。有人见证说:"设想有这样一所小学,有百来名顽皮的学生相互厮打,甚至会拉扯对方的头发。他们如此投入,以至于毫不关心衣服是否被撕烂,而这种扭打招来的不过是旁观者们的嘘声……但实际情况比这个更糟,让人难以描述。"这不过就是个下层人组建的俱乐部,是未来革命专制的演练场;在这里,代表们对政敌随意指控,将对方当做犯人一样进行审讯,制造各种流言蜚语中伤对方。

此种场景不由让人联想起午夜小酒馆中的醉汉们。②"来自约纳的于雷先生私自拟定了一份通告,并签上自己的名字,表示自己愿意出钱出力,诛杀暴君",于是,他们成了议会中的红人,每次提案都会有人附和。

---

① Etienne Dumont,《回忆录》40页—《法国信使》1791年19号刊。
② 《巴黎信使报》12月17号刊。

各种丑闻和荒谬之事在立法议会里层出不穷,却将公权力作为遮羞布;在议会主席的纵容下,一切都被会场里的阵阵掌声和叫好声中所掩盖。被称为"狂人的马斯卡利耶①"的克鲁茨竟然提议向整个欧洲开战,他甚至预先将欧洲划分为省——萨瓦省、比利时省、荷兰省、直到"北冰洋",并以此绘制一些地图并带到会场,结果竟然得到了众人的赞赏和称谢。圣玛格丽特的副堂神父堂而皇之地将自己组建的新家庭带到会场,并攻击教会的独身制②,会众不但表示赞同,而且还允许他的姘头列席会议。

此外,会场之中时常还会有众多男女聚集闹事,高喊政治口号,议员对此已习以为常。一切无聊、幼稚或粗暴的举动都得到了宽容甚至接受。今天可能是"一些巴黎公民"要求开战并担任"法国卫队"的指挥。明天,则可能是一群孩子前来,以"极为稚嫩单纯的声音"表达他们的爱国热情,只可惜他们脚步蹒跚,无法与暴君们对抗。而后,又会有一批沙多维尔的苦刑犯,与陪同他们的人群一起声讨咒骂。接下来,可能是打着军鼓,人数有千余众的巴黎炮兵。

总而言之,每天都会有无数来自外省、郊区和各个俱乐部的请愿代表,声嘶力竭地陈述着自己的各种诉求。而这些不过是开会时的插曲③,占主流的依然是演讲台上的喋喋不休与听众席上的阵阵喝彩。每次开会,"代表们都要遭受旁听者们的非议",这些行走于观廊之上的人们,总是对坐在下面大厅中的议员们指手画脚。他们会随时打断议会中的辩论,要求演讲人闭嘴,羞辱议会主席或赶走报告人,毫无节制和尺度。在一个小时内,他们会以喧哗、跺脚、嘘声或是人身攻击的方式,将会议中断二十、三十、甚至是五十次。当议会主席一遍又一遍地要求他们安静,恢复会场秩序时,他们以嘘声回敬,对"三令五申且四处张贴的会场规则"也置之不理。

---

① 意大利喜剧人物。—译者
② 《观察家》卷 XI,192,1792 年 1 月 22 日会议。
③ 《观察家》卷 XI,576,3 月 6 日会议。

这种局面进一步证明了政府与立法会议的无能,闹事者们也由此变得更为嚣张。在两个月中,他们不停地喊叫:"废除王室的专款!打倒那些大臣!打倒他们的看门狗!闭嘴!你们这些奴才!"6月26日,布里索因为立场转向温和而被人用李子砸中。"这三四百没有地位、没有财产、没有身份的人……俨然成为了立法机构的代理人和主子",立法议会凭着理性所维护的局面将被他们的疯狂所摧毁。

IV

从立法议会所处的内外环境来看,我们可以预知权力的天平会朝何处倾斜。约有100名头脑清醒、意志坚定的正直之士,包括马修·杜马、杜莫拉尔、贝克、戈尔戈热、沃布朗、本涅、吉拉丹、拉蒙和亚古尔等,成功地逃脱了雅各宾派在各地选举中所布下的落网,组成了议会中的右派。[①]他们在议会中奋力争斗,而且似乎成为了多数派,因为居中的400名议员中,有164名和他们一起加入了斐扬俱乐部,其他人则以"独立"的名义严守中立,不参加任何派别[②]。而且,君主制的传统思想让他们对国王怀有敬意。谦逊的本性让他们对暴力本能地排斥;他们反感雅各宾派,也不愿见到动乱,希望严守宪法并平静生活。但死板浮夸的革命教条仍是他们的主导思想;他们也不知道正是他们所热爱的宪法将他们拉入混乱之中;可笑的是,当他们饱尝苦果时,却依然在竭力维护着祸心。总之,他们性格上有缺陷,不够团结和坚定,摇摆不定,虽然希望恢复社会秩序却又意志薄弱。

他们的懦弱为左派提供了施展拳脚的空间。实际上,议会代表中仅仅只有136名雅各宾派成员,以及100名长期给他们投赞成票的其他代表。但是,他们的强硬态度却弥补了数量上的不足。瓜代、布

[①] 杜潘回忆录,卷Ⅰ,433页。
[②] Buchez et Roux,卷Ⅻ,348页。

里索、让松内、维尼奥、杜科和康德赛是雅各宾派的灵魂人物（这些人后来成了吉伦特派的领袖），他们都是作家或律师，在政治上蛮横无理，对自己的信念十分执着并为之备感骄傲。在他们看来，因为自己掌握着真理，所以必须将其毫无保留地付诸于实践之中。①如果有人想要阻止他们，那肯定都是些无德无脑之辈。他们自视为理论家，有着年轻人般的自信，准备坚持到最后一刻；这种极度的自负最后让他们自食其果。

有一位敏锐的观察者这样描述道②："这些人以一种极度轻蔑的目光来对待他们的立宪派前辈；后者在他们眼中不过是一群短视的既得利益者。""对于那些理智的评价，或是当有人理智地避开他们时③，雅各宾派则以嘲讽回敬，这种标志性的冷漠表情与他们心中的虚荣息息相关。理智之士们曾竭力提醒雅各宾派行事注意前因后果，一次又一次通过理论和经验让他们看清形势。然而，面对无可争议的事实和最为明显的证据，他们竟然可以置之不理；或者利用自己的口才重复几句陈词滥调来回应。

他们孤芳自赏，互为知音，相互鼓励，认为只要自己固执己见，他人的异议就不足为惧。他们自认为是世间唯一的爱国者，是最为出色的政治家，因为他们有卢梭和马布里这样的导师，有极佳的口才和文笔，能够掌握书中的程式和抽象的概念；而且，他们还读过普鲁塔克和《年轻的阿纳西斯》。形而上学的思维使他们急于建立一个完美的社会，让他们这些伟人在千禧年到来时能够功成名就。

虽然他们对这两篇文章深信不疑，但当他们煽动匪徒作乱，成为刽子手的同谋，让自己的双手由此沾满献血时，竟然能够处之泰然。④这种极端的心理显然是虚荣心在作祟。由于深信自己思想开明、道德高尚，雅各宾派将政治权力看成是自己的私产。结果，他们

---

① 《观察家》XII卷，393页，5月15日会议。
② 掌玺法国巴斯克回忆录。
③ 卢维回忆录，32页。
④ Buzot《回忆录》，31页、39页。

自食其果，在立法议会中所使用的夺权手段将他们在国民公会中反噬，因为他们在不断吸收极左的阴谋家们：除了丹东、罗伯斯庇尔和马拉之外，还有夏博、库东、德·蒂永维尔、巴希尔、杜里欧和勒克瓦特等人。这些人都是极端的平均主义者，热衷于破坏一切。他们相互利用，不惜一切地促使自己的动案通过。为了达到这个目的，打倒支持者甚众的政敌，他们会动员更为庞大的民众阶层，最终使自己湮没其中。

V

由此，这些自称热爱自由的雅各宾党人们又一次通过暴力夺权。首先，他们需要组织斐扬派重新集结：于是，底层民众们又被纠集起来，通过骚动、非难和辱骂对斐扬派施加压力。

巴黎市长佩蒂翁抱怨说自己被夹在"民意和法律"之间，于是听之任之。最后，斐扬派被迫离开会场。在议会大厅中，他们不断地受到来自旁听走廊的轻慢骚扰，一切抗议都无济于事。杜卡斯特指出，根据法令，任何人不得在会场有任何倾向性行为，却因此引起一片怨声。他坚持要求在每次开会前都应当公开宣读这份法令，于是"怨声又起"①。于是沃布朗站起来辩驳道："当一个国家议员在演讲台上发言时，却像舞台上的小丑那样遭受嘲讽，这简直就是丑闻。"结果那些在旁听走廊上的听众第三次发出嘘声。于是卡特马赫也站了起来，说道："这里讨论的是关乎公民财产、人身安全和荣誉的大事，如果像戏园子一样被会场听众的掌声和嘘声操控；后人会作何想？"结果听众又一次叫嚣："我们不管！"。卡特马赫接着说："最高法权（最高指控权）绝不能落在靠威胁与喧闹干政的流氓手中。"走廊中的喧闹声由此倍增。不停地有人威胁说要杀人放火，他们的噪音完全覆

---

① 《观察家》，Xi卷，61页，1972年1月7日会议。

盖了任何反对声:"打倒那个演讲者,把那个作报告的人关到修道院去!打倒!打倒!"附和听众的议会代表往往只有不到20名,因此可以说整个立法议会都遭受到了暴民们的侮辱,连议会主席都被打了脸;一位右派议员向暴民们奚落,建议他们直接"冲到议会大厅中发号施令"。①

但是,无论听众的骚乱有多么严重,要想从多数派那里夺权,少数派就必须行动;于是议会大厅中的雅各宾派开始与走廊里的雅各宾派联合起来。他们坚称议会无权驱逐滋事者;格朗日诺指出"这意味着我们在议事时把民意排除在外"。有代表提议针对听众的喧闹滋事采取措施,于是"托尔雷要求将此案交由葡萄牙法庭裁决",舒迪尔立即"宣称提出此种建议的议员都忘记了谁是他们的主子,是人民"。勒奎特则如此叫嚣:"听众的呼声,是一股爱国热潮!"最后,这个舒迪尔大胆地破坏了议会规则,擅自将两名助手拉入议席,并要求将所有对会场喧闹提出异议的代表作为叛国者加以惩处。

立法议会的会场之外,一个更为强大的政治机制正在运作之中。和他们在制宪会议中的前辈一样,立法议会中的右派"必须顶着人群的谩骂和威胁方可脱身。'路灯私刑'这样的词语在杜莫拉尔、沃布朗、亚古尔、德·拉克里特勒、卡扎雷、莫里修院长和德·蒙罗泽耳边不时响起"。②不但议会主席马修·杜马遭到辱骂,连他的夫人(她当时坐在一个预留的旁听包厢里,被人认出)都没有幸免。③

在杜勒伊宫,听众们对那些被他们怀疑的议员指名道姓,长期地进行人身攻击,如果有议员胆敢从他们身边经过,后果就更不堪设想。如果碰巧这位议员来自乡间,以经营农庄为业,暴民们就会嘲笑说:"看啊,这些可笑的贵族,不过是农民的狗而已,只会在乡下放牛。"

有一天,议员乌尔(Hua)走上杜勒伊宫的高台,却被一个泼妇抓

---

① 《观察家》,XIII 212也,6月22日会议。
② 拉克利特勒,《艰辛十年》,80页。
③ 马修·杜马《回忆录》,II卷,88页:"每天,议会大厅都要遭受人群的骚扰,他们总是在羞辱国家的代表们。"

住头发向下扯;后者这样谩骂:"把头低下来,你这个议员xx,人民才是你的真正主子!"6月20号,又有一个爱国者冲进大厅,冲着他大喊大叫:"你这个下贱的议员,今天你要死在我的手上。"还有一次,由于为治安法官拉里维尔辩护,当他走到门口时,已经有一大群无赖在等着他了,瞬时间,"卷头和棍棒就向他袭来"。幸运的是,他的朋友杜马和达维沃特(Davervault)都是军人出身,预见到了危险,立即拔出手机,"费了很大的气力"才把他拉出来。

到了8月10日,对于议员代表的侵袭更加公开化。沃布朗由于为拉法耶特辩护,遭到了三次追砍,侥幸逃生。约有60名议员也遭到了同样的袭击,暴民们随意地踢打他们,往他们身上泼淤泥并威胁说如果他们胆敢再次回到会场就把他们弄死。① 于是,在这些暴民们的支持下,议会中的少数派实力增强;通过暴力和阴谋,他们从多数派那里窃取到了自己所需的选票,使所有对自己有利的议案得以通过。

VI

于是,雅各宾派通过骚乱控制了会场。对于他们来说,"一切程式规定似乎都不存在,因此也没有必要去遵守"②,立法会议完全在他们的掌控之中。"这群匪徒中的首领(之所以如此表述,是因为他们不止一人)拿出了一个动议,似乎是昨天晚上就和他的同伙们商量好了的。我们对此毫无准备,要求将此动议呈交委员会商讨。刚准备呈交时,他们启动了紧急立案程序,无论如何都要现场讨论通过"。③

杜里欧则擅长另一种阴谋手段;这个阴险小人从不用提案这个

---

① 沃布朗,回忆录,334页——《观察家》XIII卷,368页,8月9日会议。
② 乌尔,115页—ib 90,瓦斯的十四名代表中,有三名是雅各宾派。"我们每周都会聚在一切开会,讨论本省的政事。我们很像驱逐这些流氓,因为即使在开会的时候,他们依然在喊着打打杀杀。"
③ 《观察家》XII卷702页。例如,1792年6月19日,康德赛要求"所有省份都烧掉贵族的身份证明",这项提案在紧急程序中被一致通过。

词,而是大谈所谓的专门性问题。例如:必须把离弃祖国者的财产扣押起来……或者是,必须对未进行宗教宣誓的教士们进行特殊监控。于是,有人这样回应他:"但是,您所谓的专门性问题,从根本上看还是法律问题啊。我们还是需要商讨一下的,把您的意见交到委员会公开讨论吧?""绝对不行",他辩驳道,"事态紧急,而且不应该让委员会去讨论那些不具有一般性的问题!"于是,杜里欧的提议在简化程序后被迅速通过,不留出一点时间供人商议。

可见,雅各宾人惯于在议会中制造紧张气氛,使议员们无法正常地议政参事。他们以理性的名义压制理性,急不可耐地催促议员们在慌乱中投票,因为他们知道自己的各种提案经不起推敲。而在其他情况下,特别在事关重大时,他们则会直接胁迫。一般情况下,议员们通过选择站立或是坐下来表决,由于旁听走廊上总是挤满了忿忿不平的听众,400名中立派的议员受到很大的压迫。"有些人选择弃权,或倒向左派"①;如果右派偶尔获得多数支持,"雅各宾派就会争执说其中有诈,要求唱名表决"。

然而,即使是唱名表决也是在雅各宾派的压制中进行;他们宣称"人民有权知道自己的敌友分别是谁"。这意味着任何在表决中署名反对的人都会成为迫害的对象,而代表中有不少人因为懦弱而委曲求全。结果,很多中立派人士最后选择倒向雅各宾派。乌尔这样记述道:"这一点很清楚,我们大家都可以亲自作证,每次唱名表决,我们的支持者就少了一百人。"最后,右派们放弃了反抗,退出了会场。6月14日,议会对无条件废除封建特权进行表决;于是,在场的400多名代表中有200名立即退出;除了左派议员所坐的区域外,会场其他席位都空无一人。②

为了反击,右派先后两次宽恕了握有军权的拉法耶特,试图通过军队的保护继续与议会中的僭主、俱乐部中的煽动者和街边的乱

---

① 乌尔,114页。
② 《观察家》XII 卷,664;《巴黎信使报》1792年6月23号刊。

民继续抗争。然而,由于缺少强势的领袖和军队的承诺,议会中的多数派——右派和支持他们的中间派不得不最终妥协、沉默和逃离退出;于是,雅各宾派的专制阴谋终于得逞,他们不断地扭曲和破坏议会机制,直至瘫痪。

第三章

Ⅰ.议会政治—1791年末的法国—无能的法律 Ⅱ.议会与迫害者为友,与被迫害者为敌—破坏贵族与教士的法令—对逃兵、苦役犯和匪徒进行特赦—绝对平均和无序的社会制度 Ⅲ.战争—外敌的部署—国王遭到反对—吉伦特派的挑唆—分裂的原因及时间 Ⅳ 煽动者的动机—和平的到来堵住了他们的升迁之路—对中上层社会的不满—秩序派的形成与发展—国王与该派的联合 Ⅴ.内战的后果—它所引发的恐慌—第二次革命及其特点—吉伦特派与乱民勾结—小红帽与标枪—暴力政府代替法制政府

Ⅰ

1791年10月1日,立法议会的议员们庄重而又满怀热情地向宪法宣誓。然而,如果他们稍稍留意,就会发现这本宪法的条文和精神正不断地在全法遭受侵犯。出于惯例,同时也是为了保全脸面,制宪会议最后一任主席杜热(Thouret)在最后的文告中用铺张浮夸的言语来掩饰会议期间的种种不快。然而,尽管他表示"所有法令在全国各地都得到了贯彻执行",但如果我们通读一下当月的报纸,就会发现这并非事实。

杜潘在报纸中如此发问①:"法令究竟是在哪儿得到了贯彻?是

---

① 《法国信使报》1791年9月24号刊。

在土伦么？可是就在那里，暴徒们袭击了市政厅和执政府，他们甚至开枪打伤甚至残杀了不少人。是在马赛么？可是就在那里，竟然有两个人因为向孩子们兜售'带毒的糖果'而被当做反革命的贵族处死。是在阿尔勒么？可是就在那里，4000名马赛乱民在当地俱乐部的带领下，正在向巴黎进军。是在巴约么？可是就在那里，被判监禁、剥夺政治权利的佛歇先生，刚刚被选为立法会议的议员。是在布卢瓦么？可是就在那里，曾经誓死捍卫法制的军官却被迫遣散部属，向一群流氓投降。是在尼姆么？可是就在那里，多菲内的军团刚按照命令准备撤离，却立刻又向乱民和雅各宾派投诚，置军令于不顾，回到该城继续驻扎。是在图卢兹么？可是就在那里，当地政府在8月底要求未进行宗教宣誓的教士们，在三日内从城中和其他四个地区撤出。而在图卢兹市郊，8月28日，一位市政官员在骚乱中毙命，尸体还被吊到了路灯之上。是在巴黎么？可是就在9月25日，一个爱尔兰的教团遭到暴民袭击，国际条约俨然成了空纸一张。而与此同时，严守教理的天主教徒遭到驱赶，被强迫参加宣誓教士主祭的弥撒。有一位女教友在做告解时被直接从告解室拉开，而另一位女教友则遭到轮番鞭挞。①那么，法令是否至少在军中得到贯彻呢？可是军队的军官们正在被人持枪威胁，让位给那些门外汉们。"

于是有人推脱说，这些问题都是暂时的。一旦宪法颁布，社会秩序就能重建。既然现在宪法已经完成，得到国王接受，并且公之于众，交由立法议会维护，那么怎么解释立法议会成立后几周内发生的一系列事件呢？

巴黎周围的八个省份里，几乎所有的市场都出现骚乱；流民们则纠集起来，不时地侵袭农庄，绑架农场主以获取赎金，市长莫伦

---

① 《法国信使报》1791年10月15号刊。爱尔兰驻巴黎教团长瓦尔希的通信；当时一群暴民冲击教堂。警察局长和国民卫队也赶了过来；未等弥撒结束，他们就准备把参礼的教友赶走。警察局长表示他不知道什么国际公约。由于巴黎未进行宗教宣誓的教士们都被驱逐，所以虔诚的教友们选择在爱尔兰教团的教堂望弥撒。

（Melun）被暴民们捅了好几刀，鲜血四溢。[1]在贝尔福，一支运钱队遭到袭击劫掠，致使上莱茵省的专员死于非命。在布维莱，国民卫队中的贫民以及来自萨姆-萨姆邦[2]的士兵，都会时常对当地的大地产主们进行侵扰，破坏他们的房屋，劫掠他们的酒窖。在米雷库尔，一群泼妇纠集起来，打着响鼓把市政厅围了三天。

"今天，是罗什佛尔出现骚乱，码头工人聚众闹事，要求市政厅扯下阻止 Embuscade 号入港的红旗[3]。明天，则是里尔的平民们暴动，因为他们不愿意用银钱和指券去兑换那些被称为'信用卷'的破纸。他们聚众威胁；为了防止事态扩大，市政府不得不要求全城的卫戍部队警戒。"

10月6日，阿维农的匪徒们夺权，并制造了臭名昭著的拉格拉希尔惨案。11月5日，卡昂的82名贵族、中产者和工匠遭到袭击并被投入监狱，并以"自愿充当特务"的罪名在市政厅受审。11月14日，蒙彼利埃的乱民们暴力夺权，在街边和民宅内残杀了8个手无寸铁的市民。从10月底开始，大西洋彼岸的法属领地也硝烟四起，骚乱迅速蔓延。在圣-多米尼克的奴隶战争中，5万野蛮的黑奴被放了出来，与他们曾经的主子相互厮杀。即使是在开战伊始，就已经有1000名白人和1500名黑奴被杀，200个甘蔗种植园被毁，经济损失高达6亿（法郎）。"一个价值超过十个省的殖民地，几乎完全被毁掉"。

而在巴黎，康德赛却在报中宣扬："开放殖民地无非就是为国王建立一个充满奴役色彩的海外帝国；而随着这些消息的到来，这一切正好了解。"而国民卫队的一个下士，竟然敢于以防止国王外逃为名围堵王宫，并且要求哨兵在晚上九点以后禁止国王外出。[4]在杜勒伊宫，演说者们毫不留情地谴责着贵族与教士阶层；而皇家宫殿已经成

---

[1]《法国大革命》495页、497页—国家档案馆档案，F 3185和F 3186。
[2] 当时一个德意志邦国。—译者
[3]《观察家》，X卷，449页。9月30号，驻扎在Vent岛的舰船私自驶回到罗什佛尔。其原因是船员叛乱，舰长奥尔良先生在船上遭到逮捕，船员们胁迫他将船靠回法国。
[4]《观察家》卷XIII，200页，Sautereau的通报。

了一座制造阴谋和骚乱的群魔殿,烧杀抢掠的叫嚣声不绝于耳。"偷窃案件每一刻钟就会发生一次,而窃贼却从未得到应有的惩罚";警察机构形同虚设,法庭却从未空闲;监狱里面更是人满为患。几乎所有的旅馆都不敢营业,仅在圣日耳曼区,公众的消费额就减少了2.5亿;约有2万无所事事的年轻游民终日混迹于赌场、皇家宫殿、议会和咖啡馆,而在街头、十字路口和公共广场,乞丐的人数已达数千之众。四处都是荒凉破败的景象,与蛮横粗俗的民风遥相呼应。民众之间流通的是一种印着各种戳记的纸币;这种纸币由当局随意发放,在流通过程中变得肮脏不已,让民众苦不堪言。70万居民中,有100万贫民,其中6万人来自外省。①而这其中又有3.1万人是去年6月遣散回家的炮兵;然而,这些人回家不到三个月,就因为穷困潦倒而重新回到巴黎,加入了游民大军,成为暴乱的中坚力量,不断地冲击着公权力脆弱的基础。

无论是在巴黎还是在外省,权力谱系已经崩溃,无人愿意安于现状;省级政府不听中央的法令,而市政厅则又无视省政府的权威;在有些地方,市长们在刀剑的逼迫下成为暴民们的傀儡;士兵和水手们可以随意逮捕他们的长官;嫌犯们竟敢在法庭上羞辱法官并责令他删改判决书;聚众的游民们在市场上随意抢掠并强征私税;国民卫队的民兵们可以限制任何人的行动自由,甚至直接闯入民宅抓人。无论是财产、人身安全还是道德风尚,都无人保障。大部分法国人都失去了保守传统信仰的自由和投票的权利。

法国的精英阶层,包括那些贵族、教士、陆军和海军军官、富商和大地产主,每天都寝食难安;他们不得对法庭的任何裁定进行上诉,也不再有任何地租收益,成了谴责、驱逐和关押的对象;哪怕是在家中,他们也会时常遭到骚扰。他们被禁止结社,哪怕结社的目的只是为了寻求司法救济,而这不过是政府赋予个人的合法权利而已。

---

① 《观察家》卷XI 517页,1792年2月29日会议上,de Mulot和de Lacepede的发言。

与之相反,雅各宾派却集各种特权于一身,不受任何监督,并乘机在巴黎和外省窃取权力,成为了一股名副其实的政治势力;他们的"分支机构遍布全国,甚至延伸到了国外,而且拥有独立的金库、委员会和规章制度,用于内部行政和仲裁。"①自由、平等、法制,都不过是说说而已。在制宪会议制定的约3000条法令中,其中最具理性色彩的那些,却有如发育不全的早产儿,刚刚出生就已夭折,而法国社会就是掩埋它们的墓场。剩下的那些从表面上看似乎体现了民权,但其中却充满欺诈。一部分法令剥夺了贵族和教士的基本权利,对他们进行打压和迫害;剩下的则成为了专制者们集权的工具,为他们的专权提供了合法依据。

II

虽然议会中的有识之士与这些颠倒黑白的无耻行为针锋相对,但雅各宾派却控制着会场;会议通过的法律,不是在压制那些受他们迫害的群体,就是在为他们的迫害行为授权。无论是集结在科布伦茨②,准备武装反攻的反抗者(议会有权惩戒这些人)还是那些为了躲避仇杀而背井离乡、逃亡国外的老弱妇孺(他们的总人数为前者的三倍,其中不但有贵族,还有平民),议会都无一例外地将他们在法国的财产充公并出售。③

通过强制推行新的护照政策,那些选择留在国内的贵族失去了行动自由,无论他们去哪里,哪怕在自己家中,雅各宾派所掌控的市政厅都会对其严密监视。④他们最后的土地收益也被议会无条件地剥夺,制宪会议视为合法的领主特权也被废除,社会地位一落千

---

① 《法国信使》,1791年9月3日,杜潘的文章。
② 德国城市,大革命后众多贵族集结此处,伺机反攻。—译者
③ 1791年11月9日法令。
④ 1792年2月1日法令。

丈。①而与此同时,立法议会还在不遗余力地抹杀他们的历史和过去,将他们的家谱当众焚烧。②

全国尚有约三分之二的教士不愿意向国家进行宗教宣誓;于是,他们失去了最后一点粮食配给(这本来是政府充公教产后给予教会的一点点赔偿)。③议会将他们斥为"违法犯罪危害国家的嫌犯",并置于特别监控之下。地方政府也可以在情况紧急时,不经任何审讯对他们进行驱逐,因为立法议会规定,在这种情况下,所有的未宣誓教士必须离境。④教会兴办的一切社会机构,无论是宗教性的还是世俗的,无论参与者是修士还是修女,甚至是像医院和初级学校这样的单位,都被议会一律禁止。这使得"约60万儿童失去读书识字的机会"。⑤

除此之外,议会还禁止教士们穿着教袍,强制出售主教官邸和仍有修士和修女居住的房产。⑥而当一位神父破规结婚,并在议会介绍他的姘妇时,议会竟然给予掌声鼓励。这对于教会来说不仅仅是压迫,更是羞辱;每一条议会法令的通过,对于教士阶层来说都是风雨一场。一位议员这样宣称:"教会不过是在用贵族专制和迷信来毒害孩子们的心智。"⑦拉格雷沃勒在会场上喊道:"我们要清洗乡野,除掉这个鱼肉民众的害虫。"伊斯纳尔也叫嚣起来:"人人都知道,教士们都是记仇的卑鄙小人..把这些害群之马送到意大利,送回罗马去!……他们的宗教从本质上是反社会反人类的!"

于是,这些未宣誓的教士、流亡国外或未能逃离的贵族、"大地产主、富商和愚蠢的温和派"⑧,都成了不言而喻的反革命共犯和隐藏着

---

① 6月18日和8月25日法令。
② 6月19日法令。
③ 1791年11月29日法令。
④ 在雅各宾派中,勒让德(Lengendre)还提出了一种更极端的做法:"在布勒斯特,有一种'垃圾船',只要沾上不洁之物,就会自动回港。现在,让我们把这些神父也送上船吧,不过不要让他们回港,把他们送到海里去!"
⑤ 《观察家》XII卷,560页。
⑥ 7月19日法令。
⑦ 《观察家》,XII卷,59,61页,4月3日会议。
⑧ IB.XI,43页,伊斯纳尔的演说。

的敌人,是一切社会问题的根源。布里索这样诋毁他们:"殖民地之所以会有动乱发生,是因为白人①地产主太过虚荣,他们三次允诺遵守协定,有三次背约。"

此外,生计难寻、粮食欠收也有了新的理由:法兰索·德·南特(Francais de Nantes)②这样说:"很多富人故意让自己的田荒着,好让民众挨饿哭嚎,并以此为乐。"

在立法议会看来,法国一分为二,一边是罪大恶极的贵族,而另一边则是道德高尚的人民。拉马克(Lamarque)说:"每天,富人和贵族们都在蚕食自由;他们却伪装成爱国者来欺骗人民。这个阶层出不了什么好人,只有在高贵的人民之中,我们才能找到最纯净、最热情、最崇尚自由的精神。"由此,无论对于这群人民公敌做任何事情,都可以被视为正义之举;如果贵族因此遭灾,那是他们咎由自取。德·拉亚伊(M. De. La Jaille)"能够成为人民忿怒的牺牲品,那是他的光荣"。③伊斯纳尔在讲台上高声喊道:"人民之所以想要杀戮,是因为这些罪犯们尚未受到惩罚!如果法律无法伸张正义,人民的忿怒就会宣泄出来,有如天怒一般可畏!"简而言之,立法议会在不断地授权暴民犯罪,让那些两年来一直在迫害贵族和教士的暴徒们更加猖狂。

如果遭受压迫者是罪有应得,那么迫害者就是正义之士。基于这样的强盗逻辑,议会在对一些人进行严酷迫害的同时,又给予另外一群人种种特权。于是,那些在1789年1月1日前逃离军队的逃兵得到平反④;议会按照每法里3苏的标准配发给他们遣散费,让他们回归家乡或原来服役的军团;结果,和新近的逃兵一样,他们最后都积极

---

① 这里指的应该是经营种植园的地产主和商人。—译者
② 《观察家》XII卷,230页,4月26日会议。
③ 德·拉亚伊先生并非傲慢的贵族,实际上是像Florian和Berquin这样的英雄人物。11月27日他受命前往布莱斯特担任Duguay-Trouin舰长。当他在用餐时,有20人突然闯到他的房间,要求他离开布莱斯特,他答应用完餐后离开,结果还是遭到袭击,侥幸逃生。
④ 2月8号法令。

参加了各种骚乱,甚至有的还成了领袖。沙多维尔的四十个瑞士苦刑犯也被释放(尽管他们所在的选区坚持要把他们留在监狱之中);议会称他们为"自由的殉道者",邀请他们前往巴黎,并坐在车上进行胜利游行①,同时还给予他们列席议会的荣誉;最后,在严肃的表决之后,给予他们议员的资格。②最后,这个时刻以释放凶犯和恶棍为己任的立法议会发布赦令,将儒尔丹、曼维勒、杜普拉、拉斐尔这样的恶人统统赦免;赦免对象还包括:被定罪的犯人、苦刑船的逃犯,还有来自各国,被称为"阿维农匪徒"的匪帮,他们曾对孔塔进行过长达8个月的侵袭骚扰。

此外,议会还终止了几乎就要结审的拉格拉希尔屠杀案;于是,制造惨案的凶手们以胜利者的姿态回到拉格拉希尔,在当地自立政府,以取代逃往阿维农、已经被他们视为逃犯的本地官员。在议会的纵容下,这些社会毒虫又开始胡作非为,无疑加重了法国社会的病情。而议会又订立了极为混乱和危险的基本原则——绝对平均主义。

拉马克这样宣传:"法律上的平等要靠财富的平均来支持。"这个理论已经被付诸于实践,因为各地的无产者都在抢劫富人的财产。德·南特曾这样鼓动他们:"应当将公社内所有产业在村民之中进行分配;私产少的多得,私产多的少得;家产最少的应该分得最多的一份!"于是,在乡野村夫们的晚间聚会上,就会有人当众念诵这份煽动性的文告,让在场的所有人都把贵族的林地看成是属于整个社区的公共财产。

高乃依先生(M.Corneille)禁止国库从劳工的薪水中抽税,因为劳作谋生是天赋人权而非社会恩惠。③而与此同时,他又要求国库没收一切地产孳息,因为地租不过是社会的产物,与人性相悖。在他看来,应当免去贫苦大众的所有税赋,同时对少数富人课以重税。这样

---

① 4月9日,议会主席,雅各宾党人维尼奥亲自接见了沙多维尔的苦刑犯,并对他们大加赞扬。
② Mortimer-Ternaux, I 卷。
③ Ib., XII 6, 3月31。

的论调显然是在迎合占人口多数的贫苦大众,煽动他们聚众抗法;但实际上,这些人所负担的税额十分合理,根本就不应该拒绝纳税。议会主席达维伍特(Davervault)①则说道:"在自由治下,人民不仅拥有生存权,而且还应当充分享受富足和幸福。"既然大多数人生活在痛苦之中,那么他们肯定是遭到了欺骗。另一个议会主席则这样说:"法国人民高高在上,一切风雨都撼之不动。"②然而,战争的阴云正滚滚袭来,临到他们头上;法国四面受敌,犹如一个炸药桶,随时可能擦枪走火。而立法议会此时却犯下重错,将法国拉入战火之中。

III

如果稍有理性,法国就能够避免这场冲突。法国和神罗(神圣罗马帝国)相互埋怨:一方面,法国指责神罗皇帝和选帝侯们容留叛逃的贵族,并允许他们聚集结社,密谋反攻。这个指责似乎十分合理。但首先,参加集会的不过是几千名贵族,他们没有军队和武器,在资金上又极为匮乏,不足以构成真正的威胁。当他们真正决定起事时,神罗皇帝就发布禁令,在自己的属地上驱散他们的集会;十五天后,特里尔选侯也在自己的选候区发出同样的禁令。③而另一方面,根据之前的签订条约,一些德意志藩候们在阿尔萨斯的一些地区仍然保留有领主权,但由于立法议会废除了境内的各种封建特权,这使得他们的利益受到损害;但是,帝国议会禁止他们接受法国的赔偿。而且,帝国议会处理纷争的一贯作风是将谈判无限拖延下去;从某种意义上来说,这种做法并无不妥,因为只要结论未出,涉事人就不会大动干戈。

在冠冕堂皇的托词之下,神罗各大邦国的主张都不一样,但可以

---

① 《观察家》XI卷,123页,1月14日会议。
② 《巴黎信使报》,12月23号刊,12月12日会议。
③ Ib,X卷,418页,1791年11月16日会议。

肯定的是，直到1792年1月底之前，奥地利对法国革命的态度都比较温和。在《皮尼茨宫宣言》①签署之后，阿图瓦伯爵②从神罗皇帝那里得到的，不过只是一点宫廷里的恩泽和一些闪烁其词的承诺；而且，按照当时全欧洲风行的行事作风，承诺中的援助都会在无限期的拖延中不了了之。很快，《宣扬》中所谓的君主统一阵线"被皇帝的政治筹码而随意解释和安排"。③利奥德波二世④和他的国务大臣考尼茨（Kaunitz），对于法国宪法的颁布并得到路易十六认可表示欢迎，认为"他（指路易十六）可以脱离窘境了"⑤；因此，他们根本没有打算以恢复旧制的名义，对革命后的新法国进行武装干涉。而普鲁士的态度同样暧昧。

事实上，无论对于哪个国家，政治利益都是其采取行动的出发点。其时，奥地利和普鲁士都把军力投放在波兰，一个想要迅速将其瓜分，而另一个则是想把瓜分时间推迟一点；但无论如何，在瓜分时，他们都想多占上一份，不要让俄国占得太多。因此，无论是神罗皇帝还是普鲁士国王，他们都既不想营救路易十六，也不想遣返流亡贵族，更没有想过要和法国开战。即便他们不是狡黠之人，但至少他们没有任何动武的意图。而在法国，国王本人是不愿意看到两国关系破裂的；他自己很清楚交战所带来的风险，这会危及到他和家人的安全。他曾多次公开和私人写信给流亡者们，呼吁他们回国。在私人通信中，他确实表示需要援助，但并非是物质上的，而是道义上的，希望在法国之外能有一个团体给国内的温和派、维护秩序者、地产主给予外部支持，一同应对对王室和法律造成威胁的混乱局面。他在官方通信中则显得更为谨慎，害怕因言语不慎而触发战争。

---

① 由神罗皇帝和普鲁士国王签署于1792年8月，旨在对路易十六表示支持。—译者
② 路易十七之弟，大革命开始后流亡海外，路易十八去世后即位称查理十世。—译者
③ 《杜潘回忆录》卷I，254页。
④ 其时为神罗皇帝。—译者
⑤ 考尼茨的发言，1791年9月4日。

在最为关键的时刻①,国王的外务大臣德·勒萨尔先生(M.de Lessart)代表国王请求议会中的代表们考虑他们的意见,在对神罗的催促令上不要写上"最后期限"。直到最后,他都还在反对开战。而议会则先是将德·勒萨尔先生送上奥尔良的高级法院,以叛国罪起诉他,准备判他死刑,而后又胁迫国王宣战。迫于无奈,路易十六先要求所有的大臣们在宣战书上签字,直到最后一刻才"含着泪水"发出了致命的宣战令。

于是,法国如同一条迷失方向、失去帆桨的破船,被立法议会推向遍布涡流的未知海域,与港口相连的最后一根缆绳也被强行斩断。事实上,普奥联军既不敢也不愿意首先开战。于是,吉伦特派率先挑起了冲突:10月底,他们决定先发制人,对外敌进行了猛烈的攻击。②

然而,他们之中却没有见到诸如库东(Couthon)、科洛·达尔博瓦(Collot d'Herbois)、丹东和罗伯斯庇尔这样的雅各宾极左分子。罗伯斯庇尔虽然最初建议将神罗皇帝"锁在波皮利乌斯圈之中",但后来又担心国王会因此得势,于是又开始反对开战。但是,党派内大多数人已经被煽动起来,他们跟在一些鲁莽的好战分子之后,叫嚣着要去参战。他们毫无作战经验和能力,根本就不可能去处理那些纷繁复杂的战事。对于指挥安排、人员调配、战争条约、开战规则和作战规则,他们一无所知。由于没有更合适的人选,对于外事一知半解的布里索成了他们的外交顾问;在接下来的几个月,欧洲各地都能时常见到这位所谓"政治家"的身影。③

如果我们必须把欧洲的这场灾难归咎于某个人,那么布里索则是无二人选。他出生于一个面点师家庭,不过是在律师行里受到过有限的教育,落魄时做过警察,月薪不过150法郎,还曾是一名毫无信誉的商人④;后来,靠着四处游荡搜集到的一些小道消息、一知半解的

---

① 《观察家》卷XI, 142 《马鲁埃回忆录》卷II, 199-209;《拉法耶特回忆录》卷, I 441。
② 《观察家》,卷X, 172页 1791年10月20日会议。
③ 瑞典国王古斯塔夫三世语。
④ 关于布里索的过去,可参看Edmond Bire的《吉伦特人传奇》。

新闻常识、图书馆里学来的迂腐知识、末流作家的胡言乱语和俱乐部中常见的夸张语句,他开始为各种报纸写稿,内容无所不涉。就是这样贫贱的投机分子,竟掌握着法国的命运①,并将欧洲拉入了一场致使600万人丧命的战争之中。当他穷困潦倒,被迫与妻子借宿于一个破旧的阁楼时,就已经对上层社会恨之入骨。而10月20号,他终于有机会在演讲台上痛斥三十余国的君主。

这份狂傲也见于罗兰夫人两封著名书信之中,在信中她竟敢以极为傲慢的口气教训国王和教宗,②以下犯上让他们的内心激动不已、喜悦不止,而正是这样的感受让雅各宾派的狂热有增无减。在心中,布里索自比路易十四,并公开煽动其他人仿效这位强主,建立功勋。于是,固执、笨拙的雅各宾派怀着投机心理,以那些抽象的人权理论为名,否定了各国根据历史条约所应享有的合法权利。他们自认为是真理的信徒,高高在上,不仅将自己的信念强加于他人之上,还试图封堵一切非议。

伊斯纳尔喊道:③"我们要让欧洲知道,法国公民有千万之众,刀剑、笔锋、思想和言语都是我们用于争战的利器;如若有人敢于侵犯我们,我们单凭自己,就足以撼动暴君们的泥胎宝座。"德·塞谢尔(de Sechelles)补充道:"一切专制君主都是我们的敌人!"布里索也说道:"自由与专制势不两立……我们的宪法将要永久性地消灭一切专制君王……她会将他们推上审判台,让他们接受惩罚;她会告诉每一个独夫:'到了明天,你要么灭亡,要么让权于民,甘当虚君'……战争将造福于民,世上最大的憾事,就是没有战争!"让森奈(Gensonné)则这样说④:"让我们告诉国王,必须要打仗!这是民意,是关乎国家荣誉的大事。"维尼奥这样总结:"现在是关乎我们荣辱存亡的重要时刻!拿起武器!公民们!自由之子们!捍卫属于

---

① 《观察家》XI,147。布里索的演讲,1月17日。
② 罗兰致国王书,1792年6月10日;罗兰致布里索书,1791年1月7日。
③ 《观察家》X,503页,11月29日会议。
④ Ib. XI 119,1月13日会议。

我们和全人类的自由！……我们掌握着先机，不可放弃！进攻吧！胜利在向我们招手！历代先贤的英灵在守护着我们，为我们驱除奴役和专制的阴魂！下一代人的命运就在你我手中……跟我一起祈祷吧！新的世界就要到来，我们将在正义的事业中不朽！"这些《马赛曲》一般的豪言壮语挤掉了商讨正事的时间。

对于神罗皇帝的主张，以及德意志藩候们对于阿尔萨斯部分地区领主权的诉求，布里索如此回答："人民的国家不承认任何专制君主间[1]的协定！至于流亡贵族聚众起事，既然皇帝在此事上已经让步，那么他同样应该在其他的事情上让步，[2]解散反法联盟。如果反法联盟不解散，那么我们将在2月10号正式开战！对此我不做任何解释，我们的要求必须满足。而我们的要求就是，神圣罗马帝国必须向我们屈服。"立法议会急于打仗，因此僭越王权，以法令的形式拟定了一份限期催告令。

于是，战争已成定局。利奥德波二世接到催告令后说："既然他们想打仗，那就打吧！"很快，奥地利联合普鲁士（革命者在宣传文告中对后者也进行了威胁）。于是，主宰议会的雅各宾派们吹响了战争的号角，将普奥联军看成是"魔鬼联盟"。他们日复一日地叫嚣着要打仗，气焰越来越嚣张。在这样的外交政策下，法国仅仅在一年之内就成为了欧洲公敌，唯一与之结盟的，是与它同属专权体制的阿尔及尔。

IV

在呼吁开战的盛舞背后，阴险的雅各宾派有着自己的算计；布里索后来承认："他们总是拿宪法与我们对抗，如果不打仗，宪法就废不掉！"[3]他们在外交上摆出的强硬姿态，不过是在为战争找托词；他

---

[1] 《观察家》X卷，760页，12月28日会议。
[2] Ib. XI 卷，149页，1月17日会议，布里索的演讲。
[3] Buchez et Roux, XXV. 203, 1793年4月3日会议，布里索的演讲。

们之所想要打仗,不过为了借此摆脱约束他们的法律制度。实际上,他们的最终目标是夺权,在法国内部进行一场二次革命,将他们所信奉的绝对平均主义付诸于实践。

而躲在他们身后,操纵着所有这一切的,是一个极懂得弄权而又极为专横的人民主权论者,一个"从不暴露所思所想,能够遥控操纵他人,沉默少语却总是暗中行事"[①]的政客。他就是西耶斯,正是他在暗中指挥着雅各宾派。他像卢梭一样沉迷于自己的虚幻理念,但如果务实起来,他又极具马基雅维利式的胆识和观察力。无论是在什么时刻,一旦他所信奉的极端民主制受到威胁,他就会捍卫到底。"他将自己的傲慢深藏于心底。因为他不是贵族,所以他废除了所有的贵族。因为他一无所有,所以他摧毁了一切。他的信念是,为了彻底完成革命,就必须改朝换代,改变人们的信仰"。

而如果和平到来,这一切就皆无可能,而且,雅各宾派也永远无法得势。那些受其蛊惑、制造骚乱打击特权者的民众,会因为自己也深受暴乱之害而与他们分道扬镳。而大多数思想和经济独立、厌倦混乱状态的人,自然也会离弃混乱的制造者。各级政府机构的官员都因为自己的权力被暴民们窃取而感到不满;金融家、商人和农场主,也因为自己的劳动成果和储蓄被无所事事的游民们侵占而怨声载道。

艾唐普的面粉商们只能在夜晚偷偷经营,接待他们的老主顾,虽然居于家中却毫无安全感,而如果他们想要外出,人身安全就会受到威胁。[②]而巴黎杂货铺的老板则眼睁睁地看着自己的店铺被抢,窗户被砸,咖啡和面包被悍妇们强行用低价买走,或者干脆被流氓们抢走后再转手卖出。[③]不仅仅是他们,那些城镇里的富商、行会的会长,换言之,绝大部分丰衣足食、有家有业者,他们都饱受底层乱民的侵害,

---

① 《杜潘回忆录》卷I,260页。
② 《法国大革命》IV卷,113页。
③ Buchez et Roux,卷XIII。

而煽动这些人的,不过是百来个,甚至只是十几个造谣生事者。

从1792年开始,这种不满就已经开始公开化了。无论是在演说台上还是在小报中,伊斯纳尔都不断地在抨击"这些大地产主、大商人和一切其他傲慢的富人们,他们处于社会上层,不愿意让出自己位置和利益"。佩蒂翁写道:"有闲有钱的中产者们在自己和人民之间划出界限,他们高高在上……视人民为敌。他们认为革命就是饱食终日者和一无所有者之间的战争,并因此惶恐不安。"

确实,这些中产者们在投票中故意弃权、拒绝参加爱国团体、要求重建秩序并恢复法制、联合了"所有那些将平静生活作为首要需求的温和派";更糟的是,他们开始指责那些麻烦制造者们。一名叫作谢尼尔(André Chénier)的义士最终打破了沉默,满怀义愤地向公众揭露了雅各宾派的画皮,对后者的淫威毫不畏惧。①当闲汉们在公园聚集,无耻地以人民的名义煽动起事时,谢尼尔就会与他们争辩。面对"两三千深受雅各宾派演说和小报鼓动、暴戾之气不亚于任何暴君的人民主权论暴民"和"通过聚集和叫嚣妄图代表绝大多数国民"的会众,他据理力争。而当巴黎俱乐部随着理性正直之士逐一退出,逐渐沦为破落的阴谋家、品行不端者、空喊爱国的伪君子、口舌呱噪之徒、自命不凡之辈和其他社会各阶层因为私人生活不得志而妄图在政治活动中获得弥补之人的动乱之所时,他也敢与之正面交锋。

谢尼尔指出,雅各宾总部在全国设有1200个分支机构,可以随时制造骚乱,它"相互勾结,如同锁链一样将法国捆绑起来";总部一发令,就可以立即在任一地方引起震荡。雅各宾党人所建立的这种联盟,已不仅仅只是一个独立的国中之国,实际上,政府更像是它的

---

① Buchez et Roux,卷XIII,252页。《巴黎日报》2月27日,谢尼尔的信。 Schmidt,《法国大革命数据》,I,76。塞纳省省政府对罗兰写的一份宣传稿的回信,1792年6月12日。"我们不应征求这些聚集者的意见,他们大多数是'外邦人',整日无所事事,对公共利益毫不关心,唯恐天下不乱,并期望从中获利。他们大多集中在大城市,喜欢聚众滋事……我们已经征求了巴黎正直民众的意见,如地产拥有者、商人、农场主、工人等,他们完全拥护政府,拥护人民主权、政治平等和君主立宪制。"

附庸。他们可以随意地指挥政府行政、干涉司法；任意对个人进行搜查、征税和处罚；不断地对各种民变进行怂恿和赞扬。同时，"以反对压迫和垄断之名"，任何工商业的从事者们都被诋毁成了罪犯；他们仇视富人，誓要废除私产产权，消除"社会精英和正直者们的声音"。简而言之，他们借社会之名来反社会，用"自由的神圣之名"来为自己的独裁背书。

大部分法国人也都在私下里同样抱怨，随着形势一个月一个月地恶化下去，这种反抗的声音也开始高亢起来。一位美国大使写道：①"社会已经处于史无前例的无序状态。那些政治社团随意地对民众进行逮捕，制造恐怖，法国民众的生命和财产安全，已经处于全欧洲最糟糕的政府治下，因此有理由相信他们对这种专制不再抱有任何希望。"另一个同样敏锐的观察者则如此写道：②"在我看来，在路易十六让步之后，他渐渐地收回了由于瓦雷内叛逃事件所失去的人心。"

实际上，从1791年末到1792年，几次民调的结果都证实了这一点。③"立宪派任命的1.8万名部队军官④、82个省中的72个省政府、大部分法院⑤、商人、工场主、巴黎国民卫队的大部分官兵"，换言之，法国所有的社会精英，再加上那些因为混乱而寝食难安的普通公民，都对国王表示效忠，并支持议会中的右派打压左派。如果不是外乱搅局，国内的民意可能会转变，而这正是国王所期望的局面。即使在接受宪法时，他也表示宪法在实践上会出现纰漏，需要改革。

然而，出于利益和理性上的考虑，他还是签了字，以极为谨慎的态度对宪法宣誓。他曾对一名大臣这样说："如果要彻底地贯彻宪

---

① 莫里斯大使1792年6月20日通信。
② Chancelier Pasquier 回忆录。
③ 马鲁埃回忆录，卷II，所有来自外省的民意显示公众对国王和王后的态度正在好转；因为他们现在已经无权，而俱乐部、酒馆和街头的暴乱者反而垄断了权力。
④ 数据来源于杜潘的回忆录。
⑤ 《观察家》，卷XII，776页。

法,就意味着整个民族必须因势利导地进行改革。①"换言之,路易十六寄希望于宪法的施行,如果施行过程没有受到干扰,时局就会向他所判断的方向发展。在秩序的守护者和秩序的破坏者之间,普通民众知道如何选择;他们最终会支持政府反对俱乐部,支持警察打击动乱,支持国王反对乱党。只需要一到两年,他们就会知道,为了保护法治,就必须恢复正常的社会管理,警察制度首当其冲;如果警察们受到束缚,他们就无法有所作为,而为了对抗匪徒们,就必须让他们放开拳脚。

V

然而,战争却使局面失控,往反方向发展。现在的问题,已不再是选择何种社会秩序或是政治体制,因为在外国军团背后,人们看到了流亡贵族们的影子。

这给国内带来了极大的恐慌,受震动最大的,还是那些过去独自承受旧制度压迫的人群,如工匠、小农场主、佃农、劳工和士兵;还有那些私盐贩子、偷猎者、流浪汉、乞丐和游民等靠旧体制所禁止的行业维持生计者;由于世代都生活在旧制度的压迫欺凌之下,饱受强征暴敛之苦,生活痛苦不堪,他们都知道现在的生活比过去还是要好得多;王权、教会和领主曾置他们于沉重的赋税和压迫之下,如81%的直接税、强制的兵役和徭役、盐税官员的盘剥、看林人和酒窖看守的驱赶、私设的鸽棚和私打的猎物遭到毁坏、税吏和书记员的蛮横、法庭办案的低效与偏袒、警察的粗暴、宪兵队的横扫一切;贱民如同污泥与垃圾,可以随意地关进拥挤蔽塞的牢房,在腐烂的空气中饱受饥饿之苦;所有这些回忆让这些贫民们不堪回首;而现在,这些压迫和负担却在瞬间消失;三年以来,一切直接或间接的税赋都被法律废止

---

① De Moleville,《回忆录》卷 VI,22 页。

或在事实上消除了；人人杯中有酒、碗中有肉，可以随意修筑鸽笼，还可以从国家森林里面自行砍伐木材。

对于他们的行为，宪兵和警察都畏手畏脚，不敢轻举妄动。在很多地方，他们可以将收获的作物全部据为己有，无需向地产主们支付任何地租；法院不敢对他们进行判罚，传达员也不敢向他们递传票或是送判决书。总而言之，他们成了新的特权阶层；一旦他们聚众闹事，政府就急忙妥协，满足他们的各种要求，不但不敢对他们的暴行问责，甚至自己都在暴乱中被解除武装。与此同时，在数以千计的演讲煽动之下，他们不但不会因为自己的暴行而感到负罪，反而以此为荣。褴褛衣衫成了爱国的旗帜，而他们这些无套裤汉们则成了社会风尚的主导，并主宰着国家的最高权力。

而现在，他们得到的地位似乎正在被翻转回来：外国的君主与流亡贵族们正在秣兵厉马，入侵迫在眉睫；克罗地亚人与潘杜尔兵士们①已经在战场安营扎寨；这些利益熏心的佣兵和粗鲁的野蛮人正在向他们推进，妄图将他们重新置于锁链之下。于是，茅屋之中、草房之下，贫民们的怒气被爱国歌曲点燃，他们相应呼召，拿起武器，准备向那些暴君们开战。②革命的第二次高潮由此掀起，由于参加者只有最底层的贫民，它并没有第一次那么汹涌，但很快却一发而不可收拾。

因此，积极响应战争动员的主要是社会最底层的贫民，但他们却深受一种强大新思维的鼓舞。由于这些地位卑贱的贫民们已经饱尝了平等、独立和主宰一切的甜头，因此很快就振作起来，在卑鄙本性的驱使下又开始得意忘形。杜潘记述道③：这1500万贫民有如圣多米尼克造反的黑奴，后者曾推翻殖民地的政权，在长达三十个月中充分占有他们主人所留下来的一切，并为自己用肮脏粗糙的手所得到一切而感到骄傲。而当他们听到号角，主人们带着新做的棍棒和

---

① 克罗地亚当时附属于奥地利，潘杜尔则是在奥地利的招募下由斯拉夫人组成的非正规步兵。—译者
② 歌曲《警惕德意志人》出现于1791年底，而《马赛曲》谱写于1792年4月。
③ 《巴黎信使报》，1791年11月23日。

更为沉重的镣铐回来,心中会是如何的恐慌?这些白人贱民也是如此。他们必然同样心惊肉跳、万分警惕,准备孤注一掷,拼死一搏。他们不但会对外敌小心防范,更会对国内的假想敌充满仇恨①;于是,那些喜欢引用法律条文限制暴乱的国王、大臣、贵族、教士、议员、正统的天主教徒和各级地方官员;那些对社会秩序颇有微词的工场主、大商人和地产主;还有那些自私自利、选择闭门不出的富裕市民们,总之,一切衣着体面的高雅人士都有嫌疑,因为他们在新制度内丧失了很多利益,却没有办法挽回。

这些乱民正是吉伦特派为政治斗争所准备的斗牛②;六个月来,他们不断地在它面前挥舞着红布,利用各种法令和宣言来刺激它、使它受惊发狂,被他们利用来攻击政治对手、攻击一切贵族和教士、攻击国内的"嫌犯"和在科布伦茨起事的流亡者、攻击组建联盟反法的奥地利阴谋家、攻击已经被他们妖魔化的国王,甚至攻击整个政府;但事实上,他们才是将政府拉入内忧外患的生事者。

贫民们的情绪高涨,他们现在所需的,不过只是一个集合的信号和打仗用的武器而已:很快,吉伦特派就向他们发出了信号并置办了武器,并通过周密的策划③出其不意地在政治上一石三鸟。当他们在外交上大放厥词,致使战争不可避免的同时,他们又大打人民牌,将贫民们武装起来。几乎就在同一周,1792年1月底,他们向奥地利发出了最后通牒,戴好了革命的小红帽,并开始赶制长枪。很明显,在平坦的乡间,这些长枪根本就不可能对付常规军和大炮,只能用在城市内制造内乱。有钱的国民卫队官兵们能花钱自备制服,而能够支付3法郎直接税金,并由此获得选举权的公民自然备得起枪;那么,

---

① Segur伯爵回忆录,卷I:一伙煽动者在审判当地的一个大农场主,怀疑他是王党,并指控他囤积奇货,而这只仅仅因为他是个富人。

② Lacretelle,《十年磨难》,78页:"吉伦特派想仿效罗慕路斯(传说中罗马的缔造者:译者)建立一个新的罗马;但可悲的是,支持他们的不过是10月5号闹事的匪徒。"

③ 拉法耶特回忆录,卷I,442页。"吉伦特派一直在找机会消灭立宪派和他们的势力。"布里索对立宪派的演讲:"我们寻找机会让国王跌入圈套,暴露他的险恶用心,以及他与逃亡者之间的联系。"

码头工人、菜场的挑夫以及他们那些居无定所、无钱纳税,并因此无权投票的同胞们,至少应该有长枪来抵御外敌。

而在这样的动乱时刻,投票箱远没有握有长枪的手臂有说服力。于是,现在吉伦特派可以胁迫那些配着绶带的官员们签发文告了;这些官员们都受到威胁,如果他们稍有不从,就会被掐断脖子。"革命始于长枪,亦终于长枪。"①那些杜勒伊宫花园的常客们(应指经常旁听议会开会的平民:译者注)也说:"要是当年战神广场的爱国者们也有长枪,当时的蓝制服们(拉法耶特的卫队)也就不会那么有威胁了。""只要有人民公敌出现,长枪就会向他们戳去。必要时,也可以指向王宫。"

在长枪的威胁下,议会的否决权形同虚设,吉伦特派的提案全部获得通过。圣安托万区的贫民们就为自己打造了一批长枪,并立刻应用到了政治斗争中;他们开始提议"用天生人权取代财富所带来的特权",要求"用最严厉的手段惩罚那些手拿宪法鱼肉人民的伪君子",并宣称"国王、大臣和皇室特权都将朽坏凋零,而人性、人民主权和长枪将长存于世"。而立法议会主席却代表议会感谢他们"基于爱国热诚所提出的忠告"。由此,议会中的煽动者们与手握长枪的暴民们沆瀣一气,共同打击立宪派和政府。

自此以后,吉伦特派与极端的雅各宾派握手言和,直到获取胜利后才再生分歧。"吉伦特派想要的是名副其实的共和②,他们希望把王室年金减少到500万、削减国王的特权并改朝换代、建立共和,推举出一个虚权总统,将实权留给议会任命的行政委员——也就是他们。"而对于极端的雅各宾派来说,他们只有一个政治准则——"严格地、毫不妥协地实现人民主权。在这个基本原则的指导下,他们不断地利用机会修改法律、撤换官员,试图让一切权力和财产的分配平均化。他们所追求的最终制度,是将民主原则一直贯彻到底层的贫民

---

① Buchez et Roux 卷 XIII,217 页。
② 《杜潘回忆录》,卷 II,429 页。

之中,将职业滋事者、匪徒、疯子和秩序破坏者——换言之,城乡的一切野蛮之徒——都收在自己旗下",消灭私产,共建大同。于是,暴民们成为这两股势力的共同大军,日夜为其所用。这两伙僭越者们相互合作,势力不断壮大,合法政府手中的实权渐渐虚化,最后名存实亡。无论是在外省还是在巴黎,在权力体系最终倾覆之前,这伙乱党们以公共安全为名,用暴力政府替代了法治政府。

第四章　外省

Ⅰ.案例-1792年的普鲁旺斯—雅各宾在马赛的先期夺权-党派的构成—俱乐部与市政厅—驱逐厄奈斯特（Ernest）的兵团Ⅱ.马赛的雅各宾党人夺取埃克斯—兵团被解除武装—省政府被驱散—新省政府的高压Ⅲ.阿尔勒的立宪派—马赛的雅各宾党人夺取阿尔勒—他们在阿尔勒及周边城市的暴行—入驻阿普特（Apt），俱乐部及其志愿者Ⅳ.阿维农的雅各宾党人—他们如何征兵—他们在康塔特（Comtat）的掠夺—阿维农的官员逃离或遭到监禁—勒库耶（Lécuyer）遇害与拉格拉西亚大屠杀—谋杀者们在马赛盟友的支持下卷土重来—雅各宾派在沃克鲁兹（Vaucluse）和罗讷河口的专权统治Ⅴ.其他省份—雅各宾夺权的统一程式—雅各宾政权的雏形呈现

I

　　法国大革命的谱系首先完成于罗讷河口，因此我们将它作为案例进行分析：无论从当地的风土还是人情上看，任何冲突到了这里都极容易激化和升级。"天空红火一片，气候极端难耐，道路上岩石遍地，景色苍茫……河流湍急，土地时而干旱，时而又洪水泛滥"，土地上扬尘遮日，冷冽的北风或是闷热的南风都会让人感到烦躁；民风彪悍、居民大多鲁莽易怒，心智未开；高卢传统和拉丁文化相互错杂，

结果无论是凯尔特的随意,还是罗马人的深邃,都没有继承下来。当地人大多"性格顽固、要强且浮躁"①,都是些轻浮、虚谈、易于受骗之人;他们大脑空空,只需要在宣传时稍带情感色彩,就可以骗得他们的支持。

该省的大城马赛是一个商港,人口12万人,商业与航海业的发达培育出了当地特有的变革与冒险传统。一夜巨富的例子比比皆是,但暴富者们却一个个醉生梦死,浮躁之气日益添增。在当地人看来,政治也如同博彩一般,要想出人头地,就必须敢于豪赌。这里不仅仅只是法国的一个港口,还聚集着大量的走私者、亡命之徒、游民②和流氓;他们如同海上的浮藻,漫无目的地在地中海各港口之间游荡。因此,该城有如一个垃圾桶,容纳着二十多个野蛮或半野蛮国家的渣滓;而这些渣滓堆积起来后,又滋生出"罪恶的浪花,充斥着热那亚、皮埃蒙特、西西里乃至整个意大利、西班牙、海中群岛以及其他未开化国家③的监狱④。因此,法国第一个暴民专权政府在该城建立,并不足以为奇。

在经过几次暴乱之后,1790年8月17日,国民卫队指挥官里由托(Lieutaud)先生被解职。这是当地的一位拉法耶特式的温和派人物,在他周围团结着大多数市民,无论这些人品行如何,至少都有一定的产业。⑤然而随着里由托被逮捕、放逐而后被监禁,市民们也选择放弃权力,将城市交到了拥有4000会众的马赛俱乐部手中,而俱乐部的会员基本上都是一些一无所有的投机者。

为了巩固政权,在里由托遭到驱逐一个月后,新成立的市政厅作

---

① Lomenie,《米拉波》卷I,米拉波侯爵的信。
② 国家档案馆档案,F 7171,7915号刊。
③ 这里可能指地中海沿岸的伊斯兰国家。——译者。
④ Blanc-Guilly,一个马赛代表的警告,Blanc-Guilly应该对这类人很熟悉,因为他在1789年8月的暴动中曾经利用过他们。
⑤ 国家档案馆档案,F,3197。

出决定，给予所有有职业的市民选举权。①结果，那些光着脚的贫民们置宪法于不顾，跑到了各个分区议会之中。地产主和大商人们都自动退出投票，以示抗议；后来的事实证明他们这样做是明智之举，因为雅各宾派很快就开始使用骚乱夺权的手段了。

"每个分区议会都有十二名俱乐部的党徒，他们用棍棒或者是刺刀驱赶那些诚实的市民。一切决议都由俱乐部事先与市政厅商定；如果有人提出异议，就会遭遇不测。雅各宾党徒们曾威胁过几个想要旁听的市民，说要将他们现场活埋到教堂坟地里去"。②任何道理都无法讲通；现在，"占人口多数的诚实市民受到了惊吓"，在没有公共安全保障的情况下，没有人敢前往会场。"约有8万人在夜里担惊受怕"，所有的政治权力都落到了那"五六个藐视法律的人手中"。在他们身后，是一群无家无国，只知道烧杀劫掠的"恶棍大军"③；而在他们之前，则是在高压下选出，对他们唯命是从的傀儡政府。他们在城中遍布党羽，组织之严密有如政府机构，只是在口头上承认巴黎政府的权威。④当国民议会发布法令，派遣三位专员恢复地方秩序时，却被他们斥之为"屠戮人民"之举。⑤在他们眼中，这些谨慎温和的官员都是"暴君"，是全省乃至全国雅各宾俱乐部共同口诛笔伐的对象。有人甚至提议进军埃克斯去砍掉他们的头颅，然后装进驿车送往巴黎，对立法议会的主席和代表们进行警示，逼迫他们收回成命。

几天之后，马赛的几个分区议会正式签署命令，考虑向埃克斯派遣一支6000人的武装队伍，驱逐这三个入侵者。因此，这三位专员根本无法进入马赛城中，暴民已经给他们"预备好了绞刑架，并对他

---

① 市长马丁，按照乐茹斯特的说法，是一个佩蒂翁式的人物，既虚荣又懦弱。所涉市政府政令颁布于1790年9月10日。
② 国家档案馆档案，F，3197。
③ Blanc-Guilly，一个马赛代表的警告，i："只要国民卫队一出城，那些无家无国的恶棍们就会冲进城内，所到之处一片狼藉。"
④ 国家档案馆档案，F，3197 三位专员的信函。"马赛政府只服从有利于自己的法令，而且18个月来，从未向国库支付过一个埃居（法国旧银币：译者）。"
⑤ 国家档案馆档案，F，3197 马赛市政官员至部长信函，1791年6月11日。

们的头颅进行悬赏"。专员们现在唯一指望的,是将里由托先生和他的伙伴们解救出来;而在此之前,他们被指控犯了叛国罪,并在毫无证据的情况下被监禁,①遭受着狗一般的虐待。由于囚禁于茅厕一般的牢房之中,且无供水,他们不得不喝尿止渴,精神彻底崩溃,想要自杀;在法庭上和监牢中,他们遭受了至少二十次死亡威胁。当接到立法议会要求释放他们的命令时,马赛的雅各宾政府一再敷衍、拖延和抵制,到了最后,又准备聚集匪徒们闹事。当里由托和其他被监禁者们走出监狱时,突然出现一群拿着武器的人,他们"既没穿制服,也没有领袖";聚众的人数越来越多,其中还有很多背景不明者和外国人。而后,这些人冲进了市政厅,举枪向里由托瞄准。然而,马赛政府对此却拒不作为,宣称"民众对于这些嫌犯的仇恨太过强烈",命令保护里由托等人的瑞士佣兵团回到营房,并又一次将他们关进监牢。最后,市政府所允诺的,只是让他们以逃犯的身份,偷偷地从监牢中脱身。②

至于对市政府施压,要求其遵守法令的瑞士佣兵团,既然无法解散他们,那么就必须想办法将他们驱逐出城。于是,在四个月中,市政府想尽一切办法对瑞士兵团进行骚扰。1791年10月16日,雅各宾党人在剧院里对兵团的军官进行挑衅。当天晚上,军官中有四人又在剧院外遭到武装人员袭击,他们跑回哨所躲避,却依然被抓,暴徒们以"保护他们的安全"为名把他们监禁起来。

然而,尽管他们毫无过错,这种"羁押保护"却持续了五天。与此同时,市政厅以维护"公共秩序"为名,要求港口的指挥官立刻将所有岗哨的瑞士佣兵撤出,改换国民卫队驻扎。瑞士兵团被迫妥协,在阵阵威胁和侮辱声中惨淡退场。③在此之后,雅各宾派又组建了一个

---

① 国家档案馆档案,专员的信函,1791年5月25日。
② 国家档案馆档案,F,3197,军团中校奥利佛先生的信函。
③ 国家档案馆档案,F,1791,马赛海军指挥官Laroque-Dourdan的信函。

更为极端的市政府。① 由此,马赛完全脱离了巴黎的管制,成为了独霸一方的军事政治实体,可以随意地调兵遣将、征收税金,或是与其他势力结盟。而现在它要做的,是武力征服全省。

II

首先,马赛政府想要攻占由瑞士佣兵守卫的省会埃克斯。之所以将该城作为目标,其原因有二:其一,省政府对瑞士佣兵们的忠诚大加赞扬;其二,它还在反复督促马赛政府遵纪守法,支付应缴的税款。

然而,在马赛的雅各宾政府看来,省政府的税费催缴令无疑是在挑衅;于是他们以一种极为傲慢的口吻要求省府收回成命:"如果你们收回文书,我们就只把它看成是来自个人的诽谤并加以追究;如若不然,那么就意味着你们在向马赛宣战!"

对此,省府的回应显得格外谨慎和礼貌,但依然坚持自己的权威,表示"马赛尚未支付1791年应缴之税费",市政府若想为国尽忠,首先就应当履行纳税义务。换言之,省府不肯让步;然而,在雅各宾派看来,既然省府保持强硬,就应该打得它服软。

1792年2月4日,马赛市政府将市政秘书巴尔巴洛(Barbaroux)派往巴黎,为即将爆发的冲突做好协调准备。2月25日夜直到26日,雅各宾派发起总攻,约有三四千马赛士兵带着6门大炮向埃克斯进发。为了小心起见,他们没有为行动指定指挥官,队伍里也没有任何军官甚至是士官,将其伪装成一次自发行动,参加的都是自愿者,都是行动的负责人;既然人人都要负责,也就意味者行动的负责人无从查证。② 这支队伍于上午十一点到达埃克斯城下,而城中和城郊中的雅各宾乱党已经为他们打开了一扇城门。于是,他们开始要

---

① 1791年11月13日选举,前任市长马丁因为立场较为温和被免,穆拉伊(Mouraille)当选新市长。
② 国家档案馆档案,F,3195,埃克斯市政府3月1日文告。

求市政府遣散卫戍部队。与此同时,他们还派人去周边的区域散布谣言,称省府遭到瑞士佣兵威胁。结果,奥巴涅(Aubagne)很快有400人赶到,其他村庄的国民卫队也前来增援。此时,埃克斯城中已是一片混乱,四处都是刀光火影,喊杀声冲天,人人无不为之惊恐。市政厅的官员们不知所措,害怕夜晚降临后,"正规军、普通公民、国民卫队和外国佣兵之间敌我难分,胡乱砍杀";于是,他们决定遣返省政府调来增援的350名瑞士佣兵,同时让自己的营团原地待命。

结果,省长被迫逃离,守城的卫队也被解除武装;但是马赛的乱兵则得寸进尺,他们通告埃克斯市政府,无论是否经其允许,他们都将袭击营房。于是,他们拉走了大炮,然后乱开几枪,杀死了一个哨兵。守城卫队被全数包围,被迫出城,却没有带走一枪一剑。市民们则被当成嫌犯审问,被定罪者将被处于私刑,吊死在路灯之上。卖花女卡尤拉(Cayol)就惨遭毒手。市政府的官员们则竭尽全力,将一个已被吊上的市民解救下来,而后又成功地解救了其他三个人,而监狱则成了他们的"临时避难所"。

自此以后,省府的权力易手。由于省长出逃,雅各宾派挑选了一个更易于操纵之人担任新省长。省府委员会的三十六名官员中,只有十二人参加了新委员会的选举,其中有九人当选,但只有六人愿意留任。而在开会时,真正到场的往往只有三人。而这三人为了凑齐人数,甚至不得不自行花钱请他们的同僚参加会议。①而且,虽然他们位居全省的权力中心,却时常遭受恐吓虐待,地位并不比省府大厅的打杂者高出多少。俱乐部的代表以及马赛雅各宾政府的官员就坐在他们身边,对他们指手画脚,发号施令。②

其中一位这样回忆道:"我们感觉手脚都被捆绑了起来,完全被这些入侵者们置于重轭之下。""有三百个人先后两次闯进大厅,其

---

① 国家档案馆档案,F,3196,新任省长的信函。1792年4月4日。"我们的行政委员会只有六名成员,尽管对他们一再催促……但只有三位到场开会,其原因是缺乏经费。"
② Borelly,省府委员会副主席的信函;以及另一位官员的信,"他们想在阿尔勒肆意妄为,并且逼迫我们对他们的行为进行授权"。

中还有些人拿着刀枪；他们威胁说，如果我们不按他们的要求办事，就杀掉我们。还有一些来自阿维农的煽动者，他们跳到省长的桌子上，向同伴发表演说，鼓动他们骚乱和犯罪。""他们对我们喊道：'你们是想死还是想活？我们只给你们一刻钟考虑。'""由于天气炎热，大厅的窗户都敞开着。厅外的国民卫队官兵则将佩剑从窗口递给围困我们的人，示意他们割破我们的喉咙。"于是，这个极度精简、在雅各宾派干涉下组建的省府成为了马赛阴谋家们的傀儡，而诸如卡莫因（Camoïn）、博尔丹（Bertin）和雷贝基（Rébequi）等极端下流的阴谋家和煽动者从此可以随意滥权，不受任何节制。博尔丹和雷贝基成了阿尔勒事务代表，获得授权接管军务用于防卫，但很快，军队就被他们利用来制造冲突。

于是，省府对他们的行为进行谴责，结果他们宣称"省府无权监管他们；他们可以独立行事，无需听从省府的命令和指导"。如果省府胆敢收回他们的军权，那么后果自负。博尔丹向省府委员会副主席威胁说，如果他们敢于冒此风险，就会砍掉他们的脑袋。对于来自巴黎的监管，他们同样置之不理。[1]在埃克斯的胜利让马赛的雅各宾党人振奋不已，但这不过是他们宏大事业的第一步；接下来，他们将目光转向了阿尔勒。

Ⅲ

阿尔勒是马赛雅各宾派最憎恶的城市。两年来，在市长安东奈尔（d'Antonelle）的推动下，该城一度与马赛遥相呼应，就要步其后尘。作为极端的革命党人，安东奈尔曾多次鼓动阿维农的匪徒们作乱；为了给他们提供军火，他甚至将阿尔勒圣路易塔楼的大炮拆卸下来，致使罗讷河口失去防护，让海盗们有机可乘。[2]在康塔特的盟友、

---

[1] 国家档案馆档案，F, 3195。
[2] 国家档案馆档案，F 3197, 三位专员的信函，5月11日、6月10日和19日。

马赛的俱乐部以及邻近市镇的支持下,安东奈尔在阿尔勒推行"恐怖专制",其党羽有300多人,都是些身强力壮的水手和匠人出身。由于他们聚集于蒙奈区(la Monnaie),因此也被称为蒙奈党人。1791年6月6日,他们私自将在城中避难的未宣誓教士们赶出城外。①

然而,城内占人口多数的"地产主和诚实的市民"在长期隐忍之后决定反抗。有1200人在圣奥诺拉教堂集会,"宣誓要维护宪法,恢复秩序"②,并申请加入当地的俱乐部。利用俱乐部的规程,他们之中大批人都以国民卫队或选民的身份被吸纳入会。与此同时,在争取到市政厅的同意后,他们开始重组国民卫队,解散蒙奈党人(Monnaidier)的队伍,并消减他们的军力。于是,通过合法且非暴力的手段,君主立宪派在俱乐部与国民卫队中再次成为多数派。

在1791年的选举中,秩序的拥护者们几乎囊括了所有的行政官员职位。正直的罗伊(Loys)医生接替安东奈尔成为新的市长;为了应对城中的骚乱,他一边重申强制法令,另一边则毫不手软地打击暴乱者。对于马赛来说,这种变化无法接受,决定"一雪前耻",出兵让阿尔勒屈服③。在这片遍布古城之地,政治仇恨很快就会和城市间的历史恩怨混合起来,其浓烈程度有如底比斯与普拉塔亚④、罗马与维埃⑤或者佛罗伦萨与比萨之间的世仇。因此,马赛的雅各宾派视阿尔勒的王党为死敌,恨不得将其挫骨扬灰。

在1791年的选举中,身为选举团主席的安东奈尔,就号召全省各地的雅各宾党人都拿起武器,攻占这座反革命城市。⑥于是,600名马赛的志愿者们立即出发,在萨隆(Salon)集结起来,抓捕了敌对区的行政官,并拒绝释放他。而他们不过是先锋而已,雅各宾派已经允诺

---

① Ib. 三位专员的信函,6月19日。
② 国家档案馆档案,F 3198。
③ 国家档案馆档案,F 3196。
④ 两者皆为希腊古城;译者
⑤ 后者为伊达拉里亚城市。—译者
⑥ Ib, F, 3198。

从省内的四五十个俱乐部中抽调6000人作为增援部队。①

冲突一触即发,三位巴黎专员急忙下令禁止,省府也立即通报国王的相关宣告,制宪会议也就此时发出一道紧急禁令;然而,真正阻止冲突爆发的原因,还是在于阿尔勒守军意志坚定,且防范严密;他们刚刚镇压了一次蒙奈党人的叛乱,修缮了城墙并毁坏了桥梁,墙头之上也架好了毛瑟枪。然而,没过多久,时局瞬变。巴黎专员们已被迫离开;省内最后一支军队被解除武装;省府已经被强制重组,成为雅各宾的傀儡;而新成立的立法议会对立宪派所遭受的迫害听之任之。于是,马赛的乱党们终于可以毫无顾忌地对付阿尔勒了。1792年3月23日,一支4500人的队伍,带着19门大炮开始从马赛向阿尔勒进发。

在巴黎的催促下,邻近省份的专员们赶来调停;尽管他们一再强调阿尔勒已经让步,放下了武器,只留下一支正规军作为卫戍部队。乱党们又要求将卫戍部队撤出;而当这最后一支部队撤离之后,雷贝基及其党羽却食言了,他们表示任何人都不得干涉他们的计划,而他们针对南部诸省的任何行动都由他们自己负责。对于不断从巴黎传来的禁令,乱党们置若罔闻;而信任的傀儡省长则明目张胆地撒谎,表示自己对此事毫不知情,拒绝协助中央政府。西南军区司令德·维特根斯坦(de Wittgenstein)先生向省长表示,愿意提供军事协助,驱散阿尔勒的入侵者;这位傀儡省长却要求"他和他的军队不得进入罗讷河口省"。②结果,3月29日,马赛的乱军对毫无防卫的阿尔勒开炮,将城墙炸出一个缺口,该城由此陷落;城中的地产主们被强征了140万利弗尔的税款。蒙奈党人以及港口那些最底层的苦工重新拿起武器,对已经手无寸铁的普通市民进行专制奴役,完全无视立法议会的禁令。尽管"国王专员和大部分法官都已经逃离,他们还是委托陪审员们对脱逃者们进行了缺席审判",而这些陪审员无一例外,

---

① Ib, 马赛支队指挥官至省府信函, 1791年9月22日。
② Dampmartin, 卷II, 60到70页。

都是蒙奈党人。①阿尔勒的征服者们在城中任意妄为,大批温和市民无辜遭到殴打、监禁甚至被严重打伤。

有一个年纪已过80,几个月前刚退伍的老兵,被关进地牢20多天,惨遭折磨,最后因为肚子上挨了一击而毙命。还有一些妇女遭受鞭挞,但凡有家有业者都依"法"受到惩处。约有500个家庭被迫逃难,而他们在城中和乡间的私宅则被劫掠一空。在城市邻近的小市镇,从马赛到阿尔勒沿途,不时都能看到一些兵匪;这些人就是马赛部队的主力,他们来回奔走,四处劫掠,如同从外而来的侵略者。②

他们大吃大喝掠得的食物与酒水、砸烂贵族们的纹章、卷走所有的商品物料、偷走值钱的财物、毁坏私宅内的家具、撕毁藏书,并将各种官文凭据付之一炬。③于是,贵族们得到了应有的惩罚;此外,这也能让这些辛劳的爱国者们解解乏,而且此种极端行为或许能为雅各宾派夺权提供些许威慑力。例如,博尔丹和雷贝基借口列那堡(Château-Renard)出现骚乱,向那里派遣了一支分队。当地的市长戴着绶带出迎,随行的国民卫队更是鼓乐满天,以表敬意。

然而,马赛乱党们不但不有所回应,而且直接对出迎团队进行攻击。他们打落了对方的旗帜、解除了对方的武装,而后又扯掉了军官们的肩章,把市长拉倒在地并用剑驱赶其他市政官员;最后,市长和地区行政官被投入监狱。到了晚上,在三个当地雅各宾党徒(他们刚刚因为最近的一些暴行而遭受指控)的带领下,这些暴徒们洗劫了四间民宅。

从此以后,列那堡在对"爱国者"们进行宣判时总是一审再审,十分小心。在韦洛(Vélaux),"贵族们在乡间的宅邸遭受劫掠毁坏,被拆得不剩下一砖一瓦"。有一支200人的队伍"在村庄中扫荡、强行征税,将所有富裕的市民都登记入册,向他们勒索一笔不菲的款

---

① 《观察家》XII卷,408页。
② 国家档案馆档案,F, 3196。Borelly,省府委员会副主席的信函。
③ 国家档案馆档案,F, 3196, Mouriez-les-Baux地产者Coye的证词。

项"。马赛党人的领袖卡莫因成了省府官员,将一切好东西都据为己有。几天之后,他们的箱子里就塞满了3万法郎。但这只是一个开始,其他的城镇一个又一个地陷落,而雅各宾党人也在不断重复着这类惨剧,以此来满足他们的野心和贪欲,发泄他们的怨气。

当阿普特的雅各宾党人向周边市镇求援夺权时,就立刻有1500名国民卫队士兵分别从科尔德(Cordes)、圣赛图(Saint-Saturnin)、古尔特(Goult)和拉科斯特(Lacoste)赶来,另外还有1000名拿着棍棒和叉子的妇女带着孩子在城下聚集。守城的卫兵质问是谁下令命他们前来,他们却回答"是受到了爱国之情的趋使而来,此行的目的是针对那些狂热份子(未宣誓教士的支持者们)"。结果,这些"强迫狂热分子们"成为了他们欺凌的对象;他们只在城中逗留了三日,却给城市造成了2万利弗尔的损失。①

首先,他们将城中的方济各会教堂砸烂,将其大门封死;而后,他们将城中未宣誓的教士全部驱逐,并解除了其支持着的武装。三日之中,城中的雅各宾俱乐部成为了唯一合法的权力机构。"邻近城市差人来此要求赔偿、抗议或是乞求他们不要派兵骚扰;城中居民被召唤于此接受盘查";有不少人遭到驱逐,其中还包括地区行政长官,以及其他的市政官员和法官。不少市民出城避难,整个城市被彻底清洗;而在此地区的其他市镇,同样的清洗也正在进行之中。②

实际上,这样的辛苦付出有着丰厚的回报;"坏蛋"们的钱包被掏空,爱国者们的钱袋则被塞满。而占据敌人宅子享受几天的感觉,则更是让他们感到美妙。这些雅各宾党人一边拯救国家,一边又在享用盛宴。此外,在邻人家里称王称霸也是一种乐趣,他们不但有吃有喝,还不用付钱。这一切都让他们欢欣不已。征战虽苦,但不过是狂欢前的短暂斋戒。一切结束之后,这支马赛乱军分为两路,其中一路回到埃克斯,参加为他们准备的"爱国盛宴"之中,随后又在市长和

---

① 国家档案馆档案,F3195,国王驻阿普特区法院特使Merard先生信函。
② 国家档案馆档案,F3195,3月28日,地区行政长官的信函。

指挥官的领导下跳起了革命舞蹈；而另一路则在同日返回阿维农，并受到了更为热烈的欢迎和款待。

IV

康塔特①无疑是法国最大的贼窝，全法最惨烈、最野蛮的农民暴动都始乱于此。但革命之前，这里可谓一片乐土，在名义上归教宗管辖，不但税赋较轻，而且逃税之事也无人追究。"只要有一两片地，就有酒有肉有面包"。②然而，由于辖管此处的罗马特使腐败无能，该城俨然成为了"法国、意大利和热那亚歹徒恶棍们的避难所；他们只需要向特使们支付少许的礼金，就能在城中获得庇护，逍遥法外"。

此外，该城还藏匿着大量的走私犯和他们的窝主，不时地寻找机会突破法国的关口。"城中盗贼和杀手成群，人多势众；埃克斯和格勒诺布尔的议会一直都无法将他们根除。他们之中，既有一时生事的游手好闲之徒，也有长期以此谋生的专业恶棍"。③而市井之间，情妇姘夫、阴谋煽乱者、游手好闲之徒，以及投机分子与那些从"土伦和马赛苦刑船上"逃脱的逃犯们摩肩擦踵。城市平静的表面之下暗流涌动，有如藏有毒蛇的花瓶；一旦时机成熟，就会立刻变为虎穴狼窝。

在此藏污纳垢之所，图纳（Tournal）、罗维雷（Rovère）、杜普拉（Duprat）兄弟和曼维尔（Mainvielle）兄弟和勒库耶（Lécuyer）兄弟等雅各宾党人迅速地招募到了新的爪牙，伺机作乱。

首先，城中和郊区的闲汉、抵制入市税的农民、仇视一切社会秩序的游民，以及那些码头脚夫与水手被煽动起来；他们拿着镰刀、叉

---

① Comtat，此地原是教宗领地，后来被并入法国，与邻近地区合并为沃克鲁兹省，省会为阿维农。—译者

② Michelet,《法国大革命史》，卷III，56页。《巴黎信使报》，1791年4月30日，一个康塔特居民的信，当地居民为126684人，革命前赋税总额仅80万利弗尔，而该城回归法国后，却达到了379.3万利弗尔。

③ 国家档案馆档案，F, 3273。

子和棍棒先后发起了七八次暴乱,赶走了罗马特使,迫使执政官辞职,并吊死了国民卫队的军官和保守派的领袖。① 而后,这些暴徒们被武装起来;然而,这支队伍毫无纪律可言,靠劫掠乡里来维持军费开支,有如蒂利(Tilly)和瓦伦斯坦(Wallenstein)的乱军重生;他的"恶行令人发指,远胜于索多玛"。在这支3000人的队伍中,只有200人来自阿维农,其他人则多是逃兵、走私者、罪犯、无国籍者或盗贼出身;他们有如猎狗嗅到猎物一般,发现此处有机可乘,便急忙从远方赶来,有的甚至来自巴黎。② 随同他们而来的还有很多妓女,都是一些无耻下流的荡妇。因此,这样的队伍毫无团结可言,残杀和偷窃之事不断,甚至队伍的指挥官帕第克斯(Patrix)都因为私自放人而被视为叛徒,遭到杀害。

之后,这群暴徒们推选茹尔丹(Jourdin)作为新的领袖;他曾经因为10月6日在凡尔赛砍杀两名皇家卫兵而获得"砍头者"的绰号,是一个无恶不作之徒,曾经因为拦路抢劫而被瓦伦斯(Valence)法院判处死刑,在行刑前夜越狱逃脱。在这个逃犯的指挥下,他们强拉路人入伍,队伍竟然扩大到了五六千人,并有了曼德林好汉的美称(Mandrin是18世纪法国著名的土匪:译者注)。然而,和曼德林不同的是,他们不但袭击官员、抢夺公产,而且还劫掠私财,危及普通人的生命安全。他们曾一次性地从卡瓦永(Cavaillon)、褒姆(Baume)、奥比尼昂(Aubignan)和比奥兰(Piolenc)分别掠得2.5万、1.2万、1.5万和4800利弗尔,并强迫卡蒙(Caumont)每个星期支付2000利弗尔的税金。

在萨利昂(Sarrians),市长向他们交出城门钥匙,于是他们进城挨家洗劫,带走了33车赃物,然后又向印第安土著一样野蛮地杀人放火。有一位80多岁的老妪,因为脚部中枪而不能动弹,在失火的房子里被活活烧杀;有一个5岁的孩子被一刀砍成两半,他的母亲

---

① Andre和Soulier的《阿维农革命史》中有详细记载。
② 国家档案馆档案,DXXIV,3,1791年10月10日事件报告。

则被砍下了头颅,姐姐也被截肢。暴徒们还削去了一个神父的耳朵,将一枚三色徽章贴在他的头上,将他和一头猪同时钉死;而后将他们的心脏取出,在脚下一起踩烂。而后,他们又开始进攻卡庞特拉(Carpentras);然而,虽然此城被围困了50多天,却始终无法攻取;这激怒了他们,使他们变得更加残暴、嗜血和疯狂。

当阿维农政府发现自己招募的私兵已经尾大不掉,不由得对其多加提防。① 然而,这条被养大的恶狗有恃无恐,竟然对自己的主子呲牙咧嘴,索要日常的军饷;阿维农不敢怠慢,尽管城中已是捉襟见肘,也必须保证乱军的供给。"尽管小曼维尔才22岁,却已经是选举权人,在选举投票时,他总是在腰间挎着两把枪,气势汹汹"。

为了更好地控制选举,选举团主席杜普拉建议选举团撤出阿维农,改在索尔克(Sorgues)开会。这个提议遭到了选举团成员们的拒绝。于是,杜普拉软硬兼施;他向愿意跟随他的人许诺赏金,同时又调来大炮。于是,选举团中的懦弱者们在恐吓下出城,而剩下的人则被他在一个所谓的国家高级法院(法院的所有法官均由他挑选任命)起诉。结果共有20人被判刑并放逐,而杜普拉甚至威胁要强行将他们现场处决。

与此同时,"曼德林好汉"们也在他的授意下向阿维农挺进。所幸巴黎的协调专员们赶到,及时地制止了他们的行动。在接下来的两个月里,专员们着力于遣散这支队伍,而且几乎就要成功。然而,在最后关头,它突然出击,再次将被放走的猎物吞入口中。1791年8月21日,茹尔丹带着他的匪帮们攻占了教皇宫;市政官员们遭到驱逐,市长侥幸逃脱,但市政秘书却被刺死,四个市政官员及其他四十多人被投入监狱;逃难者和教士的房屋被付诸一炬,屋中的财务也成了暴徒们的战利品。②

接下来,这些乱党们又通过强征税赋来填充自己的腰包。杜普

---

① 国家档案馆档案,F,3197,罗讷河口省府通信,1791年5月21日。
② 国家档案馆档案,DXXIV,16-23页。

拉及其同党挑选出五个贫民组建起了一个临时市政厅，勒库耶亲自任市政秘书。而后，他们通过这个傀儡政府强征了30万利弗尔的税金，解散修院并将教堂毁坏后进行出售。于是，钟楼里的大钟都被拆卸了下来，全城各处一片敲铁砸钟之声。一个镶着钻石和金质十字架的镀金首饰盒被送到当铺；当铺老板将其小心保存了起来，而后又送交到了社区。

随着骚乱不断扩大，连穷人们抵押出去的财产都被市政厅抢走。由于教堂被洗劫一空，让不少虔诚的妇女们忿怒不已；劳工们也失去了工作和面包。于是，这场变乱激怒了城中所有的小民，使他们团结起来进行反抗。最后，他们抓住了勒库耶，把他带到方济各修会教堂进行公审，而后将其处决。

乱军们此役似乎失利。在城中，市民们无论贵贱都同仇敌忾，与他们对抗；而在乡间，农民们由于受过他们的勒索也举枪相向。然而，他们所营造的恐怖气氛却弥补了人数上的劣势；虽然城中只剩下350名极端的雅各宾党徒，却让全城3万居民最终屈服。大曼维尔带领的小队拉来了两门大炮，向一座已经被毁坏的教堂开炮，致使两人丧命。杜普拉则将他在8月31日监禁的30名市民集中起来，又抓来了40个隶属于教会团体的工匠、码头脚夫、面包师、箍桶匠和工人，此外还有两个农民、一个乞丐和一些因为各种指控被扣押的妇女（"其中一人被扣的原因，仅仅是因为说了曼维尔妻子的坏话"）；茹尔丹找来了侩子手；药剂师曼德（Mende）是杜普拉的姻亲，他亲自用烈酒将这些人灌醉。记者图尔纳的亲信建议"把他们一个不留地杀掉，这样就死无对证"。

于是，茹尔丹、图尔纳、杜普拉和曼维尔这些毫无人性的疯病患者们接连下令，发动了惨绝人寰的屠杀。共有61人被勒死或用钝器打死，其中包括两名教士、三个孩子、一个八十岁的老人和三名妇女，其中两名有孕在身。他们的尸体被一具一具地扔进拉格拉西亚的洞窟之中；有一具母亲的尸体正好压着自己死去的孩子，还有一对父子的尸体也是上下摆放,洞口上方用碎石铺满,最后再盖上一层青草,防止腐味过重。①而在街上,另有一百多人惨遭杀害,他们的尸体则被直接扔进了索尔克运河之中,只有五百个家庭幸免遭难。而后,这些匪徒们又重新集结,为制造惨案的凶手们造势,让他们逍遥法外而无人敢问。②

这群乌合之众就是马赛和阿尔勒雅各宾党人的亲密战友,就是安东奈尔在阿维农大教堂所鼓励和赞扬的对象。③然而,这群纯洁的爱国者们的双手却沾满了无辜者的鲜血;后来,他们遭到法国军队的抓捕,恶行也经由详实的调查被揭露出来,经由新任的巴黎专员的裁定,并在被解救的选举权人异口同声的呼喊中被定罪。然而,就在他们即将伏法的一个月前,立法议会的一纸赦令却将他们的罪行全部勾销。

然而,看到自己的盟友们获赦出狱,罗讷河口省雅各宾党人不但没有为此感恩,反而得寸进尺,希望将他们在拉格拉西亚的污点完全抹掉。1792年4月29日,阿尔勒的征服者雷贝基和博尔丹,从马赛又征调了三队人马前往阿维农。④走在队伍最前面的三四十人都是拉格拉西亚惨案的凶手(此时立法议会已经决定要把这些人再次投入监狱)。杜普拉、曼维尔、图尔纳、蒙德和茹尔丹头戴桂冠、身着将军制服、骑着高头大马。在他们身后,杜普拉、曼维尔和图尔纳的女人们得意洋洋地坐在象征胜利的花车上,如同三个卖弄风骚的妓女。前进之中,队伍中不时听见有人高喊:"这次让拉格拉西亚有个了结吧!"。随着他们不断逼近,城中的公职人员开始出逃,另有1200人也随之逃离。

与此同时,由于有马赛乱军作为援助,城中的恐怖分子又开始活

---

① 国家档案馆档案,DXXIV 3. 10月16日事件报告。
② 国家档案馆档案,三位专员(Beauregard、Lecensne和Champion)发往巴黎的信函,1792年1月8日。
③ Ib, F 3197 三位专员于1791年4月27日和5月4、18和21日的书信。
④ 国家档案馆档案,F,3196。

跃起来，不再有任何顾忌。已经被判监禁的前任法官拉斐尔(Raphel)和他的书记员一起官复原职。而惨案受害者的家人，以及曾当庭为惨案指证的证人，都在光天化日之下遭受威胁，其中有一人遭到杀害。在接下来的一年中，茹尔丹成了全省的无冕之王。革命之前，他不过只是一个土匪头子，领着12个人四处劫掠。而现在，他领着国民卫队和宪兵队重操旧业，有时拦路劫财，有时则在夜间侵袭民宅；单在一次针对某贵族城堡的洗劫中，他就抢到了2.4万利弗尔。

V

这就是雅各宾派在外省夺权的方式。到1792年4月，他们已经以类似的手段占据了20多个省，其余的60多个省也被他们用较为温和的方式夺得。①但无论何处，政治派别的划分都基本类同。

一边是社会各阶层的边缘群体，"有些人是挥霍无度的花花公子，花光了父辈们留下的积蓄，对他人充满妒忌，希望在失序的社会中浑水摸鱼，谋得富贵；有些人则是不知感恩的小人，期望那些对他们有恩之人在革命中破产；有些人则是刚步入社会的热血青年，恨不能用手中的匕首去胁迫他人接受他们的理性观念；剩下的则是那些社会最底层的贫民和无赖，只要他们发现社会秩序混乱、周围有人逍遥法外、社会治安无人维护，他们就开始胡作非为"。

而另一边，则一些温和的中产阶级和半中产阶级，他们理智清醒，忙于生计，"习惯于过去的安定生活，对突如其来的变动感到恐慌，因此急于求得新体制的承认；他们内部利益不同，分歧严重，只有在面对过于冒失之举，或明显的违法行为时，才会显露理智和老练的一面；由于过于看重个人利益，他们总是患得患失，以至于自己仅剩的一点点权利也无法保住；简而言之，他们懦弱自私，无法与贫困而

---

① Cf.《法国大革命》，卷IV，243页至262页。

无良的亡命之徒对抗，难以保住他们的自由"。①

无论何处，政治冲突的方式也十分相近：在任何城市、任何选区，都是那些咄咄逼人、邪恶贪婪的政治狂人和投机分子首先发难，想要将自己的意愿强加于占多数的温和派之上；而后者由于习惯了井然有序的文明生活，有如温顺的羔羊，不知道也不敢反抗，只有任人宰割。

无论何处，雅各宾派都有着统一的政治原则；一位省府官员曾这样对他们说②："你们的行事原则，不过就是利用一切可乘之机滋事；即使宪法已经通过，权力界限已经划清，你们还是想让人们处于恐慌之中，这样你们就能够以保护城市的名义充当独裁者，以维护公共秩序的名义攫取一切权力。"

无论何处，雅各宾派的夺权方式也十分统一。首先，他们以爱国的名义打压其他政治社团，一家独大，垄断话语权，对民意进行影响。很快，公众就在舆论宣传下与他们保持一致；于是，他们得以合法地占有公权力，一路向前而无人能阻。

"任何政治势力，无论好或者坏，组织严密或者松散，一旦它能够垄断权力，就会变得不可侵犯。而该俱乐部（指马赛）长久以来习惯于支配主宰、欺压迫害和打击报复；因此当地任何政府机构都对它无可奈何"。③由于雅各宾派是权力的垄断者，因此它的直接影响可以巧妙地转化为直接权威。初级选举团遭到他们的暴力清洗，基本上只剩下他们自己参选与表决；于是，政府官员和国民卫队军官的任免都把握在了雅各宾派手上。④而在此之后，他们把持市政，通过傀儡市长发声，随意地进行搜捕或动用武力，毫无限制地滥权。

---

① 《法国信使》1792年1月1日和14日刊。
② 国家档案馆档案，F, 3224, Saint-Amns先生，洛特-加龙省行政委员会副主席的演讲；4月20日。
③ 国家档案馆档案，F, 3198. Debourges先生的信件；他是11月2日议会与国王派遣的三位专员（处理马赛事件）之一。
④ 例如，1792年，穷苦纺织工出身的士兵Juillard成为了里昂国民卫队的总指挥官（Montleon《里昂回忆录》卷1, 109页）。

然而,他们的权力之路上还存在着两大障碍。

其一,无论地区政府或省府在雅各宾派面前显得多么软弱和宽容,但它们毕竟是由二级选举权人选出,官员之中还是有很大一部分人来自有教养的富裕阶层,是秩序的维护者。相对于市政厅,这一级政府在打击违法暴力行为时态度更为坚决。结果,雅各宾派在立法议会上将其斥之为"城市贵族"的反革命老巢。而后,在布勒斯特①等地,雅各宾党人拒绝服从这一级政府,将它们发出的那些合法、合理又合乎程序的法令视为废纸。甚至还有人要求中央政府"准许他们在打击等级制度的腥风血雨和置公共安危于不顾的漠然心态间寻求平衡"。在阿拉斯(Arras)等地,他们的策略则是派人非法地闯入省府大厅,扰乱会场,对官员们进行侮辱和非难;后者通常会因为爱惜名誉,考虑辞职②。而在菲亚克(Figeac)等地,雅各宾派的做法则是将官员们叫到自己的受讯席,让他们站上45分钟,并对其不断地询问,最后搜走他们的委任状并胁迫他们离开城市。③最后,在欧什(Auch)等地,他们则是直接冲进省府大厅,卡住官员们的喉咙,对他们拳棍相加;委员会主席则被用马拖拉,差点因此丧命。④

其二,宪兵队与军队都可以压制骚乱,对滋事的雅各宾党人进行牵制。于是,他们想尽办法将其遣散、腐化和清洗。在卡奥尔(Cahors),雅各宾党人逮捕了一名旅长,指责他"与贵族来往甚密"⑤。在图卢兹,他们不仅用匿名信对一名中校进行死亡威胁,要求他离城,而且还以"违背宪法原则"⑥为名,遣散了一个地区的宪兵队。在欧什和雷恩,他们在军中引起骚乱,迫使军官们遭到撤职。在佩皮尼昂(Perpignan),他们挑唆士兵哗变,将部队司令和整个指挥部的军

---

① 国家档案馆档案,F, 3215. Plabennec事件。布莱斯特政府派遣了一支装备有2门大炮的400人队伍攻占Plabennec,随行的还有雅各宾派的专员。
② Mortinmer-Termnaux,卷II, 376页。
③ 国家档案馆档案,F, 3223. 省府行政官员Valery的信函,1792年4月。
④ 国家档案馆档案,F, 3220. 省府决议及给国王的信。1792年1月28日。
⑤ Ib, F, 3223,宪兵队中校de Riolle的信函,1792年1月19日。
⑥ Ib, F, 3219, Sainfal的信函,图卢兹,1792年3月4日。

官全部抓捕并投入监狱,指控他们"想用火药把城市轰平"①。与此同时,他们还在多尔多涅(Dordogne)与阿韦龙(Aveyron)之间,以及卡塔尔(Cantal)到比利牛斯以及瓦尔(Var)一带引发农民动乱,并以惩罚叛逃者亲属和未宣誓教士的支持者们为名组建了一支私军;这支主要由贫民和盗贼组成的队伍四处烧杀劫掠,将手无寸铁的各级有产者作为袭击对象,这一传统被后来的革命军队发扬光大。

在这类行动中,邻近地区的俱乐部就会勾结起来,相互给予人力和财力支持。卡昂的雅各宾党人就曾要求他们在巴约的同党和他们一起驱赶那些未宣誓的教士,并帮助当地的爱国者们"摆脱市政官员的独裁"②统治。贝桑松的雅各宾派则指责斯特拉斯堡的三个行政机构"失信,辜负了他们的信任",并与上莱茵省及下莱茵省的俱乐部串通一气,准备营救一个被控煽动滋事的党徒。③多姆山(Puy-de-Dôme)的雅各宾派,则是和周边地区的俱乐部各派代表前往克莱蒙(Clermont),在那里建立了一个行动与宣传指挥部。④罗讷河口省的俱乐部则是与德龙(la Drôme)省、加德省(Gard)以及埃罗省(Hérault)的同党们联合,共同巡视法国与西班牙之间的边境线,并且派人前往菲格拉斯(Figuières),探查该城的防御工事。⑤

对于雅各宾派的嚣张气焰,全法境内的所有省份中有40个省份不敢对他们的罪行进行立案调查,另外43个省虽然已经司法介入,然而却因为受到威胁而不了了之,或是因为缺少人力物力来执行判决结果。⑥雅各宾派的政治体系由此雏形初现,形成了一个由1200人组成的寡头集团;他们煽动鼓噪无产贫民们为其充当鹰犬,随时听从

---

① 《法国大革命》卷IV,243页。
② 国家档案馆档案,F,3200. 巴约行政官的信函,1792年5月14日;巴约省长的信函,5月21日;"这些俱乐部对爱国者们进行灌输,使他们变得更加暴戾;如果任凭他们继续挑衅政府和法律,自由将不再,宪法也将不存,民众的生活将失去保障。"
③ 国家档案馆档案,F,3253. 下莱茵省长的信函,1792年4月26日;斯特拉斯堡市长Dietrich的信函,5月8日。
④ 《观察家》卷XII,558页,1792年5月19日。
⑤ 国家档案馆档案,F,3198,雷贝基和博尔丹所派代表的报告,1792年4月3日。
⑥ 《观察家》卷X,420,内政部长Cahier的报告,1792年2月18人。

巴黎总部的调遣。现在，雅各宾派已经具有了政权的所有特征；它组织严密，活动频繁，有属于自己的统一决策中心、武装力量和充当喉舌的报纸。作为全国性组织，其分支机构遍布各地，互通有无。靠着明确的政治纲领和高涨的权威，雅各宾政权架空了合法政府的权力，要么将它作为傀儡，要么则直接绕过它干政，事实上已经成为法国之主。虽然最后一批大臣们和正直良善的公职人员们试图尽忠职守，却无力回天；他们发出的禁令与文告已如同废纸一般。① 在绝望之中，他们最终辞职放弃，表示"社会秩序颠倒、公权力毫无威信、政府丧失行政能力……因此他们无法再去维持一个近乎完全瘫痪的政治体制"。当树根被挖出后，树干自然不保；而现在，雅各宾派已经挖出了现行体制最后的根茎，只需往其中心轻轻一推，它就会轰然倒塌。

---

① Mortinmer-Termnaux，卷 II，369 页。下比利牛斯省省长信函，1792 年 6 月 25 日。

第五章 巴黎

Ⅰ.立法议会对国王施压—国王的否决权被废除—大臣们遭到侮辱和驱逐—吉伦特派夺权入阁 被迫退阁—准备暴动Ⅱ.巴黎的游民和贫民—劳工们的情绪—雅各宾派的煽动—革命军队—其成员的素质—首次阅兵—实际编制Ⅲ.其领导人—委员会—起事程序Ⅳ.6月20日—计划—纠集—在立法会议前游行—冲入王宫—国王与民众直面相对

I

合法的现行体制已经遭受重创,摇摇欲坠。虽然王权被充分削减,雅各宾派却不肯就此罢手,坚持要将国王的一些虚权也一同废除。在立法议会的首次会议上,他们就拒绝称国王为"陛下",其理由是他不够资格。雅各宾派坚称,根据宪法,国王并非"法国民众的传统代表",而不过是"首席公职人员";换言之,国王不过是国家的雇员,地位不过与被他们称为"国家首长"①的议会主席相当。

在他们眼中,立法议会才是国家之主;康德赛如此说:"一般的权力机构则必须严格按其所授职权行事,而只有立法议会有权行使

---

① 《观察家》卷X,39页,1791年10月5日和6日会议。

任何法律未明令禁止的权力"①;换言之,立法议会有权对宪法进行解释和修订,必要时还可以将其废止。结果,议会制置宪法规定于不顾,僭越了属于国王的宣战权,私自决定开战。②当国王偶尔动用否决权时,议会则故意无视或置之不理。

虽然路易十六拒绝签署迫害未宣誓教士、扣押流亡者财产和在设立巴黎军团的法令,却于事无补。在雅各宾派议员的授意下,③各省各市的未宣誓教士本都先后遭到逮捕、驱逐和监禁;流亡贵族及其亲属的房产和土地都被暴乱的农民们占有;巴黎军团虽未组建,一支巴黎义勇军却获批成立。

简而言之,国王遭到欺瞒、王权遭到蔑视。而至于他的那些部长大臣们,他们"不过是立法议会的附庸,其作用只是粉饰一下岌岌可危的王权而已".④议会每次开会时,他们总是不断地受到责难和羞辱,被阵阵漫骂声所淹没;在议会面前,他们有如做错事了的奴仆一般谦卑恭顺,却仍然被当做因犯一样遭受虐待。他们不得不站在受讯台上接受审问,在陈述得到会议认可之前不得离开巴黎;议员们可以随意翻看他们的文件,在他们谨小慎微的言语行为中挑刺,并以此给他们定罪,还可以挑唆他们与下属之间的关系,煽动民众去攻击他们。此外,议会还专门设立了一个特别委员会,对他们进行监督和控诉,以各种模糊的理由,声色俱厉地对他们及其下属进行威胁或是指控,甚至用绞刑架对他们进行恐吓。曾经有两次,由于控诉他们的证据捏造得太明显,议会不得不对当天晚上武断作出的判决进行重审,还当事人以清白。⑤

无论这些大臣部长们如何遵纪守法,在议会面前如何恭敬谦卑,

---

① 《观察家》卷XIII,97页,1792年7月6日会议。
② Bouchez et Roux,卷XIII,61页。 1792年1月28日,国王谨慎小心地向立法议会提醒其越权之举。
③ Sauzay,卷II。 议员Vernerey给省长Doubs的信函。
④ 《巴黎信使报巴黎信使报》,2月25日刊。
⑤ Duport-Dutertre事件与驻维也纳大使de Noailles事件。

都还是难以求得自保；他们"整日只知道一味迎合议会，以免在苦刑船上"受苦①。然而，大臣和部长之中只有雅各宾的党羽才能真正逃脱厄运，其他人，如德˙勒萨尔（de Lessart）先生，则会经由奥尔良的高级法院定罪，被送到船上服苦役或直接推上断头台。维尼奥就曾指着杜勒伊宫说道："在过去，他们利用专制将恐怖和不安从这个宫殿送出；现在，法律将把它们物归原主。"②

然而，即使是大臣和部长们都换成了雅各宾党人，宫中的这种不安和恐怖气氛仍是阴魂不散。罗兰、卡拉维尔（Clavière）和塞尔万（Servan）身为朝臣，不但不维护国王的利益，反而将其出卖。他们相互勾结，使得路易十六的境遇更加凄惨，不但失去人身自由，公众形象也被进一步丑化。在国民议会，雅各宾派的议员们接二连三地对国王进行诋毁和控诉，伊斯纳尔在议会上声嘶力竭，用最为粗俗和傲慢的语言攻击他。③暴民们则聚集在王宫门口，叫嚣着要处死国王。他们抓住王宫的一名卫兵（或是神父），把他痛打了一顿，然后拖到了杜勒伊宫的一个水池之中；国民卫队的一个士兵则污蔑王后为泼妇，并对她喊道："我真想把你的脑袋挂在我的刺刀下面。"④

在立法议会和暴民的双重逼迫下，国王的处境可想而知；他没有任何退路，只能一味顺从，像康德赛所希望的那样变成了一个签字机器。最后，由于王权悬空，塞尔万在未照会路易十六的情况下，突然向议会提议设立巴黎军团。而坐在国王旁边的罗兰，向他宣读了一份语气十分傲慢的"劝导"书，以此窥探他的态度，不但对他指手画脚，而且还要求他接受"新的信仰"，签署针对未宣誓教士们的法令。一旦此法令通过，也就意味着7000名正统的天主教修士和修女们将受到饥饿、监禁和驱逐的威胁。而如果巴黎军团获准设立，就等于放任雅各宾派将其挑选的2000名暴徒武装起来，直接威胁他的自身安

---

① 《巴黎信使报巴黎信使报》，1792年5月10号刊。
② 《观察家》，卷 XI，607也，3月10日会议。
③ 《观察家报》，卷 XII，396页，5月15日会议。
④ Dumouriez，《回忆录》，卷 III，第四章。

全。① 简而言之,这等于要求国王放弃自己的理智与良知。

出乎雅各宾派意料之外,路易十六一改往日懦弱的形象,不肯妥协;他不仅拒绝签署法令,而且还遣散了雅各宾派的部长大臣。此举让他身处险境。无论如何,这些法令都必须通过。既然国王不肯让步,雅各宾派就准备逼迫他就范。实际上,路易十六如此行并不是想要借此夺回权力,在政治上显得积极一些。直到8月10日,由于惧怕雅各宾派的暴行且担忧引发内战,他放弃了一切可能造成公开决裂的计划。直到最后一天,他还在想要继续拖延下去,以此来保证自己和家人的安全、维护宪政体制与公共秩序。在将赛尔万和罗兰解职之前,他先遣散了皇家卫队,以此来表明自己的和平意愿。现在,他手上已经没有任何武装力量,既无法主动出击,也不能正当防卫。至此之后,王宫里人人自危,日夜不得安宁。

国王此时已准备顺服天意,只留有一把佩剑自卫,其处境和态度让人联想起被投入斗兽场的教会殉道者。② 所幸的是,关于巴黎军团的提议,引发了巴黎8000名国民卫队军官的不满。拉法耶特则强烈谴责雅各宾派的篡权行为。面对醒悟过来、试图维护秩序的官兵和民众,雅各宾派显得有些不安;为了稳固权力,他们准备申请支援。实际上,两个月以来,他们一直都在为此做准备;现在万事俱备,只等10月5日和6日的事变重演了。

II

巴黎的闲杂人等众多,约有10万贫民,其中三分之一来自外省,很多人世代都是靠乞讨为生。1789年7月13日,勒迪福(Rétif de la Bretonne)亲眼看到这些人走过他家门口的别弗尔大街,与他们在圣

---

① 《观察家报》,卷 XI,426页,5月19日会议。
② 杜潘回忆录,卷 I 303页,马鲁埃的信函,6月29日。

安托万区的同伙们会和①;这些人之中有不少来自涅夫勒(Nièvre)和约纳(Yonne)的森林,靠收捡和装运浮木为生,都是些只知道使用刀斧的野蛮人;只要时机允许,他们可以做出任何难以想象的残忍之事。在九月份的骚乱中,总是这些人走在最前面。

与他们为伍的还有一些妇女,"由于生活艰辛都显得十分憔悴;如同动物一样,她们关注的永远是眼前的东西";三个月前,一些杂货铺就被她们抢过。②现在,这群乌合之众已经急不可耐地想要生事,似乎在说:"那些有钱有势的人没几天好看了,明天该轮到我们睡鸭绒被了。"

郊区的劳工们则更为焦躁不安;首先,如果面包的价格没有回升到10月5日之前的水平,他们的日子将会更难。奢侈品行业已经歇业三年了,工匠们都接不到活,只能坐吃山空。由于圣多米尼克的殖民地被毁坏,杂货店也遭到抢劫,香料几乎成了无价之宝。因此,无论是木工、锁匠还是石匠,或是菜场里的挑夫,现在连带奶的咖啡都喝不起。③自己的爱国之心最后换来的却是更加贫困的生活,这让他们感到愤恨失望,因此每天早上都会高声抱怨一番。

于是,他们很快就被雅各宾俱乐部吸收入会。由于他们头脑简单,游手好闲,在经过长达32个月的调教之后,对人民主权论已经烂熟于心。一位警员曾如此记述道:"这群人的观点是,宪法没有意义,只有人民自己才是法律。在公共场合,巴黎市民就将自己看成是人民,是所谓公民普遍性价值的代表。④"

然而,他们忘记了巴黎并非整个法国的事实,因为丹东鼓动他们说:"首都的市民从某种意义上说,可以代表全国83个省,因此比其

---

① Rétif de la Bretonne,《巴黎之夜》,卷XVI;勒迪福对巴黎贫民区的生活最为了解。
② Coray 的信函,126页,"抢劫持续了三天——1792年1月22、23和24日。在次之后,我们无时无刻不再担心新的骚乱发生。"
③ Mercier指出,大革命之前,巴黎的劳工,特别是从事重活的人,都有早餐喝牛奶咖啡的习惯。
④ Mortimer-Ternaux,卷I,346页。1792年6月21日信函。

他人更有资格参与和指导政事,是守卫整个法兰西民族的哨兵。①"
于是,他们对自己的所谓权利深信不疑。此外,他们还忽视了信息来源更广、办事效率更高的合法政府,因为罗伯斯庇尔向他们保证"人民的智慧和爱国之心都无可置疑,绝不会犯任何错误。"②于是,他们又因为自己具有非凡的能力。在这些人眼中,无论是在法理上还是在能力上,他们都是法兰西民族的唯一代表。

三年以来,雅各宾派通过报纸以及俱乐部和议会的演说,向他们不断地灌输维勒罗瓦(Villeroy)对年少的路易十五说过的一句话:"看啊,我的主子!看看这个伟大的国家。这一切都是您的,因为一切都属于您!只有您才是一国之主!"毫无疑问,只有那些疯子一般的粗汉,才可能接受和相信这样的弥天大谎。于是,这些痴心妄想之辈与大部分思想清醒、但又倦于政事的民众彻底决裂;他们相互勾结起来,野心极度膨胀。在他们看来,只要有人在街头集结起来,就可以代表人民行使主权。然而,只有他们才会在街边聚众滋事;于是,他们成了骄横的无冕之王,对自己的权威深信不已。

于是,在1792年最初的几个月,这股新的政治势力突然出现,与合法的政权并驾齐驱。尽管它明显违背宪法,却依然存在下来,并不断地扩大自己的影响;在此我们可以估算一下他们的人数。4月29日,立法议会置法律规定于不顾,批准圣安托万区的三支贫民队伍进入议会大厅。这三支队伍共1500人,分为三列前行,其中一列装备有大炮,而另外两列则手持"长约8到10法尺,形状各异的长枪,包括:月桂叶枪、三叉戟、纺锤枪、心形枪、蛇矛、长柄叉、尖头枪、碎甲枪、钩形枪、长戟和刺头枪等"。而在塞纳河对岸,圣马塞尔(St-Marcel)区也派出了三支队伍,人数和装备都与圣安托万区相当。两岸合在一起,可以形成3000人的核心战斗力。此外,巴黎的其他城区还可以凑出3000名同样装备精良的战士。而且,国民卫队的六十个军营

---

① Buchez et Roux,卷VIII,25页,丹东的演说。
② Ib,卷XIV,268页,罗伯斯庇尔的文章。

中,炮兵们大多都是锁匠和铁匠出身,而宪兵队的成员则大多是因为违纪而被开除的士兵;这些人都会站到骚乱者一边。最后,还有约9000名无所事事的闲汉和流氓,虽然他们无知狂热,但都备有武器,集结成群,随时准备大干一场。政府只知道理论,他们才是真正的实权者,因为只有他们才有能力采取行动。和古罗马的凯撒卫队和巴格达的哈里发禁卫军一样,他们成了巴黎真正的主宰,而通过巴黎,他们又掌控了全国。

III

有其仆必有其主;要想驾驭这样的虎狼之师,就必须要有相对(仅仅只是相对)高明的指挥官。这些人必须有身份、有威望、有手段,行事积极果断,性格强硬且意志坚定,善于阴谋诡计且心狠手辣;此外,他们最好出身贫寒,或者至少伪装成贫民的一分子。

例如桑泰尔(Santerre),他本是圣安托万区的一个酒馆老板,后来成为了"无助孤儿"团的领袖。此人身强力壮,善于表现。在街上,他可以和任何人打成一片;而在自己的酒馆中,他则用啤酒收买人心,但经费则是由奥尔良公爵提供。① 勒让德(Legendre)则是一个暴躁的屠户,直到国民公会成立,他的粗鲁举止都丝毫未改。

此外还有三个来自国外的投机分子,他们都崇尚暴力,一旦拿起刀剑就无法放下。第一个是意大利人罗通多(Rotondo),他曾做过英语教师,是专业的滋事者,最后因为谋杀与偷窃在皮耶蒙被绞死。第二个是来自波兰的拉左斯基,他出身富贵,但却因着斯拉夫人的放纵天性与无套裤汉为伍。他原先有一份闲差,却因为自己的过失而被解雇。于是,他跑到俱乐部里对他的雇主进行声讨。后来,他被选为圣马塞尔团的火枪队队长,成为九月动乱的凶手之一。然而,他

---

① Mortimer-Ternaux,卷 I,389 页。 桑泰尔宣称1789、1790和1791三年间,他一直在向人民免费提供啤酒,结果却因此欠下49603法郎的债务。

的沙龙习气似乎与暴动领袖的地位不太相称;一年之后,他因为热病和酗酒而死。第三个则是九月事变的另一个凶手——"美国人"富尼埃,他曾经在圣多米尼克经营种植园,却因此开始藐视社会。他"铅灰色的脸总是阴沉着,腰间别着几把枪,语言粗俗,看上去像个海盗"①。

除了他们之外,雅各宾军队的领袖们还包括:小律师库雷特-威勒尔(Cuirette-Verrières),此人鸡胸驼背,说起话来总是喋喋不休。1789年10月6日,他骑着高头白马招摇过市,并自此以后就一直追随马拉。由此,在民众眼里,无论外表还是行为,他都像是一个被人操纵的提线木偶。不过,当莽汉们在桑泰尔的酒馆里聚事时,刚好需要一个会点文墨的人,这个小律师正好合适。

在他们的密谋会议上,我们还可以看到其他一些人的身影,包括"酒商布里尔(Brière)、无助孤儿团的工兵尼古拉、所谓的巴士底狱英雄古诺尔(Gonor)②"。此外还有金匠出身的老兵罗斯洛尔(Rossignol),他在领导了数次屠杀之后,自命为将军,又跑到旺代(Vendée)去烧杀劫掠;尤根宁(Huguenin)曾经做过律师,却因为接不到案子被迫投军,而后又当了逃兵,靠看守城门为生,但后来,他却突然成了圣安托万区的发言人,最后竟然当上了九月公社的主席;圣伍鲁格(Saint Hurugue)绰号"亚当老爷",是一个破落的侯爵,却甘与脚夫们为伍,总是衣衫褴褛地在皇家宫殿狂喊乱叫。

这些人就是暴乱的煽动者。在他们的支持和策划下,雅各宾派准备起事,并要求各区的骚乱看上去似乎是同时发生。出于理智或是羞愧,吉伦特派,如佩蒂翁、马努埃尔和丹东本人,都不愿出面,而选择在暗处观火。而对于和民众无限接近,甚至与其混为一体的雅各宾党人来说,他们要做的只是绞尽脑汁,为暴乱编造一个合适的剧本;这个剧本应当简单明了,像童话或是说更像市集上的音乐剧一

---

① 罗兰夫人,《回忆录》卷II,38页。
② Buchez et Roux,卷XV,116页。

样：剧台一边是好人，另一边则是坏蛋；舞台正中央则是一个怪兽或暴君，以及几个叛徒；最后自然是叛徒们被揭露，得到了应有的惩罚，整台演出在一片欢乐的凯唱歌声中结束。这些劳工们头脑愚拙而又狂热，只听得进极为夸张和形象的政治话语，诸如《马赛曲》《卡马尼奥拉之歌》和《来了》这样的革命最符合他们的口味。

于是，雅各宾派投其所好，夸大或扭曲事实，编造出一些谣言来。即使是最为忠厚之人也被他们描述得如恶鬼一般。路易十六"如同魔兽一般，妄图用自己的权力和财富来荼毒法兰西人民。他会像查理九世一样，将法国拉到崩溃与死亡的边缘"。"滚吧，你这个暴君；你的暴政就要结束了。""和你相比，达密安（Damien）①根本就是无罪之人，他不过是想要为法国除去一个暴君，却因此而被折磨致死。""而你呢？你荼毒的是2500万百姓，却逍遥法外……让我们驱散专制者们的阴魂……颤抖吧，暴君！因为斯凯沃拉②就在我们中间。"③

那些饶舌的煽动分子站在椅子上，不知疲倦地对着王宫的窗户这样谩骂诅咒。而桑泰尔的俱乐部中也不时发出类似的声音。一时间，大街小巷到处都是反对王室的宣传海报；各种要求削减王权的请愿书也开始流传于各个俱乐部之中；在杜勒伊宫、皇家宫殿、格勒夫广场④以及巴士底广场，经常有人煽乱起事。从6月2号开始，这些阴谋家们在无助孤儿教堂建立了一个新的俱乐部，并将其作为煽乱的现场指挥所。⑤如同柏拉图笔下挑拨是非的政客一样，他们十分专业，知道怎样才能驾驭这些头脑简单的民众；他们制造紧张气氛，安设好导火索，然而引发暴乱。而骚乱一旦开始，民众就会变得盲目疯狂，失去控制，用集体之力去粉碎一切拦阻。

---

① 达密安曾试图刺杀路易十五，失败后被处决。—译者
② 斯凯沃拉是古罗马早期的平民英雄。—译者
③ 《观察家》卷XII，642页，Delfau的文章。巴黎人当时对达密安的案子依然记忆犹新。
④ 即现在的市政厅广场。—译者
⑤ Mortimer-Ternaux，卷I，133页。

IV

经过周密的策划,引发事变的导火索已经选好:网球场宣誓的周年纪念日。当天,雅各宾派准备在斐扬高台上种了一棵自由树,然后向议会和国王"递交与时局相关的请愿书";然而,请愿者们却以防止歹徒作乱为名带上了武器,试图以武力相逼①。

对于那些终日无事可做的劳工来说,群众性的游行极具吸引力。此外,能够在革命活动中显摆一下也不失为一件趣事;特别是那些妇女和孩子们,他们都特别想看看"否决"先生和太太(指国王与王后)是什么样子。于是,那些城郊的乡下人②和来路不明的游民闲汉都纷纷应邀参加庆典活动。

无论在当时还是在今天,这类喜欢凑热闹的人都不少见;哪怕是塞纳河中出现一只落水狗,他们也会簇拥着沿河而观。这些人构成了队伍的主体,盲目地跟着带队者前行。6月20日早上5点,这支队伍刚从圣安托万区和圣马塞尔区走出来,就已经出现规模了;他们之中包括国民卫队的士兵、长枪手、毛瑟枪手、手拿棍棒的流氓以及妇女和儿童。实际上,一份禁止聚众的法令刚刚通过,通告还贴在墙上;一些佩戴着绶带的市政官员不停地苦劝他们不要违法。③然而,民众的大脑既固执又简单。对于群众性游行,他们一直都是趋之若鹜;为此,他们一大早就已经起床,礼炮也已经装好,自由树也放在了马车上,万事俱备,只等庆祝活动开始。很多人为此告了假,不愿意回去。此外,他们觉得自己并无恶意,至于遵纪守法,他们懂得的也不比官员少。而之所以要带上武器,则正是为了要尊重和维护法律。再者,立法议会前已经聚集了不少武装起来的请愿者了,那么

---

① Mortimer-Ternaux,卷I,136页。
② Mirabeau 和 de la Marck 之间的通信,卷III,319页。
③ 市政官员 Perron, Sergent, Mouchet, Guiard 和 Thomas 的报告。

"法律面前,人人平等",既然已经有人被放过去了,那么他们就不应当受到阻拦。无论如何,他们会向立法议会提出游行申请的,当然,是等他们到了那里以后。最后,为了对官员们"说明"他们无意生乱,他们开始骚动起来,对后者进行恐吓威胁。

在官员们拦阻几个小时之后,游行者们开始失去耐心,队伍中的那些急躁粗鲁、惯用武力的人士,理所当然地成了骚乱的煽动者。在圣宠谷区(Val de Grâce)的国民卫队总部[①],长矛手们抢走了大炮,士兵们却对此听之任之;指挥官圣皮里斯(saint Prix)和勒克莱克(Leclerc)则遭到死亡威胁,除了抗议之外别无他法。

蒙特勒伊(Montreuil)也出现了类似的场景;尽管卫队里的6个指挥官有4个表示抗议,却被迫把兵权交到了闹事的歹徒们手中。于是,桑泰尔成了队伍的唯一领袖。到11点半,他离开了自己的酒馆,走到了队伍的最前面;跟在他后面的,是被夺来的枪炮、成片的旗帜和装着自由树的花车;最开始队伍的人数只有约1500人,其中不乏围观好事者。[②]然而,随着队伍不断向前,人数也有如滚雪球一般激增。当到达立法会议时,桑泰尔身后的群众已经达到了七八千人。[③]

在瓜代和维尼奥的提议下,请愿团进入会场;而后,其发言代表尤根宁发表了一篇热烈而又张扬的演说,对现任大臣部长、国王、被奥尔良高级法院定罪的官员,以及右派议员进行猛烈抨击,要求他们偿还"血债",并宣布人民已经"站起来了",随时准备着主持正义。[④]而后,伴随着阵阵鼓乐,游行队伍在桑泰尔和圣伍鲁格的授意下穿过会场大厅;整个过程持续了约一个小时,夹杂其中的几支国民卫队,基本上都被手持长枪的民众所淹没;除了他们之外,剩下的都是纯粹的贫民。

---

① 圣宠谷区团指挥官Saint-Prix的报告。
② 圣路易岛军团义勇军Lareynie的证词。
③ Vietinghoff中将的证词。Mirabeau和de la Marck之间的通信,6月21日:"两个小时内,队伍的人数就已经达到了8000到1万人。"
④ 《观察家报》,XII卷,717页。

一位议员这样描述道：①"这些人面目可憎,悲惨穷困的生活在他们的身上留下了明显的印记";他们衣衫褴褛,有些人甚至都无衣可穿,只绑两条袖子。手上的武器更是多种多样,有凿子、錾子以及装有刀片的木棒;有一个人还将锯子架在叉竿之间作为武器;人群中还有妇女和孩子,有些妇女甚至还挥舞着刀剑。②有一支长枪上挑着一个套裤,上面写着这样的标语：无套裤汉万岁！另有一个叉子上叉着一颗牛心,上面刻着：这就是贵族们的心脏！这就是他们阴暗心理的表现,唯有一场政治狂欢才能满足他们的扭曲心智。

于是,这场狂欢如约而至,很多人在其中喝得酩酊大醉。③仅仅游行显然不够,还需要节目助兴：在通过议会大厅时,乱民们不但高唱《来了》,还翩翩起舞。与此同时,有人还不忘激发他们的革命之情,高声喊道："革命者们万岁！取消否决权！"对于左派议员,他们视为手足；而面对右派代表时,他们则谩骂不停,挥舞着拳头,只要有机会就会向他们砸去。④策划游行的阴谋家们被他们高举起来,而整个议会则成了他们攻击的对象。然而,除了花园的删栏有部分被压倒,以及斐扬露台上的民众情绪过于高涨之外,并无特别的暴力事件发生。

实际上,巴黎市民们并非天生暴戾,他们大多都不过是喜欢相互交头接耳的围观者,只有在情绪特别激动时才会生乱。通过游行和喊叫,他们已经心满意足,有些人甚至都开始感到厌倦和无聊。⑤毕竟现在已是下午4点,他们已经站了10到12个小时。从议会穿行而过后,大部分人都集中在阅马场,准备自行解散,回归日常生活。然而,阴谋家们并不希望就如此收场。桑泰尔和圣伍鲁格觉得时机已经成熟,于是振臂一挥,向他们喊道："你们为什么不冲进王宫呢？

---

① Hua,回忆录,134页。
② 《观察家》,XII卷,718页。
③ 区行政官 Roederer,《五日纪事》。
④ Hua,134页。Bourrienne,《回忆录》,I卷,49页。
⑤ 区行政官 Roederer,《五日纪事》。Lareynie 的证词。

进攻吧！我们来这里可不光就是为了这个而已！"①圣宠谷区国民卫队的一名炮兵军官喊道："阅马场现在在我们手里了，现在是拿下王宫的时候了！这是我们圣宠谷炮兵的首场战役。跟我来啊，士兵们！向敌人进攻！"②而看守王宫的军官大多都是佩蒂翁亲自挑选任命的，都是革命者中的革命者，他们下令放弃抵抗。其中一个叫穆歇（Mouchet）的军官这样辩解道："无论如何，请愿权都是神圣不可侵犯的。"布歇-热内(Boucher-René)和赛尔让(Sergent)在王宫外高声喊道："把门打开，任何人都无权关上这扇门！所有的公民都有权进入王宫。"③一个炮兵抬起了门栓，大门敞开，乱兵暴民们瞬间涌入王宫大院，一直冲到宫内的台阶上；有一台从圣宠谷营夺来的大炮，竟然都被人抬到了二楼的第三个台阶之上。

此时，王宫的大门已经被砸烂，而在牛眼窗大厅之中，乱民们终于见到了国王本人。

这个场景曾在各级政府和军队中不断重复上演，那些省长、市政官员和军官们，还包括去年10月6日动乱中的国王，最终都选择了妥协让步，并由此走上了毁灭之路。桑泰尔已经预知到了事情的发展动向，因此决定不再袖手旁观。作为头脑清醒之人，他决定有所保留，于是随着其他人冲向会议厅，去保护躲藏在那里的王后、太子和其他女官，④用自己臃肿的身子为他们遮蔽刀剑攻击，避免无意义的伤亡。然而，对于牛眼窗大厅中的乱局，他却听之任之，不觉得有任何失宜之处。

于是，国王被困于窗台之下，只有五六名国民卫队的卫兵保护；而在另一边，则是不断涌入王宫的暴民们，人数达到五六千之众，四处都是喧嚣之声。宫内已是人海一片，暴民们相互推搡挤压，惊涛骇浪一般地被砸向墙壁，吵闹声几乎能够将窗户震碎。叫骂之声不绝

---

① Lareynie 的证词。
② 圣皮里克斯的报告。
③ Mouchet 的报告。Lareynie 的证词。
④ Lareynie 的证词。

于耳——"否决权先生,滚蛋吧！把那些革命的大臣们请回来！国王必须签署法令,否则我们就不走！"①在所有人中,勒让德的态度比桑泰尔更坚决,完全将自己视为人民主权的代理人；国王因为这些变故而显得有些吃惊,于是他趁机威胁道:"先生,是的,先生,请听我们说,您一定得听着；您背信弃义,总是欺骗我们,现在您又在欺骗我们；但是要小心,人的忍耐是有限度的,人民是不会被您一直愚弄下去的。"另一个疯子则叫喊道:"陛下！陛下！我代表周围的10万民众,要求您将那些革命的大臣们召回……我要求您制裁那些未宣誓教士和那2万名叛徒(指逃亡贵族)……要么您制裁他们,要么您就去死吧！"

除了言语之外,暴民还直接对国王进行人身威胁。首批冲进大厅的人都将手中的长枪对着他。其中有一个暴徒,手中的木棒上装有锈迹斑斑、但依然十分锋利的刀片,直接用刀刃的那一面对着国王。随后,又有三四个暴徒先后好几次想要直接将他处死。其中一个满脸雀斑,衣着破旧,一听到"恶毒的提议"就兴奋不已；还有一个则"自称是征服巴士底狱的英雄",他在被军队开除后,曾一度给富隆(Foullon)和贝尔蒂(Bertier)当车夫；最后一个则是菜场的挑夫,他拿着刀,花费了一个小时才挤过人群冲到国王面前。②

面对这些威胁,国王显得十分镇定。他抓住一个忠于他的军人的手,放到自己的心口处,说:"你看,这颗心在面对威胁时依然跳动如旧。"③而后,他又冷静地回应勒让德,以及那些威胁要处死他的人:"我从未违反过宪法……我行使的都是宪法与法令赋予我的权力……你们才是违法之人。"于是,三个小时之中,国王一直被困在窗台之下,连坐的地方都没有。④然而,他坚决不肯妥协,看上去既温和

---

① 四个国民卫队卫兵 Lecroniser, Gosse, Bidaut 和 Guibout 的证词。
② Campan 夫人,《回忆录》II 卷,212 页。
③ 军官 La Chesnaye 的声明。——《观察家》,卷 XII,719 页,6 月 20 日晚间场景。
④ 版画《巴黎革命》将该场景描述成国王坐着,和民众保持一定的距离；这不过是雅各宾派在撒谎而已。

又坚定。

慢慢的,国王的冷静表现开始起作用,民众们并没有看到期望已久的场景。很明显,他们面前的这个人并非想象中那个怪兽一般的残酷暴君,和剧场里面那个人人厌恶的查理九世相去甚远。他们看到的,不过是一个身材略胖、表情平和而慈祥之人。如果他没有佩戴蓝带勋章①,他们会把他误认成是一个温和的市民②。在国王旁边还有三四个大臣,他们身着黑衣,一看就知道是正直诚实之人。国王的妹妹伊丽莎白夫人则被困在另一个窗台下,她看上去温柔而又单纯。这个所谓的暴君原来其实和普通人一样;他沉着稳重地说,法律是站在他这一边的,结果没有任何人反驳他。他或许没有像人们想象得那么坏。当然,前提是他必须也成为一个革命者。

一个妇女将一枚三色帽徽挑在刀上举起来。国王做了一个手势,这枚徽章被立即送了过来。于是,他将其戴好,与民众一起高呼:"祖国万岁!"这是一个积极信号。此时正好有一顶小红帽被挂在长枪上,有人把它取下来,递给国王。他立即将帽子戴在头上。结果,掌声雷鸣般地响起,人们高喊道:"祖国万岁!自由万岁!国王万岁!"最危险的时刻终于过去了。然而,乱民们并没有就此退出;他们说:"戴上红帽,这很好,我也都看见了。但是,如果他不肯签署关于教士和巴黎军团的法令,我们就还会回来的;只有他签署了,我们才放过他……"

然而,现在日头已高,天气变热,人人都十分疲倦。而国王也得到了增援;五六个议员、三个市政官员和几个国民卫队的军官都赶到

---

① 蓝带勋章是圣灵骑士团(Ordre de Sait Esprit)的标识,后者是法国最富盛名的贵族团体,国王也是其成员。—译者

② 王后给暴乱者留下的印象也很好。Prudhomme在他的小报中将她骂成是"奥地利母豹",这个词可以代表市郊贫民原来对她的看法。有一个女孩站在她面前不停地辱骂她,于是王后对她说:"我对您做了什么错事么?""没有,但是您对国家造成了伤害。"王后回答说:"您弄错了吧?我嫁给了法国国王,是法国太子的母亲,我是法国人。我从未回到自己的家乡过。无论幸福与否,我都是法国人。如果你们爱我,那么我会感到幸福。"女孩哭了:"太太,对不起,我先前不认识您,不知道其实您人很好。"但是桑泰尔立即打断:"这个女人被迷惑了!"(Campan夫人回忆录,卷II,114页)。

了他身边。佩蒂翁最后也来了,他站在椅子上,以一贯的献媚语气劝说民众①。与此同时,桑泰尔也知道大势已去,急忙改变态度,高声喊道:"我向王室保证,此事到此为止。"与此同时,国民卫队的士兵们在国王和民众之间拉起来一道人墙,在市长的一再恳求后。到了晚上8点,暴民们才真正离开。

---

① Mortimer-Termnaux,卷I,213页。

第六章

Ⅰ.立宪派的愤怒—他们软弱表现的原因—吉伦特派反击—双重计划Ⅱ.对国外施压—佩蒂翁和马努埃尔又回到市政厅—大臣被迫辞职—雅各宾派对国王的打击—对议会施压—巴黎的请愿—来自请愿者与旁听席的威胁—8月8日会议—吉伦特派受到双重打击Ⅲ.吉伦特派让位于雅各宾派—军队陷入混乱—义勇军—布莱斯特党与马赛党—行政会议的布告—行政机关与分部的确立—此两项决策的结果—位于市政厅的分部总指挥部—革命公社的缘起与形成—革命市政府替代合法的市政府Ⅳ.吉伦特派徒劳反抗—雅各宾派的警告和计划Ⅴ.8月8日晚上—8月9号的会场—8月10日早上—市区—市政厅的市区专员—革命公社夺权Ⅶ.8月10日—逮捕国王—放弃抵抗—国王在立法会议会场—城堡中的争吵及瑞士佣兵的遣散—国王下令清空城堡—屠杀—傀儡议会及其法令Ⅷ 空位期间的巴黎—平民大众—基层雅各宾党人—高层

I

既然此计不成,就必须尽快再施一计;其原因有二:其一,雅各宾的阴谋已经暴露;其二,全国各地的"正义之士"[①]都被贱民们肆

---

① 拉法耶特在会议所用的表述。

意违背宪法的恶行所激怒。差不多所有的地方大员——75个省的省长,要么写信给拉法耶特对其表示拥护,要么对国王表示肯定,对他在面对暴行时临危不惧,凭着自己坚定的信念和得体的表现捍卫自己的权利表示钦佩。不少大小城市都向国王发出联名信,感谢他维护法律的坚强意志;在信上署名都是当地的名流,如圣路易骑士团成员、退隐的官员、法官、地区行政官、医生、公证员、律师、登记员、邮局局长、批发商和工场主等;换言之,署名都是具有一定地位和一定思想的社会精英。在巴黎,两个前制宪会议代表也写了一封赞扬国王的请愿书,共同署名者竟有247页之多,而且还得到了99位公证员的认证。① 即使是在巴黎市政厅的行政委员会中,大部分人都在公开指责市长佩蒂翁、总行政官马努埃尔以及帕尼(Panis)、塞尔让、维格尔(Viguer)和佩龙(Perron)等警局官员。②

6月20日晚,省府委员会要求就此事展开调查;几经跟踪和施压,市长与行政长官故意不作为、阴谋煽乱和两面三刀的事实被揭露出来;③他们遭到撤职处理,并与桑泰尔及其同谋一起被移交法院。拉法耶特的影响开始增强,露面的次数也开始增多;最后,他自己走到了立法议会的讲台上,要求对密谋夺权的雅各宾派进行有效的打击,并且对6月20日事变的唆使者进行惩罚,按"叛国罪"论处。立法议会以100多票的绝对优势通过了他的提议,而这也将成为立宪派的政治绝唱。

应受惩罚之人最终都逃脱了惩罚。究其原因:首先,就立宪派来说,无论是国王、议员、大臣、将军、行政官、社会名流,还是国民卫队军官,他们在言语上的强势不过是在发泄怒气而已;从本质上说,他们依然是有教养之人,习惯于循规蹈矩的社会生活。无论老少,他们都遵纪守法,行事前必须再三斟酌,并因此显得有些迟疑不决,他

---

① 这封据说有2万人署名的请愿书由Guillaume和Dupont de Nemours共同提交。Mortimer-Termnaux,卷I,278页。
② Mortimer-Termnaux,卷I,227页。
③ 《观察家》,卷XIII,89页。

们难以把握法国困境的实质所在——要想恢复社会秩序,只需做到一点:以暴制暴,拿起武器,走上街与那些人类社会的破坏者们针锋相对。他们之中只有拉法耶特有勇气做到这一点,然而他却得不到足够的支持。他曾希望在香榭丽舍召集立宪派进行总动员,然而到会的只有100人。实际上,如果凑齐300人,就足以与雅各宾派抗衡并关闭他们的俱乐部了。结果,到了第二天,这100人中只剩下了30人。于是,拉法耶特绝望地离开了巴黎,继续靠写信与雅各宾进行政治对抗。抗议书、维护宪政、权利、公共利益和良知的倡议书……这些义正言辞的书信文章就是立宪派用于反抗的全部武器;然而,在政治冲突中,单靠道德文章是远远不够的。

设想一下,如果有两个人在争执;其中一个人能言善辩,而另一个人只知道胡搅蛮缠,却带着一条被他讨好利诱的恶犬做帮手。对于这条恶犬来说,空谈道理毫无任何意义,它的眼睛只是注视着自己的临时主子,按照他的手势对对方疯狂地撕咬。6月20日,这条恶犬差不多已经得手。而6月21日,它又卷土重来。在其后的五天,它不断咆哮,最开始还只是低吟,而后则开始狂吠。6月25日、7月14日、7月27日、8月3日和8月5日,它先后五次出击,让人应接不暇。①在7月29日,它的利牙就有了第一个牺牲品。②议会每次开会讨论,这条恶犬都会蹲在旁听走廊上,向手无寸铁的立宪派们张口血盆大口,威逼他们妥协并同意吉伦特派的所有提案。

现在,吉伦特派对自己的力量充满信心,于是开始反击。他们的策略周密巧妙:让国王继续坐在王座上,但把他变成傀儡,胁迫他召回革命的大臣,将他们指定的人选任命为太子监护人,并放逐拉法耶特。③ 如若不然,他们就控制立法议会废黜国王,独揽行政大权。这就是他们的双重诡计,将国王和议会都牢牢握在手心。如果国王不

---

① Mortimer-Termnaux,卷I,245、246页。卷II,81、131、148、170页。
② 国民卫队少尉Duhamel先生在香榭丽舍被马赛党人残杀。
③ 韦尼奥和瓜代给画家博采的信函。区行政官Roederer,《五日纪事》,295页。

肯让步，他们就通过议会寻找夺权的门路。无论是哪一种情况，要么国王及其身边的重臣被废，要么右派议会代表被除，他们都可以君临天下。

II

为此，吉伦特派首先针对国王发难，试图威逼他就范。遭到解职的佩蒂翁和马努埃尔回到了市政厅，被重新启用，而且自此以后更加独断专行，无人敢管。巴黎省省长①此时已经被免，无法再对他们进行强制监督；这使得他们有机会僭越一切权力。于是，国王完全落入了吉伦特派手中，而正是他们在6月20日拒绝对暴民们进行牵制，反而鼓励他们，宣称他们的行为是合法的，随时可以再来一次。在他们看来，王宫属于公共财产，人民可以像去咖啡馆那样随意进出。实际上，即使是市政厅被暴民们占领，他们也准备听之任之。

"在巴黎，需要提防的，难道只有杜勒伊宫和国王么？"②此外，吉伦特派还想办法剪除国王的亲随。虽然新上任的大臣部长都些诚实温和之人，议会演说台上的煽动者们依然对他们唏嘘不止。伊斯纳尔指着他们之中的领袖高声骂道："叛徒！"并将所有的民暴事件都归罪于他们。瓜代则宣称："这些人都是国王的臣属，因此是国王双重否决权的支持者。"③

吉伦特乱党不仅将自己犯下的罪行强加在这些无辜者身上，而且还想将他们作为替罪羊置于死地。维尼奥叫嚣道："社会秩序混乱和宗教迫害无关，要让全法国知道，这些大臣要用自己的脑袋为自己造成的乱局负责。"杜科（Ducos）则说："在波尔多所流的鲜血，要用

---

① 巴黎省的辖管区域大于巴黎市；该省1795年更名为塞纳省，并于1968年被撤销。——译者
② 《观察家》，6月16日会议。Mortimer-Termnaux，卷II，69页。
③ Ib. 卷XII，751页，6月24日会议。--卷XIII 33页，6月3日会议。

这些大员们的血来偿！"①拉苏尔斯(La Source)则建议将那些不愿意执行议会法令的大臣和他们的亲随"处死"以示惩戒。只要是不与他们为伍者，他们一概以死亡进行威胁。

在这种恐怖氛围下，大臣们纷纷请辞，即使是那些选择留下来的人也犹豫不决，让国王感到更加悲观。此外，为了进一步对大臣们进行逼迫，议会提案要求大臣们"各负其责"。很明显，吉伦特派如此行径，是想要控制大臣们并剑指国王，不遗余力地削弱他的权力，让他无法干政。然而，国王没有反抗，签署了这道新法令。面对压迫，他一般都只是保持沉默，偶尔也会真情流露，②以一种近乎哀鸣的语调提出抗议，真诚而又感人。

然而，无论国王的言辞如何真挚，那些死板的教条者和焦躁的野心家们却视若罔闻，将他的诚实之举斥为虚伪谎言。维尼奥、布里索、托尔奈(Torné)和康德赛先后走上演讲台，指控国王为叛徒，并要求立法议会暂停他的一切特权③，并示意与他们狼狈为奸的雅各宾派动手。

于是，各省的雅各宾党徒们收到巴黎总会的指令，纷纷行动起来；由此，革命如同一台引擎全开的机器一样，被全速向前推进。一时间，广场上时刻有暴民聚集，街边的墙上贴满了杀人告示，俱乐部中不时有人提议纵火焚城，议会的演讲台上也不断传出极具煽动性的声音，而旁听席则以吼叫欢呼作为回应。吉伦特派相信，在惶恐中熬过36天的国王已被驯服。7月26日，瓜代和布里索先后走上议场里的国王专席，最后一次装出恭敬的模样④，要求他就范。然而，结果却出乎他们的意外。路易十六的态度依然和6月20日时一样，绝不

---

① Ib. 卷 XIII, 224页，7月23日会议。波尔多有两名未宣誓的教士遭到杀害，他们的头颅被挑在长枪上游行。杜科还补充说："正是因为行政当局拒绝签署对付那些疯子(未宣誓教士)的法令，所以才使得民怨又起。如果司法不公，那么人民只有靠自己来伸张正义。"
② 《观察家》卷XIII, 72页，7月7日会议，国王的演讲。
③ 《观察家》卷 XIII, 33页、56页，7月3、5、6、9日的会议。
④ Mortimer-Ternuax, II卷，126。-- Bertrand de Moleville, III 卷，294页。

"召回吉伦特派的大臣"。

由于在国王那里吃了闭门羹,吉伦特派决定去敲另一扇门。如果他们无法通过国王摄政,那么就干脆绕过他直接控权。佩蒂翁本人以巴黎市政府的名义向议会提案,要求废黜国王,他这样说道:"之所以要采取此种措施,①是因为法兰西民族失去了对王室的信任。因此,我们要求将行政权转交给'各负其责'的大臣们行使行政权,而这些人不但应由立法议会任命,同时根据宪法,也应当由人民代表高声唱票选出。"吉伦特派希望通过这种唱票的形式来控制表决;而这样荒谬的提案在议会中也早已不足为奇。

和国王一样,议会中的其他议员代表也一直在遭受压迫。6月23日,有人贴出这样一张海报:"如果你们不和我们站到一起,我们就会动武。对于叛徒,我们毫不手软,会追逐他们直到天涯海角,哪怕他藏身在你们中间。"8月6日,一位请愿者对议员们喊道:"叛徒就在你们中间!那些朝廷的宠臣们,如果他们的主子侵害人民的意愿,却依然不可侵犯,这样的特权一定要废止!"在会场中,旁听席上的咒骂声此起彼伏,完全压住了讲台上反对废黜国王案者的声音;最后,他们在一片嘘声之中被赶了下来。②

有好几次,议会中右派都不愿再继续辩论下去,退出了会场。旁听的暴民们蛮横至极,以至于当他们鼓掌欢呼时,几乎所有的议员都表示不满。可见,议会大部分成员都因为自己受到暴民的牵制而感到不满;他们注意到旁听席里和议员席外都安插有紧握着拳头的志愿者。这些人想要威胁他们通过一项关键的提案——针对宪政英雄、国王卫士拉法耶特的指控。

为了确保指控通过,吉伦特派要求唱票表决,这就意味着一旦有人胆敢反对,就会被暴民们视作仇敌,全家人的人身安全都会受到威胁。然而,拉法耶特本人既追求自由民主,也拥护王权;既支持革命,

---

① 《观察家》,XIII,325页,8月3日会议。
② 《观察家》,XIII卷,170、171、187、208、335页,7月17、18、23日和8月5日会议。

又维护法制；这种充满矛盾的政治观和情感，正好反映了当时议会议员乃至全法国人民的整体心态。而且他深受人民爱戴、勇敢坚毅，并有军队支持，最终逃过一劫。大多数议员都认为，如果出卖他，就等于出卖自己。最后，议会以400票对224票赦免了拉法耶特。

于是，在议会这一边，吉伦特派再次失算。无论是国王还是议会都不肯妥协。他们只有暂时放弃夺权，寻找新的机会，等待他们的雅各宾派盟友出手。于是，他们牵制革命恶犬的缰绳终于被松开；而这条恶犬已经被放到了街上。

III

吉伦特派孤注一掷，将希望都寄托在雅各宾派身上；然而，他们却没有想到，自己日后的所作所为不但没有帮助他们夺权，反而将权力送到了最底层的贫民们手中。

一方面，通过一系列议会法令和市府政令，吉伦特派成功地消除了可能会对他们造成威胁的武装力量。5月29日，国王卫队被强制解散。6月16日，他们又将"卫队中曾在1789年6月1日同情革命人士的士兵，以及同年7月12日站到自由旗帜下的军官、士官、炮手和士兵（换言之，即军队中逃兵和煽乱者）"组编成一支宪兵队。6月6日，新组建宪兵队突然发起"斩首"行动，解散了所有人口5万以上城市中的国民卫队指挥部。他们其中有人辩解说："这（国民卫队）不过是贵族团体[①]，封建领主们的余孽，其成员都是叛徒，总是盘算着如何强奸民意。"

8月初，宪兵队给了国民卫队致命一击，解散了卫队中的精英营队，如掷弹兵营与枪兵营；这些营团的成员都来自富裕阶层，而现在却被扒了制服，与普通士兵为伍，眼睁睁地看着营队里混进义勇军或

[①]《观察家》，XIII卷，25页，7月1日会议。来自Bonne-Nouvelle的一个由150人组成的请愿团。

是长枪党。最后，为了进一步搅乱局面，吉伦特派还要求守卫王宫的卫兵应当每日从巴黎的60个营团中抽调[1]，结果不但导致将不识兵、兵不识将，甚至士兵之间都不熟悉。防止社会崩溃的军事堤坝已经被弄得支离破碎，只要稍有震动就会立刻垮塌。

而另一方面，吉伦特派又忙于武装暴民，为暴动者组建一支先锋部队。通过一系列议会法令和市府政令，义勇军们获准在巴黎集结，成立巴黎义勇军团，不但可以获得军饷，还有自己的军营[2]。他们总指挥部就设在雅各宾俱乐部，因此对雅各宾派唯命是从。在这支新组建的部队中，训练有素、正直爱国的士兵约占2/3；但他们却被派驻到索瓦松和前线。然而，在巴黎还有剩下1/3的义勇军[3]，人数约有2000，都是些惯于骚乱和政治投机之徒；雅各宾派在食宿上对这些人进行接济，同时还向他们灌输其政治理念；结果，这些士兵变得比他们的施舍者更加激进，在巴黎的义勇军部队也由此成了革命军队，随时准备着为正义的事业而战。[4]

有两支队伍到得较晚，没有来得及被编入，但却比其他队伍更令人生畏。它们分别来自两个港口城市，而早在四个月之前，这两个城市中"共发生了21起重大骚乱事件，作恶之徒却逍遥法外，只有几个人被海事法院判刑"。[5]

其中一支队伍约300人，来自布莱斯特，当地的市政厅和马赛、阿维农一样，被疯子和狂徒们把持；他们不时地纠集队伍侵害邻近城市和地区，纵容暴民们制造残杀事件。德·拉亚伊(de la Jaille)先生就险些遇难；帕尔迪(Party)的头颅被砍下，被暴民们挑在长枪之上游行；在一次骚乱之中，退伍的兵士们竟然组建出了一支舰队；"接受

---

[1] Mortimer-Ternaux，卷II，192页（8月6日市府政令）。
[2] 7月2日法令。
[3] Mortimer-Ternaux，卷II，129页。Buchez et Roux，卷XV，458页。根据国防大臣在7月30日晚的报告，5314名外省的联盟派士兵已经在7月14日到30日之间离开巴黎。然而，7月17日，佩蒂翁提到，巴黎的联盟派士兵还有2960人，"其中2032人准备前往索尔松的军营"。
[4] Buchez et Roux, XVI, 120,333，雅各宾派会议，8月6日。
[5] 《巴黎信使报》，1792年4月14日。《法国大革命》，卷III，213页。

国家薪酬的工人、办事员、教师、士官,都变成了善于煽乱生事、政治投机和恶意中伤政府的阴谋家",争先恐后地想要出人头地。

另一支队伍则被吉伦特党人雷贝基和巴尔巴洛称为马赛党,一共516人,都是一些凶残无畏的投机者;其成员来自马赛和普鲁旺斯其他地区,还有很多人是在本国遭到驱逐的外国人,如"萨瓦人、意大利人和西班牙人"。他们基本上都是最下层的贫民出身,原来从事的也是最为低贱的职业。三年以来,康塔特地区和罗讷河口省一直都游离于巴黎的法令之外,是穷凶极恶之地,而这些凶残暴戾之人,都是在袭击埃克斯、阿尔勒和阿维农的乱军之中精挑细选出来的,可谓是恶棍中的恶棍。

7月30日,在达到巴黎的当天,他们的本性就暴露无遗。雅各宾派和桑泰尔为他们举行了盛大的欢迎式,并故意将他们领到香榭丽舍的一家酒馆款待;在酒馆旁边的一家餐厅里,圣多玛营队的掷弹兵们正在聚餐(他们几天前就已经在餐厅预定了位置),这个营队都是由银行家、兑币商等富人组成,都是君主立宪制的拥护者。

这时,与马赛军团一道前来的乱民们开始聚集在餐厅门口,向掷弹兵们喊话,扔污泥,而后又开始扔石头。于是,掷弹兵们拔出佩剑准备自卫。正在这时,有人喊了一声:"马赛人!和我们一起上!"于是,马赛党人以南方人固有的敏捷速度从窗户跳出,跃过酒馆与餐厅之间的壕沟,拿剑刺向掷弹兵们,结果杀死了一人,伤了十五人。这批人后来成了雅各宾派中的实干家[1],可谓物尽其才。由于他们表现出色,因此应当被安排在杜勒伊宫委以重任。8月8日夜里,布里索在没有通知军团总指挥官的情况下,擅自将他们从布朗歇大街的军营调出,让他们带着武器和大炮入驻科德利尔的营房。[2]

现在,雅各宾派已经掌握了军队,接下来要夺取的就是行政权,建立一个革命公社。而慷慨的吉伦特派在为他们送出第一份大礼之

---

[1] 雅各宾派曾一直为缺乏实干家而烦恼。De Montmorin 的信,1792年7月13日。
[2] Buchez et Roux,XVI,447页。

后,又毫不吝惜地送出了第二份。7月1日,他们宣布一切政务会议都将公开举行,这等于将市政厅、地区政府和省政府像立法议会一样,置于旁听者们的谩骂、威胁以及钳制和支配之中。和立法议会一样,这些旁听者们无一例外都是雅各宾派。7月11日①,雅各宾派以"祖国处于危难之中"为借口,建立了自己的行政总部,而后又在巴黎的48个区分别建立区级单位,于是,市政权力与巴黎的48个区都落入了雅各宾派手中;虽然他们只不过是少数派,却十分狂热,无处不在,且知道如何让自己获得多数支持——即按照法律赋予他们的权利充分参政。

有家有业之人不可能每天都去旁听议会开会或是行政办案,他们忙于各种生计,根本就不会随便浪费时间。此外,由于他们天性理智、温和且诚实,愿意接受市政官员们的管理,并且在自己的生活圈子内能够充分感受自由。此外,议会中的喧闹也让他们感到疲惫不已。最后,还有一点,夜幕下的巴黎十分危险,街上不时会出现政治斗殴。因此,他们从很早开始就已经远离了俱乐部和议会,更不会出现在市政厅或者是区级会议之中。

然而,对于那些游手好闲、整日混迹于咖啡馆与酒馆、只知道浮夸清谈的穷困潦倒者们,那些逃避徭役和靠救济度日的社会寄生虫,以及那些因为无法回到体制内部而仇视体制,且希望通过参与公共事务来掩盖失意生活的人来说,从政是一项极具吸引力的事业。他们人数不多,但都终日无所事事,头脑里充斥着各种疯狂的念头;因此,无论会议持续多长时间,哪怕是直到夜晚,他们都不会觉得厌倦。他们是会场中最敬业的演员,也是最忠实的观众;由于他们是一切喧闹之声制造者,因此不会感到困扰。他们相互串通,使自己看起来人多势众;当人数不够时,他们就会用暴力来为自己助威。

在丹东的唆使下,法国剧院区议会无视法律规定,废除了选举权

---

① Duvergier,《法令集》,7月4、5至8日;11-12日;25-28日。

限制度,让区内所有的常住居民都有了选举权。而在其他市区①,政务完全公开,所有"诚实"的公民都可以列席旁听,包括妇女、儿童和流浪汉,这当然也就包括煽乱者和被煽动者;因此,和立法议会里的情形一样,会场之中只要有人一声令下,旁听席中的人们就会齐声鼓掌或是嘘声一片。对于那些不愿意完全公开政务的市区,暴民们就会在会场门口抹灰,对进入会场的选举权人进行谩骂。在这些游民和暴徒的支持下,极端的雅各宾党人不但主导了立法议会,还占据了各个基层市区,并且将温和派从各级议会中清除。当会场空空如也,或是静默无声之后,他们的动案就能轻松通过了。通过相互勾结,这个动案很快就能在其他市区通过,最后被作为真实和统一的民意,提交到立法会议。

为了将这所谓的民意付诸于实践,雅各宾派还需要一个中央执行机构。于是,吉伦特派的巴黎市长佩蒂翁盲目地承担了这个任务,充当"民意"实施的授权者和组织者。7月17日,他在巴黎检察院筹设了一个巴黎公社联络委员会,要求各区都选出专员代表;这样,各区日常的动案都会经由此处转呈至其他各区。既然有了市区专员、公社委员会主席、秘书和部门文告,这个联络部基本上具有了市政厅的所有特征。而由于这些人员都是经过选举产生,任期固定,因此会让人觉得他们比四五个月前才刚刚选出,且任期模糊不清的市政官员更合法、更具权威性。此外,由于这个机构就设在市政大楼,离市政厅委员会仅一步之遥,自然有一天会将其却而代之;要做到这一点,只需要将二者的办公厅室对调一下即可。

IV

在吉伦特派的酝酿和筹划之下,雅各宾派先后于8月10日、9月

---

① Morimer-Ternaux,卷II, 199, Buchez et Roux,卷XVI, 250。

2日和次年5月31日发起了三场公社式暴动。

　　8月10日事变前15天，这条毒蛇虽然尚未离巢，却已经盘开了身子，吐出了芯子；而那些长期对它进行包庇和纵容的"政治家"突然惊恐地发现，毒蛇扁平的头正对向自己。他们一再退让，直到最后一刻还在试图防止它出击伤人。8月7日，佩蒂翁亲自找到罗伯斯庇尔，向他说明暴乱可能导致的风险，并希望他留给议会足够的时间来讨论废黜国王之事。同一天，维尼奥和瓜代也通过贴身男仆向国王请愿，希望他建立一个摄政委员会来缓和政局。8月9日晚上和10日，佩蒂翁发布出紧急文告，呼吁各个市区保持冷静，但为时已晚。

　　经过50多天的鼓动，暴民们的情绪已经失控，陷入妄想之中无法自拔。8月2日，一群男女冲向议会的受讯台，高喊："报仇！报仇！我们的兄弟惨遭毒害！"而实际情况是，索尔松军营的面包由一个教堂提供，而有人在教堂的一个烤炉中发现了一些玻璃碎片。结果却被传成兵营中有170名义勇军死亡，700人入院治疗。所谓的敌人，不过是暴民们胡思乱想的产物，但他们却对此深信不疑，并为自己定好了制敌之策。雅各宾委员会中的领袖们一致认为，国王一定会主动出击；通过"各种迹象和确实的证据"①表明，王室正在策划一场阴谋。帕尼喊道："他们在打造特洛伊木马，如果我不把木马清空，就会完蛋！……8月9日和10日晚会有大事发生……有1500名贵族已经做好准备，想要掐断革命者们的喉咙！"因此，革命者打击消灭贵族不过只是以暴制暴而已。

　　6月的最后几天，在米尼姆区（Minime）议会，一名前法国卫队的士兵表示，如果国王继续使用其否决权，他就有义务将其处死。该区的议会主席指责他谋逆，要求他离开会场；结果，这位谋逆者被挽留了下来，而议会主席却遭到驱逐。②7月14日，联盟节当天，有一个

---

① Buchez et Roux，卷XIX，1792年9月23日会议。帕尼的演讲："很多正直的公民要求司法证据，但是政治证据足够了！" 7月底，内务大臣曾要求佩蒂翁派遣两名市政官员前往杜勒伊宫，然而市政厅却过度警惕，拒绝了这个要求。

② 杜潘回忆录，卷I，303页。马鲁埃的信函，6月29日。

暴徒拿着砍刀冲进队伍，妄图弑君，堪称路维尔（Louvel）和费尔希（Fieschi）①等人的先驱；在整个庆典仪式中，暴民们对国王疯狂地吼叫和辱骂，所幸警卫们戒备森严，路易十六才得以脱身。7月27日，在杜勒伊宫花园，原制宪会议代表德普雷曼斯尼尔（d'Epremensinil）遭到袭击；他身受剑伤、衣服也被扒开，像一只遭到猎杀的野鹿一般穿过皇家宫殿，最后血肉模糊地倒在了财政部大门口。②7月29日，当拉法耶特的副官布洛·德·普西在议会发言时，有人扬言要"让皇家宫殿中的民众砍掉他的脑袋，并且把脑袋挑在长枪上游行③"。在这种暴力和恐怖的氛围下，暴民们丧失了最后一点理性和良知，变得更加狂躁不安。

8月4日，默克赛尔区（Mauconseil）宣称"无论是在议会、市政厅还是面对全法人民，该区都不承认路易十六是法国人之王"。该区的区长是一个裁缝，而区秘书则是皮革市场雇工出身；他们依稀记得几句格言警句，④便熟练地将其用到了自己的宣扬声明之中。同时，他们还要求一切正直诚实的公民周日去圣奥诺雷大街（雅各宾总部）集合。8月6日，邮政员瓦尔雷（Varlet）代表所有的战神广场请愿者，向立法议会提出雅各宾的所有主张——"废黜国王、对拉法耶特进行起诉、逮捕和审判、立即召集初级议会、全民普选、解散国民卫队的各级指挥部、更换所有的省长、召回大使和各国彻底断交、使社会回归自然本性。吉伦特派自尝苦果；正是在他们的支持下，雅各宾派现在获得了议事决策和行政执行权力，有了属于自己的中央政府与军队，并准备不择手段地实践自己的计划。无论吉伦特派如何拖延、协商、迂回和劝导，都已无济于事；他们最终被雅各宾派以软弱和过于温和之

---

① 此二人曾分别试图谋杀路易十八和路易-菲利普。——译者
② 《观察家》，卷VIII，271，278。有人为了给这次袭击作辩解，坚称德普雷曼斯尼尔是在杜勒伊花园煽动民众。德普雷曼斯尼尔是制宪会议期间的极右翼代表。《盖德公爵回忆录》，卷I，18页。
③ 《拉法耶特回忆录》，I，465。
④ 《观察家》，卷XIII，340页。——这些请愿书的文笔风格很有特点，我们从中看出其作者的精神状态；他们时而生硬地重复《社会契约论》的陈腐论调、时而又像学生背书一样引用几句雷纳尔的著作、时而又会夹杂一些街边小报中学到的词句。

名赶出了权力中心。

V

雅各宾派的第一步是胁迫议会废除国王。在雅各宾派的密会上，一些不入流的小人物已经急不可耐，他们自觉可以掌握法国的命运，先后于7月26日、7月31日和8月4日三次表示要发起暴动。在他人的苦劝之下，他们勉强同意等到"8月9号晚上11点"①；在当天，立法议会将讨论国王的废立。雅各宾派相信在自己的直接胁迫之下，此项提案一定会通过；一旦提案遭到否决，他们将立刻兵戎相见。然而，在8月8号，议会却以2/3多数否决了对雅各宾派的头号敌人拉法耶特的指控。于是，雅各宾派决定拿议会开刀，对现行体制进行双重肢解，以此来维护"公众利益"。

当议会宣布休会退场之时，一向熙攘嘈杂的旁听走廊突然"死一般的寂静"②，旁听的雅各宾乱党相互交传口令，准备在街上大干一场。那些支持拉法耶特的议员们一个个地被守在门口的暴民指认出来。突然，人群中有人喊叫："他们就是那些流氓！那些骗取国家专款的叛徒！把他们绞死！把他们杀掉！"接着，暴民开始向这些议员扔淤泥、煤渣和石块，对他们进行厮打。

在多番街，梅兹爱尔先生被抓住领口，一个女人向他打了一拳，于是他急忙掉头逃走。在圣奥诺雷街，带着红帽的革命者包围了勒诺-博卡隆先生，准备"把他吊到路灯上"。当圣奥帕图内营队的掷弹兵前来救援时，一个穿短上衣的莽汉正在从后掐他的脖子。在圣路易街，德西先生后背遭袭，被几枚石子击中，有人先后两次将刀架到他的头上。在斐扬走廊，德布瓦先生被活活打死，他的"箱子、公文包和手杖"也被抢走。在议会大厅的走廊里，吉拉丹先生差点惨遭

---

① Mortimer-Termaux, II, 182,. 21个市区的政令。
② 《观察家》，卷XIII, 367页。8月8日会议。

杀害。有八名议员跑到驻守在皇家宫殿的营队里避难。当时有一个志愿兵在场,"眼睛里放着凶光,不停地猛拍桌子";他对避难者中最出名的杜莫拉尔先生说道:"如果你胆敢再踏入议会半步,我就用剑削掉你的脑袋。"而拉法耶特的主要辩护人沃布朗则三次遇袭,出于谨慎,他没敢回家。实际上,已经有暴徒侵入他家,高喊着要"亲手杀掉八十个人,第一个就是他";有十二个人跑进他的私人房间四处搜寻,然后又去侵扰邻近的房间。由于没有抓到他本人,这些暴徒便开始迫害他的家人,同时还放出话来,如果他敢回家,就必死无疑。到了傍晚,在斐扬高台,其他的议员也遭到迫害,宪兵队根本就无法保护他们。而且"国民卫队指挥官本人也解职,遭到袭击并被被剑刺伤"。与此同时,雅各宾党人则在俱乐部中"控诉立法议会的多数派"。一位演说者宣称"人民有权决定剥夺任何人的任何权利"。于是,俱乐部列出一份拉法耶特支持者的黑名单,并四处分发。这种无耻残暴的行径,可谓前所未有。

  第二天,8月9日,一群武装人员包围了立法议会,刀剑都伸进了会场的走廊之中。①当议会谴责昨天晚上发生的暴行时,旁听走廊上却传来阵阵欢呼声和掌声,暴徒们对在场的议员们冷嘲热讽,一副征服者的傲慢姿态。议会主席不停地要求他们遵守秩序,然而他的声音和法槌的敲击声完全被旁听走廊的喧闹声覆盖。大部分遭到袭击的议员都派人送信表示自己无法到会,其他到会的议员也说"如果他们自由表达意见的权利无法保障",就不会投票。这个态度基本上能够代表整个立法议会的立场,"所有的右派议员和一部分左派议员都同时站了起来,高喊道:'是的,是的!如果没有自由,我们就不议事了!'"

  然而,在关键时候妥协退让是右派们的习惯,他们总是缺乏自卫的勇气。接下来的三份正式通报更是让他们的懦弱暴露无遗。在会

---

① 《观察家》,卷XIII,370页。

议期间，巴黎省的行政总长向议会通报，一场暴乱正在酝酿之中，有900名武装分子刚刚进入巴黎，将在午夜起事，而市政当局不但不会阻止他们，反而会对他们给予支持。司法大臣则向议会上书称"法律失去效力"，"政府已经失控"。而巴黎市长佩蒂翁也站到讲台上，间接地承认这一切都是自己所酿的苦果，并"希望民众不要动武，因为这将意味着一部分公民武装起来对其他公民进行屠戮"。① 很明显，立法议会已经失去了任何安全保障，如同丧家之犬。出于那个时代议员们所共有的天真和软弱，议会最后接受了《人民主权实施纲要》。

而第二天，议员们将亲眼目睹这份《纲要》是如何被暴民们所施行的。早上7点，一个雅各宾派的代表坐马车经过斐扬俱乐部门口时，被一群人围了起来，而他则自我介绍说自己叫德勒马(Delmas)。这群暴民一听这个名字就激动起来，因为他们将名字听成了杜马（著名的君主立宪派人士），他们把他从马车里拽了出来，拳脚相加。如果不是其他雅各宾代表及时赶到，并解释说他是来自图卢兹的革命者德勒马，而非"叛徒马修·杜马"，他很可能性命难保。② 而真正的杜马则望风而逃，然而他们在旺多姆广场却见到了更为惊人的一幕：一群衣衫褴褛的贫民正在游戏，最前面的几个人用长枪挑着四颗人头；这四个受害人约在15分钟之前受害，其中一个可能是记者苏洛(Suleau)。"一些年轻人，还有些孩子正在盘弄这几颗人头，他们将其抛到空中，而后又用长枪接住"。

无需多言，那些右派和中间派的议员都十分理智地闭门不出，那些出门的也赶紧跑回家中，再也没有在立法议会中出现。③ 到了下午，议会中只剩下了630名代表，其中有346名在唱票表决时保持沉默，另外还有三十名在表决开始前离开或辞职。如同克伦威尔1648年对长期议会的改组一样，立法议会由此遭到了彻底清洗。在此之后，议

---

① 《观察家》，卷XIII, 371、374和375页。Roederer的演说、Dejoly的信函、佩蒂翁的演说。
② 《杜马回忆录》，卷II, 463。
③ Roederer,《五日纪事》。Mortimer-Ternaux, 卷II, 260页。

会中只剩下224名雅各宾派或吉伦特派的议员,以及60名被吓破胆、对任何街边谩骂都唯唯诺诺的中间派议员。于是,议会的结构和立场完全改变,乱党们在对它进行摧残和改造之后,又利用它来使自己的一切暴行合法化。

VI

8月9日晚至8月10日,雅各宾派的政权已经形成,准备开始运作,而暴力与欺诈则是其运作的主要模式。虽然12天以来它不断地侵蚀巴黎各区的基层议会,却始终没有将它们完全征服。直到晚上11点,即雅各宾派自己定下的最后时限,48个区中只有6个区被完全鼓动起来,选出了雅各宾派所要求的市区全权专员。其后又有几个区也按要求选出,但大多数区依然不愿表态或是表示反对。①

为了让它们就范,就必须对其进行哄骗和压迫,而混乱的局面、最后期限的逼近,以及它们含糊不清的态度、对报复打击的恐惧,以及犹豫不决的心理都是雅各宾派可以利用的有利因素。很多区的议会都处于休会或停会状态,②会场中只剩下负责行政的常驻代表,还有零星的几个人在打瞌睡。于是支持雅各宾的市区,就会派遣几个该区的活跃分子代表前来,高声呼喊说祖国处于危难之中。那些沉睡的代表被惊醒,糊里糊涂地按照他们的指示举手推选代表,而被选中之人中竟然有不少人来路不明。区议会在次日就否认了这样的任命;因为选举既不符合程序,结果也没有正式公告,但这正是雅各宾派所想要的。

在阿森纳区,在场的6个选举权人相互投票,其中3个人被选出来代表全区1400名具有选举权的公民。而在其他区,则是一片混乱,

---

① Mortimer-Ternaux,卷II, 229、233、417页。这六个派遣了专员的区是Lombard, Gravilliers, Mauconseil, Gobelins, Théâtre-Français, Faubourg-Poissonière。

② 例如Enfants-Rouges, Louvre, Observatoire, Fontaine-Grenelle, Faubourg-Saint-Denis, Thermes-de-Julien。

那些在夜间参与打砸抢的暴徒冲进会场,驱赶温和的、维护社会秩序的公民,自行任命代表。①还有一些区同意进行表决选举,但是表示要有所保留,限制专员部分权力。有的区议会甚至要求专员必须听命于合法的市政府,并明确表示不会服从公社委员会;还有的区议会表示专员只能仅限于向议会通报信息,并同时明确表示希望中止暴乱。②另外,还有至少20个区坚决表示不愿意选举专员代表。

然而,这已不再重要,雅各宾派决定直接绕过它们开始行动。凌晨3点,已经有21个区向市政厅派遣了全权专员;到了7点钟,派遣代表的市区已达到了24到25个③;于是,这个公社委员会正式设立。无论如何,这六七十名阴险下流的贱民已经挤进了行政层,无人能够阻拦;他们自称合法的、得到巴黎人民认可的全权代表,因此享有行政权。在推选尤根宁作为委员会主席以及塔里安(Tallien)作为秘书之后,委员会立即要求"各区派遣25名武装人员接受调遣",于是共有500名壮汉被召集起来,充当他们的护卫和打手。而临近委员会的市政厅,却没有强有力的保卫队伍可以依靠。而且,政府中大部分正直、坚毅的官员都在忙于立法议会、王宫以及各区的守护工作。此外,市政厅的旁听席中挤满了随时准备滋事的暴徒,个个凶神恶煞;一切行政运作都在他们的死亡威胁下进行。

公社委员会和市政厅,一个非法、一个合法,相互对立,犹如分设于天平的两端。然而,随着夜幕降临,这个天平开始失去平衡了。一方面,市政厅的人员已经疲惫不堪,在恐惧和挫折感的折磨下纷纷离开岗位。而另一方面,委员会人多势众、咄咄逼人,夺权的野心越来越大。慢慢地,后者强迫前者同意它的所有主张,发布了一系列解除维稳力量、为动乱提供便利的政令。到了第二天早上6点,委员会迈出了夺权的最后一步,以人民的名义将市政厅取而代之,攫取了合法

---

① 例如Montreuil、Popincourt、Roi de Sicile。
② 例如Ponceau、Invalides、Ste-Geneviève。
③ Mortimer-Ternaux, II, 240.

的行政权力。

在夺权之后,委员会的首个举措就已经使其本质暴露无遗。在委员会的传唤下,国民卫队指挥官曼达(Mandat)前来述职,结果却遭到逮捕和审讯,最后被解职,被桑泰尔取代。此外,他们还要求已沦为阶下囚的曼达将布置在王宫周围的军力撤走一半。然而,曼达已经识破了他们的阴谋,因此正义凛然地拒绝了他们的要求。于是,乱党们立即将他收监,而丹东则提议"为了他的安全着想"将他送往拉拜监狱。结果,他一出市长大楼,就被丹东的助手罗斯洛尔用手枪射杀。

悲剧过后,喜剧又开始上演。市长佩蒂翁见动乱无法避免,于是不断地向他们恳求帮助。于是,他们派遣了一支400人的队伍,假意将佩蒂翁软禁在家。现在,掌握巴黎军政的两名大员一个遭到暗杀,另一个则遭到背叛被软禁起来。无论是被子弹打破头颅、横尸市政大楼台阶之上的曼达,还是自愿困于家中,不敢在乱局中露面,却又假惺惺表示抗议的佩蒂翁,都再也无法阻止雅各宾派发起暴乱了。塞纳河右岸,圣安托万区的队伍已经出列;而在左岸,圣马塞尔营队以及马赛党人和布莱斯特党人也都行动起来。这些队伍行动自由,如同是在街上游行一般。

而另一方面,由于指挥官被杀、市长被软禁,巴黎的防卫已经瘫痪,动乱者们没有遭到任何抵抗。他们穿过圣让拱门,从桥上穿行而过,沿着码头走进卢浮宫内的庭院广场。一支暴民的先锋队已经开始占领了被撤防的阅马场(Carrousel),其中除了手拿锐器、长枪和大棒的男性之外,还有妇女和儿童。到了8点钟,第一支纵队开始在威斯特曼(Westermann)的指挥向王宫挺进。

VII

如果路易十六想要反抗,他或许还有机会自救,甚至彻底击败暴乱者。在杜勒伊宫还驻有950名瑞士佣兵和200名贵族，随时准备为他死战到底。而王宫周围还有两三千名国民卫队的官兵；这些人都是巴黎市民中的精英，刚刚向国王宣誓效忠："国王万岁、路易十六万岁！他是我们的国王！我们唯一的主子！打倒乱党！打倒雅各宾！我们誓死捍卫国王！愿他引领我们！祖国万岁！法律、宪法和国王是一体的，神圣不可侵犯！"

尽管炮兵内斗严重，看上去也不可靠，但完全可以立即将他们缴械，将武器转交到忠诚之士的手中。在王宫高墙大院的庇护下，拥有11门大炮和4000名毛瑟枪手的王室，完全可以战胜雅各宾乱党；后者总人数不过1万，且大多只有长枪作为武器，军官大多为临时选派且消极抗命者不在少数；而且，他们的总指挥桑泰尔不肯冒险，躲在市政大楼发号施令，对实战极为不利。在阅马场，真正具有战斗力的，不过是马赛党人和布莱斯特党人，总人数不过800，其余的人和参加7月14日、10月5日和6月20日的暴民们一样，都是些乌合之众。拿破仑[①]这样回忆当时的场景："袭击王宫的，都是一些恶棍。"确实，这些人都是一些职业恶棍，包括马雅尔（Maillard）、拉左斯基（Lazowski）、富尼埃（Fournier）和迪拉瓦尼（Théroigne）的匪帮。虽然无论是在过去、现在还是将来，他们都无恶不作，但事实证明，一旦枪响，这群人就如鸟兽散。

然而，无论是统治者还是被统治者，等级体制观念都已不复存在；前者失去了维护体制的责任心，后者失去了对体制的敬畏。18世纪晚期，尚武精神已经被柔弱的风俗和美好的理想所淡化；无论是社会上层，还是中产阶级都对流血冲突十分恐惧。官员们似乎都忘记了维护社会秩序、保证文明延续远比保护一两个手拿匕首滋事的疯子和匪徒重要得多。无论是政府还是警察，首要职能是通过武力维稳。警察们不是慈善家，如果他们受到袭击，就应该拔剑示警；如

[①] 波拿巴·拿破仑正在阅马场，住在Bourrienne的一个兄弟家里。

果他们因为害怕伤到作乱者而收刀入鞘，就是擅离职守。

因此，在阅马场广场，官员们又再次表示"无能为力"，他们只想着避免流血冲突，于是装腔作势地向乱军们宣读《维稳强制法令》；这不但显示了他们的无能，还使局势恶化；"如果你们开火，我们就会还击！"，这种话等于是在鼓励乱军们首先开火。而且，这些官员还从一个营队跑到另一个营队，向乱民们高声呼喊，说击败装备精良、训练有素的国王军队是不可能的，有胆敢犯上作乱者必自取其辱。而与此同时，国民卫队却被一再要求保持克制。勒鲁对他们说："我再向你们重复一遍，开枪自卫是不明智之举。""我要求你们再坚持一段时间，我们已经决定让国王前往立法议会。"不断地让出阵地和出卖领袖是这群官员们的一贯作风。在勒德雷尔的带领下，他们不断地恳求国王："陛下，时间紧迫，我们恳求您让我们把您带走吧！"

在王朝最后的危难关头，国王在这个提议上显得有些犹豫。[①]可能他的直觉告诉他一旦离开，就意味着被废，但是他智力有限，无法立刻想到所有的可能结果。此外，他对于人性过于乐观，没有想到暴民们会如此野蛮凶残，也没有料到自己不愿流血暴力的初衷会被中伤污蔑为血腥杀戮的诡计。[②]此外，由于他笃信宗教，为人宽厚，对三年来一直坚持和主张的反战和平原则过分执着，因此有意地保持克制，压抑住心中的怒火。对于任何遭遇压迫和不公的普通人来说，忿怒和反击都是出于自卫的本能反应，然而路易十六始终将基督徒的仁慈摆放在为君者的威严之上，忽略了这样的事实：作为国王，提剑制暴是他的职分；如果他有所退却，国家体制就会随之崩溃；而当他把自己作为赎罪的羔羊献出时，成千上万的正直之士也随之被摆上祭台。最后，路易十六提起右手，说道："走吧，我们有必要做出这最

---

① Barbaroux，《回忆录》，69页："如果国王没有离开..如果他骑马迎战，那么大部分的巴黎军队将会拥护他，他肯定能取胜！"

② 《巴黎革命》，1792年8月11日刊。刊.2命》年8月10日比1572年8月24日更血腥，路易十六比查理九世更恐怖。血地窖里藏着上千只火把，很明显是用来火烧巴黎的，路易十六就是现代版的尼禄。"

后一次牺牲。"①

于是,在家人和大臣们的陪同下和在分列两旁的瑞士佣军和国民卫队的保护下,他来到了立法议会。面对议会派来接待他的代表,国王说道:"我之所以前来,是为了避免惨剧发生。"现在,一切可能导致冲突的因素似乎已经解除。一方面,由于国王和大臣们已经离开王宫,暴乱者们没有了袭击目标。而另一方面,似乎因此,王宫的守卫力量已遭削弱,不可能主动进攻。由于150名瑞士佣兵与圣多玛营队的掷弹兵已护送国王前往议会,王宫中只剩下一些贵族、750名瑞士佣兵和百来名国民卫队官兵,其他人见国王已经离开,于是认为职责已尽,纷纷撤离②,似乎国王已经通过自我牺牲挽回了危局。路易十六本人甚至认为议会最多会停止他的一切职权,然后会准许他本人回到杜勒伊宫。实际上,在离开王宫时,他甚至还在吩咐仆人们继续打点宫内的事务,直到他从立法议会回来为止。③

可见国王完全忽略了暴乱者们的凶残无序和狂妄要求。宫内大院上的炮兵本来就是雅各宾派,他们用手中的大炮威胁门房打开了王宫大门。于是暴徒们冲进了庭院,与炮兵们沆瀣一气冲进大厅并顺梯而上,要求负责守卫的瑞士佣兵撤离。④为了达到目的,他们装出毫无敌意的样子,有些人还将弹盒扔出窗外以示友好,还有人甚至甘愿被佣兵们围住并带走。然而,佣兵军团却依然忠于王室,表示决不妥协。士官布拉泽(Blaser)这样回应乱民们:"我们是瑞士人,瑞士人都是宁死不屈的好汉!我们绝不甘受耻辱,如果这里不需要我们,那就应该通过合法的程序将我们遣散。而现在,我绝不擅自撤离岗位,也绝不缴械。"

于是,暴民们与佣兵在大厅与楼梯上相互对峙了约45分钟,几乎

---

① Dejoly 的记述(事件发生后4天);国王于8点半离开王宫。
② Mortimer-Ternaux, II, 311页、325页。
③ Maton de la Varenne,《个人回忆录》,109页;宫内男仆de Chamilly 的记述;他曾和 Maton 一起被逮捕。
④ Lavalette,《回忆录》卷I,81页。

就要混搅到一起。一方面，瑞士佣兵们沉着冷静；而另一方面，暴民们躁动不安、熙攘不已，毫无节制和纪律，每个人都在对瑞士佣兵们进行辱骂和威胁。

在楼梯上，来自马赛的格拉尼（Graniser）抓住了上方瑞士佣兵的手臂，想将其拉下来。① 而在楼梯下，暴民们则在继续叫骂。有一些装卸工人用钩子去袭击楼上的佣兵；约有五个人被像鱼一样被钩住并拽了下来，引起一阵阵的哄笑声。就在这时，突然一声枪响，无人知道是那一边发出的。② 于是瑞士佣兵们迅速反击，将暴民们赶出楼梯和大厅，一直冲到王宫大院并占领了两台大炮。结果暴徒们立即溃败，四处逃散。然而，依然有一些大胆狂徒退到阅马场后又开始集结；他们躲在几座建筑后面，向王宫大院内的一些小房子投放弹药并点火。于是，交火与纵火产生的浓烟久久不散，维持了近30分钟。双方都在向对方胡乱开枪。乱军始终无法占到上风，而瑞士军团也只有几人伤亡。但就在此时，国王的信使戴维耶（d'Hervilly）赶到，要求佣兵们停火并返回营房。

于是，瑞士佣兵们列好队，井然有序地从花园的主干道缓缓撤出。然而，占领花园高台的雅各宾枪手看到这些身穿红衣的外国人杀了那么多的法国人，于是向他们开枪报复。由于遭到突袭，瑞士佣兵的列队被打散；其中有250人向右撤退，跑到了立法议会，却被国外下令缴械，最后被囚禁在斐扬教堂。其他人则在花园中被射杀，或是在逃到路易十五广场时被雅各宾派的骑兵砍杀，无一人幸存。这场冲突完全是赤裸裸的野蛮杀戮，毫无文明可言。

由于大部分瑞士守兵已经撤出，暴民们不到五分钟就占领了杜勒伊宫，③ 残杀了因为受伤而留在宫内的佣兵和看护他们的两名瑞

---

① Buchez et Roux, XVI卷，443页。佩蒂翁的记述。Peltier,《8月10日纪事》。
② De Nicolay 11日的回忆。
③ Mortimer-Ternaux, 卷II, 491. 由于暴乱者之花了极小的伤亡就占领了杜勒伊宫，由此可见王宫基本上已无人守卫。暴民的伤亡情况为：74人死亡，54人重伤。伤亡最大的两支队伍分别是马赛党：22人死，14人重伤；和布莱斯特党：2人死亡，5人重伤。

士医生^①。还有些瑞士兵并未开枪,他们爬上花园旁的走廊,扔掉了弹盒、刀剑,脱去了制服并摘掉帽子,向他们喊道:"兄弟们,我们是法国人,我们属于同一个民族!^②"然而,暴民们依然将他们杀害。此外,王宫内留守各个大厅的瑞士佣兵,无论持枪与否,都被一一杀害。而在厨房中,从厨师长到学徒,也无一人逃脱,全数被杀。就连宫中的女性也差一点遇难。康庞夫人(Mme Campan)被强迫跪在地上,一个暴徒用手抓着她的后背,眼看就要手起刀落;这时楼下有人喊道:"楼上的,你在干什么? 我们不杀女人。起来吧,你这个荡妇,法国人民饶你不死!"

这些"人民"在宫里四处劫掠,为搜罗到的战利品而欢欣不已。确实有些诚实之人将搜到的钱财转交给了立法议会,但大多数人却只是通过抢掠来中饱私囊,肆意对宫殿进行毁坏。^③所有的玻璃器皿和家具都被砸烂,摆钟也被从窗户中扔了出去。一个雅各宾派的国民卫队士兵开始乱拨羽管键琴,其他人则随之唱起了《马赛曲》;宫殿酒窖的藏酒也被暴民喝光。有人见证说:"十五天内,王宫附近满是破碎的酒瓶。"特别是在花园里,"玻璃碎渣都可用铺路了"。有几个脚夫竟然穿起王袍,得意地坐在王座之上。一个荡妇则不知羞耻地躺上了王后的御床。

这些粗鄙不堪的贱民们无人束缚,四处胡乱搜刮,俨然将宫殿当成了他们的狂欢之所。有些先前被瑞士佣兵驱散的暴徒,这时也以胜利者的姿态返回,用长枪猛刺佣兵的尸体泄愤。 一些"穿着高雅"的娼妓则在摆弄那些被扒光的尸体,做出各种下流的姿势。^④在暴民们看来,王宫不过是一座待拆的破楼,无论如何对待都不为过。约有900法米(相当于1.8米)的建筑被点燃;消防人员们四处灭火,却无法控制火势。"暴民们向他们开枪,并威胁说要把他们扔到火里

---

① 拿破仑的叙述。
② 佩蒂翁的叙述。
③ Mortimer-Terminaux, 卷II, 258页。
④ 拿破仑的叙述。Barbaroux回忆录。

去。"① 有些暴民还跑到立法议会,威胁说杜勒伊宫正在燃烧之中,国王若不退位,大火就不会熄灭。

由于最近有大量议员退出,立法议会已经被吉伦特派把持。虽然他们刚刚起誓说要维护"现有体制"②,但无论他们如何想要维持局面,却只是在做些无用之功。无论他们提议说要将国王安置到卢森堡宫、指定新的太子监护人摄政,还是临时保留大臣的行政权,都无法挽救被扣留的人质和城中的无辜百姓。实际上,和国王一样,立法议会的权力早已被废,从实质上来看,不过是暴民们进行自我授权的工具。而现在,它终于自尝苦果,见识了暴民大军的厉害。

就在当天早上8点,暴民们无视议会的禁令,在议会门房中抓住了苏洛和其他三个人,将他们推在窗下用刀刺死。到了下午,约有60到80名被解除武装并羁押在斐扬教堂的瑞士佣兵被带往市政厅;当他们走到日内瓦广场时,却惨遭暴徒杀害。而另一队被鲁勒(Roule)区暴民队伍所扣押的瑞士兵,也在同一地点遇难。宪兵队长查理(Charle)离开会场,试图维护秩序,结果在旺多姆广场被刺,头颅也被暴徒们砍下并挑在长枪上游行。旧保皇俱乐部的创建人克莱蒙·托奈尔已经退出政坛两年多了,但还是在街上被人认出,被拽到河里,最后被大卸八块。在如此诸多的暴行威胁下,无论立法议会的言辞如何冠冕堂皇,都无法掩饰它已向暴徒们俯首称臣的实质。

市政厅大楼中的公社委员会独断专行,虽然允许议会继续存在,却改变了它的职责和功能,使它从本质上被完全改造。现在,立法唯一的用处只是发布雅各宾派所需要的各种法令。它有如有一棵果树,只要稍微摇晃,法令就会像果子一样轻而易举地落入雅各宾派之手。③ 这些法令包括:废除国王权力,筹备召开国民公会,全民享有

---

① 《观察家》,卷XIII,387页。Mortimer-Terminaux,卷II,340页。
② Mortimer-Terminaux,卷II,303页。议会主席维尼奥接待国王时的讲话。
③ Duvergier,《法律汇编》(8月10日至9月20日)。

选举权,为参选的选民发放津贴,选举程序与由选民自己决定①,废除并逮捕最后一批大臣们,将赛尔万、克拉维尔和罗兰官复原职,丹东担任司法大臣,承认公社委员会为巴黎的市政权力机构,承认桑泰尔为国民卫队的指挥官,公共治安归委员会管理,授予每个"正直"公民逮捕嫌犯的权力,规定公务人员有权以搜查武器弹药的名义闯入私宅,规定所有的治安法官由原来的受审者们重选,宪兵队的所有军官则由士兵们重选,为马赛志愿军发军饷(从他们到达巴黎那天算起,每人每天30苏),设立军事法庭审判瑞士佣军,设立临时法庭审判8月10日抓捕的其他"罪犯"。

此外,立法议会还发布了一些涉及面更广的法令:取消民事和刑事法庭的强制执行官职位,释放那些因违背军令而受到指控和惩处的士兵,释放一切因诽谤和哄抢而受到指控或惩处之人,分割公共财产,将流亡贵族的财产充公并拍卖,扣押他们的父母和妻小,驱逐和流放所有不愿进行宗教宣誓的教士,简化离婚手续(只要一方提出要求,两月之后即可离婚);简而言之,立法议会所发布的都是各种旨在侵犯个人财产、解散家庭、压制社会良知、藐视法律、妨害司法公正、鼓励犯罪,以及授予少数暴乱们选举官吏、设立议会和垄断一切公共权力的法令。而这少数暴徒既然敢暴力夺权,也自然就敢于用暴力护权。

VIII

现在,让我们稍费时间来审视一下8月10日后的巴黎和它僭主们。从表面上看,这座城市似乎已经沦为一个有70万会员的政治俱乐部,只要是在公众场合,就会看见狂热分子们在争吵叫骂;然而,如果我们稍微走近一些,就会发现事实并非如此。种种乱局不过像是

---

① Duvergier,《法律汇编》,8月11-12日:"立法议会认为有必要通过设立一个国民公会来实现人民主权,请求公民遵守以下规定"。

漂浮在水上的淤泥,所搅浑的不过是河面;而普通市民的生活则如同淤泥下的流水,寻常依旧。

即使遭遇动乱,巴黎的生活也与今日无异,社会秩序如常,民众也不忘忙中偷闲,留出一些时间来娱乐消遣。对于大部分民众来说,即使在动乱和革命之中,复杂繁忙的私人生活都让他们几乎无暇顾及公共事务。或是出于习惯,或是为了生计,人们日常专注最多的还是自己的职业和工作,如加工生产、出摊摆货、买进卖出以及书写记账等。无论是办公室里的写字员、作坊里的工匠、布坊里的手艺人、店铺里的老板、专注于书本的学者,或是在岗的公职人员,大部分人都各安其位。① 他们最为关心的,不过是自己手上的工作、日用的饮食、失业的风险、升职加薪的机会以及家人与自己的幸福。所有这些让他们觉得生活充实,因此日子过得很快。他们至多花费一刻钟的时间来关心政治,而且只是为了好奇;如同看戏一般,他们会对一些政治事件喝彩或是唏嘘一番,但绝不愿卷入其中。

有人曾作证说:"虽然有人宣称国家处于危难之中,却丝毫没有改变巴黎的日常生活。剧场还是座无虚席;酒馆和其他娱乐场所中依旧挤满了人,包括国民卫队的官兵……人人都在找乐子。"即使是立法议会发布新法令时,无论仪式的筹划如何周密,也无法激起人们的兴趣。一位革命记者记述道:"随行的国民卫队官兵率先表现出厌烦感并开始开小差,他们因为夜间守夜巡逻已经疲惫不堪了,可能在埋怨他们因为忙于祖国的事业而牺牲了自己的时间。而几天以后,布伦瑞克(Brunswick)公爵的公开声明同样遭受了公众的冷遇,除了少数人的嬉笑之外,再也没有其他的回应。事实上,只有那些常看报的人才知道他……普通人根本不认识他……也没有人害怕反法联盟和外国军队"。②

8月10日,"除了骚乱的区域之外,巴黎的生活依旧继续,人们像

---

① 马鲁埃,卷II,241页。
② 《杜潘回忆录》,卷I,322。8月4号及其后几日的信函。

往常一样在街头散步,相互寒暄闲聊"。

8月19日,英国人摩尔(Moor)惊奇地发现,香榭丽舍仍是一片节日的景象:人们毫无焦虑之色,尽情地消遣娱乐;卖冷饮的小店数不胜数,店主们一边做着买卖,一边还在唱歌奏乐;各种哑剧和木偶戏表演不时地吸引着游人们的眼光。于是摩尔向与他同行的法国人问道:"这些人真的像看上去这样无忧无虑么?"对方如此回答:"他们快活似神仙呢。您相信么?布伦瑞克公爵和他们的生活无关。我向您保证,先生,这位爵爷恐怕是他们在世界上最不关心的人。"

大众的这种唯我和自私使得他们对于政治漠不关心;无论何人当政,其反应都极为消极。只要个人的自由生活没有遭到冲击,他们就会温和顺从,任当政者随意处置。至于那些真正的忧国忧民之士,雅各宾派也并不十分在意,因为他们已经离开或正在离开。事实上,每日的离境人数可达1000甚至是2000人。仅在7月的最后一周,就有约1万人选择逃离①,而到了9月的第一周,逃离的人数则达到了1.5万。整个巴黎共有4万人离境,而外省也有相同比例的难民移出,这实为法国之幸。这些义士的离开和大众的顺从,使得巴黎完全落入了狂热的贱民手中。

革命者帕罗瓦(Palloy)写道:"那些所谓的高雅人士被我们这些无套裤汉、这些巴黎的莽夫们打败了!我为自己是其中的一员而深感骄傲!"②而后,吉伦特党人苏拉维(Soulavie)也记述道:"3000名劳工于8月10日起事,打倒了斐扬派们支持的王政,打倒了首都的大多数群众和立法议会的大多数议员代表。③"除开妇女以及纯粹的流浪汉和匪徒之外,劳工、底层的手艺人以及店铺老板只占全巴黎成年男性人口的1/20,总人数不过9000人,而且还分布在不同的市区之中。然而,由于市民们普遍对政事漫不经心,这使得他们成了选举中

---

① 《观察家》,卷XIII,290页(7月29日);278页(7月30日)。
② Mortimer-Terminaux,卷II,362。
③ 苏拉维,《黎塞留公爵的私人生活》,卷IX,384页。

唯一活跃的投票群体。

例如,塞纳街就有七个这样的选民:烤肉工拉卡伊(Lacaille)、菲利普(Philippe),此人原靠养牲口为生,为了挤到足够的驴奶,他总是将驴乳挤到干瘪为止,此时却当上市区议会的主席,后来又成为了拉拜监狱的侩子手;克拉勒(Gérard)原是鲁昂的一名水手,后来来到巴黎,靠仅有的一条小船在卢浮宫桥和马扎然码头之间摆渡谋生;其他四人与他们也是一丘之貉。

然而,参政的热情却弥补了他们在教育和人数上的劣势。有一天,立法议会代表乌尔碰巧坐在克拉勒的船上渡河,后者以威胁的语气向他训斥:"真混帐,幸好今天船上有其他人。如果只有你一个人过河,我就把船弄翻,把你这个贵族的走狗淹死。"这就是"街区革命斗士"①们的嘴脸。他们不但无知,而且无畏,对于自己的粗俗无礼甚感骄傲。孔修(Conchon)原是圣安托万区一个织坊里的描图工,现在却成了平民演说家,并以"7月14日和8月10日人民之名"来到立法议会,为雅各宾派的蛮横之治歌功颂德;在他看来,雅各宾党人都睿智高深,即使是饱学之士也无法与之相比。"所有这些顶着大头衔的人物,都必须承认我们的权利;我们的为政之道并非来自于书本,而是源于自然和人之天性……我们在思想上追求一种政治平衡,这来自于经验而非教条;这样的平衡并非寻求而来,而是根源于我们的内心。通过劫富济贫,这种平衡就能完美实现。"

我们可以这样理解:他们的目标是实现完全均等,主张每个人不仅仅拥有均等的政治权利,而且还拥有均等的社会地位与财产。他们走在一条"充分和事实平等"之路上,这同时也是他们的权力之路。②法国如同他们的囊中之物,而他们也坚持要将其牢牢地抓在手上。

---

① 乌尔回忆录,169页。
② Roederer全集,卷VIII,477页,俱乐部的演说者告诉无产者们,法国就是他们的猎物,一定要抓牢。

从另一个方面来说，如果他们丧失了权力，就会感到迷茫。因此，虽然布伦瑞克的宣告在民间反应平平，却让他们记忆犹新，不但将其视为威胁，而且还照例将其进行夸大和改编，生出新的谣言来——所有的巴黎市民会被侵略者们带到圣德尼荒原杀害；而那些表现最突出的革命者和四五十名革命的女英雄们将首先被施以车轮刑折磨致死。8月11日，800名前国王卫队官兵将突袭巴黎的消息四处流传。而就在当天，博马舍(Beaumarchais)的私宅遭到搜查，墙壁被打穿、污水坑也被探底、花园的土地被一直挖到了岩石层；搜查甚至一度深入到了邻舍之中；夹杂在搜查队伍中泼妇最为"愤愤不平，一边谩骂，一边要求再搜一遍，表示只需8分钟就可以找出屋主私藏之物。"很明显，对于这些地位卑贱而又头脑简单的妇女们来说，任何谣言都有如噩梦一般让她们惊恐不已。突如其来的尊贵身份对心智的扭曲，再加上过度的虚荣、贪婪以及莫名的恐惧感，使她们的心理趋于病态，做出种种暴戾之事，既伤害了自己，更危害社会；无论是在帝王治下还是民主制中，这种病态心理都只会制造尼禄这样的昏君与暴君。①

然而，与这些头脑简单的暴民相比，他们的煽动者更加自负、蛮横和危险，惯于鲁莽行事而无丝毫顾忌，公社的领导人更是一些无耻之徒。他们时而怂恿他人作乱，时而又独自行动。

原市政厅的三位高官中，佩蒂翁遭到明褒暗贬，雅各宾派为了自我粉饰，留给了他一个虚职，却夺走了他的实权。剩下的两个人则依然活跃于政事之中：出身于看门人之家、无才无德的马努埃尔担任行政官，他曾从公共档案管中私自调取米拉波的私人信函，加以篡改之后又将其卖掉，以此中饱私囊。他的副手丹东则是一个两面派；国王曾向他拨付经费以平息民怨，他却将这些钱用来制造骚乱。瓦尔勒

---

① 1792年，Roederer在论民主时借用了霍布斯(Hobbes)的评论："民主治下，许多贫民在煽动者的阿谀奉承下得意忘形，成为尼禄式的暴君；在民主环境下，这种事情屡见不鲜。(原文为拉丁文，由译者译出)"。

（Varlet）则"特别善于造谣生事；他生活放荡，挥霍无度，母亲因此忧郁而死；而后，他很快就坐吃山空，变得一无所有"。①

然而与他们相比，其他的煽乱者更是连最基本的道德底线都没有。卡拉（Carra）曾因为偷窃而被马孔法院判处两年监禁，现在却成了志愿军秘密会议的主席，并负责筹划各种骚乱活动；②威斯特曼（Westermann）原本是一个窃贼，曾在普利街(rue Poulie)让·克鲁(Jean Creux)的修理店中偷窃过一个带有纹章的银盘，并曾两次因诈骗罪被逐出巴黎，现在却成了突击队队长③；帕尼④曾在1774年通过担任基层出纳员的叔父在国家金库中行窃，因而遭到追捕，而现在却成了监察会的负责人。他的同事塞尔让则监守自盗，在自己工作过的商店偷过"三只金表、一颗镶在戒指上的玛瑙和其他一些珠宝"。⑤

夺权后的公社委员会时常会做出一些倒行逆施之举，撕开国库的封条劫掠财物、伪造法律文件，以及其他种种背信弃义之事屡见不鲜。在其治下，成堆的银钱和价值110万法郎的金币不翼而飞。在委员会的决策者之中，担任主席的尤根宁原来不过是一个小税吏，善于贪污和挪用公款。罗斯洛尔原来则是靠打造金银器糊口，后来成为一桩谋杀罪的嫌犯，对他的指控一直到公社成立都还没有撤销。善于用报纸对人恶意中伤的赫伯特（Hébert）原本只是瓦利特剧院的检票员，后来却因为弄虚作假被解雇。而革命公社的执行者则是美国人富尼埃、拉左斯基和马亚尔，他们不仅惯于偷窃，而且双手还沾满了鲜血。和他们共事的还有后来成为巴黎国民卫队将军的昂里奥，他原是一位检察官的家仆，后来因为偷窃被赶了出来，而后又谋到一份看守农场的活，结果又因为盗劫被逐；在这之后，他开始给警察当内线，却又因为在比赛特尔偷窃遭到监禁；然而，这位惯犯最后竟然

---

① Buchez et Roux, 卷 XXVIII, 92页, Gadolle 给 Rolland 的信函。
② Ib. XIII 卷, 254页。
③ Jules Claretie《卡米尔·德穆兰》, 238页。
④ 国家档案馆档案, F, 4434, 其中详细记载了帕尼的罪行。
⑤ 《巴黎革命》, 177号刊。

成了军官,并且在九月事变中扮演了重要角色。那位从淫乱中寻找灵感并创作出《瑞斯丁娜》①的萨德侯爵,在借革命脱身于巴士底狱之后,现在已堂而皇之地担任了旺多姆广场区的议会秘书。偏执的杀人狂马拉则于8月23日进入市政大楼,他顶着记者的头衔,实质上却成了公社的政治顾问和精神领袖。三年来他一直在宣扬自己那些模糊不清的涣乱思想;而现在,这些思想被简单地概括为进行迅速的、无需任何理由的大规模屠杀。马拉亲自对巴尔巴鲁说:"如果你能给我找来200个右手拿刀、左手缠上皮套代替盾牌的那不勒斯士兵,我就会在全法国进行彻底的革命。"②他计划以人道主义的名义杀掉26万人,因为这些人如果不死,就会危及社会安全。"立法议会若想拯救法国,就应该通过法令要求贵族们都带上自己的蓝带显明身份;如果他们敢举办三人以上的聚会,就把聚会者全部吊死!"

此外,马拉还推荐了另一个有效的方法——"我们只需在街边等候,找出隐藏在路人中的保王党和斐扬派,将他们处死。哪怕处死的一百人中有十个是革命者,那么我们至少可以确定有九十个反革命已经丧命,难道不值得么?此外,我们一般是不会弄错的,只要将那些有车、有仆人、穿绸缎或是有钱有闲看戏的人当做目标就可以了,这些人肯定是贵族!"这就是雅各宾暴民们的煽动和领导者们;在他们之间的默契配合下,肆意杀戮成为了合法的行政管理手段。只要市政大楼的暴君们一声令下,遍布于街头巷尾的暴君就会大开杀戒。

---

① 18世纪著名的色情作家萨德的作品。—译者
② Barbaroux,《回忆录》,57、59页。

第 三 卷

夺权的第二步

第一章

Ⅰ.混乱时局下的匪帮之治—社会失序、混乱到来—承接旧体制的匪帮及其行政手段Ⅱ.雅各宾派暴民的杀戮行为—8月11日—8月17日的法庭审判—8月27日的阴森庆典—监狱阴谋的谣言Ⅲ 领导者的杀戮计划—政局形势—夺权—劫掠—风险—恐怖统治Ⅳ 预谋期—主持者及其角色—马拉—丹东—革命公社—参与者—最佳时机Ⅴ.暴乱者—人数—背景—情绪—杀戮对杀戮者的影响—道德堕落—麻木Ⅵ.屠杀对公众的影响—社会的退化与解体—雅各宾派上台,完全掌控巴黎—公社和国民公会中的九月党人

I

当社会混乱失序时,最为糟糕的景象并非旧体制的崩塌,而是土匪政权林立。一旦统一的旧政权瓦解,就会导致一系列各自为政的匪帮出现。在高卢,这种乱局曾见于见于罗马沦陷之后和加洛林王朝末年。在今日世界,鲁米利亚和墨西哥也深受其害。那些天生厌恶劳动并蔑视法律的匪徒们,如海盗、罪犯、道德败坏者、负债累累的毫无信用之人、流浪汉、逃兵和兵痞等;他们在乱世之中聚众起事,跨过已经腐朽无用的法律屏障,侵犯那些如同绵羊般温顺的百姓。这些匪徒们毫无顾忌,只知道靠随意杀戮来维持自己的权威。他们各

自独霸一方,在自己的领区内称王称霸,烧杀劫掠是他们唯一的统治手段,普通的民众则在各种暴行之下苦不堪言。

然而对于法国这样的大国来说,中央大权在革命后旁落匪徒之手,其局势更加岌岌可危。夺权的暴徒们自认为继承了前任政府的法统,并以此将一切公共事务掌控在手。然而,在此种乱局之中,政治活动的运作机制不是自上而下,而是自下而上。政治领袖们要想保住自己的位置,就必须向下属献媚,无论后者的思想如何盲目和冲动,前者都会对他们言听计从。

因此,雅各宾派中最具权威、能够像黎塞留或路易十四那样独断专行的人,都是党派中的下层人士,包括像帕尼、塞尔让、赫伯特、瓦尔勒、昂里奥、马亚尔、富尼埃和拉左斯基这样的俱乐部常客、煽乱阴谋家和街头滋事者,甚至还包括比他们更为低贱的骚乱领头人、马赛志愿兵、反叛国王的郊区炮兵,以及醉酒后对政事品头论足的菜场脚夫。①他们获取信息的唯一来源,无非是坊间的流言蜚语,如某个叛国者藏于某个私宅之类的假消息;而俱乐部中几句煽动性的话语,则是他们判别是非的所有依据,足以使他们义愤填膺,想要参与社会管理之中。

然而社会有如一台结构复杂的庞大机器,需要处理的事务相互承接、各种社会职能盘根错节;想要操作这样的机器,就必须具备各种专业而精细的技能:外交、金融、司法、军事以及行政管理;正如一个酒瓶装不下一桶酒,头脑简单的下层民众根本无法理解和行使这些职务。②他们狭隘的大脑已经被各种奇谈谬论塞满,并从中总结出一条与他们粗俗本性相契合的简单理念:消灭他们的一切敌人,而他

---

① 这些的人的社会地位和文化水平可以通过他们的书写看出来。Granier et Cassagnac,卷 II,480 页、国家档案馆档案,F,4426;作为营队副指挥的 Bécard 以及 Gravillier 区专员的信件中都出现了大量的拼写错误。

② 1871 年 3 月 19 日,作者在瓦伦勒街碰到一个巴黎公社战士,他扛着两支枪,参与抢劫了军校。作者对他说:"您现在是在打内战啊,这样会让普鲁士人趁机打进巴黎的!""梯也尔先生和普鲁士人没什么区别,梯也尔就是法国内部的普鲁士敌人。"

们的敌人就是国家的敌人。无论是隐藏的还是暴露的敌人、是现在还是将来的敌人、是可疑者还是略有嫌疑者,都是他们消灭的对象。他们用自己的蛮横残暴来处理政事,因此他们的统治恐怖不已。

出于匪徒的天性,他们的行事方式除了杀戮就是抢夺。攫取了国家大权后,这些暴徒们开始了大规模的屠杀,并找到了行之有效的方法。他们等不及去恢复旧政权留下的行政工具;至少那些社会基层单位,如宪兵、狱卒、职员、誊写员和财务人员等,都在他们的掌控之中。

而另一方面,那些遭到雅各宾逮捕监禁的人却不知道如何反抗;由于习惯了法律的保护和柔弱的风尚,他们忘记了如何自卫,更想不到雅各宾派会制造如此大规模的屠杀。而对于其他普通民众来说,由于失去了中央政权的统一领导,他们变得被动和漠然,对暴行听之任之。由此,在8月10日之后的几天中,屠杀竟然以一种井然有序的方式进行;暴民如同除淤屠狗一般对他们锁定的对象进行系统清洗,而后却无人被绳之以法。

II

我们现在来分析一下雅各宾派的基层党徒是如何心生杀念的。实际上,杀戮本来就是革命理论的基础。在九月事变两个月之后,科洛·达尔博瓦(Collot d'Herbois)就在雅各宾俱乐部中宣称:"9月2日就是我们的自由信条!"①在雅各宾派看来,他们是国家的合法主人,因此有权将政敌看成是罪犯而非竞争对手。这些人都犯了叛国重罪,不受法律保护,无论何时何地都是诛杀的对象,可以随意折磨和虐待;即使他们无法或不再具有任何威胁,也逃脱不了惩罚。

因此,在8月10日,暴徒们杀掉了那些并未开火并缴械投降的瑞

---

① 《观察家》,1792年11月14日刊。

士佣兵、佣兵们的医生、王宫中的侍从,以及像卡莱蒙·托奈尔这样的无辜路人;然而,这些血腥暴行却在官方的诠释下被誉为是人民的正义之举。

8月11日,被扣押在斐扬教堂的瑞士佣兵免于受死,但围在教堂附近的暴民却叫嚣着要取他们的人头①,"并计划到巴黎各处的监狱中自行主持正义,杀掉所有的囚犯"。8月12日,在市集上②,"有几群人在宣传说佩蒂翁是叛徒,因为他把瑞士兵们救到了波旁宫",因此,"今天要把他和瑞士人一起吊死"。这些人喜欢颠倒黑白,置事实于不顾,搬弄是非:"不是他们(暴民们)发起进攻的,是王宫里先传出了开火的命令;是王室在危害人民,而不是人民在围攻王室"。③这些"人民的屠戮者"们失败了,他们的罪恶不容置疑。

到了8月14日,革命志愿军要求设立军事法庭,"为牺牲的兄弟们追回血债"④。然而,仅仅设立军事法庭还不足以严惩8月10日的滔天罪行;人民还要将复仇之火烧向那些为虎作伥之辈,烧向拉法耶特;虽然他现在不在巴黎,但总有一天会让他们回来伏法。那些大臣、法官和其他官员也难以幸免,因为他们曾支持过合法的政府,而且在政府垮台后又拒绝承认雅各宾政权。

由于正常的司法系统被认为是旧政权的一部分,不值得信任,因此这些人被送往一个类似于"诚挚之所"⑤的特别法庭;这个法庭由各区代表控制,也就是说掌握在雅各宾派手中;法庭上的法官都是临时选派,他们拿出既定的罪证,在法庭上专横独断,不做任何案前审查,给被指控人定罪后便立即执行,不容许延期或是其他保护措施。而与此同时,立法议会也在发来催促令,一位革命公社的议员代表威胁说:"午夜时分,警钟就会敲响,革命军队就会出动,怒火未平的人

---

① Bouchez et Roux, XVII卷, 31页。
② 国家档案馆档案, F, 4426。
③ Buchez et Roux, 卷XVII, 59页。
④ Ib, 卷XVII, 47页 —Mortimer-Ternaux, 卷III, 31页。
⑤ 布里索在罗伯斯庇尔请求设立专门法庭时所使用的词。

民将亲自主持正义。"不到一会,雅各宾派又发出新的威胁,期限压得更紧——"如果在两点或三点之前,陪审员还没有任何举动,那么巴黎将陷入巨大的恐慌之中。"

于是,随处新立的特殊法庭不得不高效运作,五天之内就把三个无辜者送上了断头台。然而,这依然达不到雅各宾派的要求;8月23日,一个市区派代表前往法庭,宣称革命公社和人民都对审判的迟缓表示"厌烦和不满",强迫监狱直接屠杀被收监的嫌犯。①暴徒们在胁迫法官们加紧迫害的同时,还不断地将被囚禁者送往受审台。革命公社和志愿军团的一个代表团要求立法议会"将奥尔良高级法院定罪的罪犯送往巴黎,以便接受刑罚";"否则,"代表团的发言人称,"我们将以人民的复仇作为回应。"②而后,他又以命令的口吻说道:"你们都已经听见了吧?你们想必都知道,暴动是人民神圣的义务。"

这项神圣的义务可以针对一切,如果议会或者法院稍有不从,就会成为它的猎物。而所有这一切都在法律的授权和保护下进行,有如鸢鸟冲过蛛网,丝毫不会感到任何束缚。卢斯·德·蒙特莫兰经审被判无罪,然而旁听席上的暴民却把他和他的表亲(他的表亲曾是路易十六的朝臣)弄混了,因此发声抗议。法官要求他们肃静,结果法庭却变得更加喧闹。于是,德·蒙特莫兰被推入险境。法官找理由说陪审团中有他的亲戚,因此需要成立新的陪审团重审。然而,当德·蒙特莫兰被押往门房等候再审时,法官将他拉过喧闹的人群,直接带到法庭的外院,结果却被一个国民卫队的士兵刺了一刀;第二天,法庭不得不准许8名代表亲自确认德·蒙特莫兰依然处在羁押之中。

当他最终被判无罪时,暴民中有人惨叫起来:"你们今天把他放出去,十五天后他肯定会杀了我们!"很明显,雅各宾暴民们模糊地觉察到他们不过是少数派,行的是篡权之事,而随着布伦瑞克大军的挺进,他们更是隐约地感到了危险,如同置身雷区一般,随时会触雷

---

① 佩蒂翁的演说。(《观察家》,1792年11月10日。)
② Buchez et Roux,卷XVII,116页,8月23日会议。

身亡。既然人民的敌人都是一些"无耻小人",那么他们必然惯于阴谋、暗算和屠杀这样一些卑鄙之举。实际上,雅各宾暴民们的这种推断,完全来自于他们自己的暴行;然而,他们却将隐藏在内心深处的杀戮之念强加到了自己的对手身上。

8月27日,塞尔让故意在葬礼仪式上煽动暴民们的怨气;现在,他已经对过去的猜测确信无疑:葬礼上支援骑兵们手持的十面"纪念旗帜"[①],在他眼中俨然是"王室与其臣子"制造的死亡名单:南锡、尼姆、蒙托班、阿维农、拉沙佩勒、卡庞特拉和战神广场的屠杀都和他们有关。在这样的场面,不会有任何人提出质疑。从此之后,无论是议会旁听席上的妇女、俱乐部里的常客还是市郊贫民区的长枪手,都一致将贵族们看成是残杀人民的惯犯。

虽然"葬礼的主题本是激发人们的忿怒和对革命的接纳……但效果不佳"。相反地,暴民们却注意到了一个危险的信号:那些国民卫队的官兵身着制服前来,"很明显是在对革命当天他们的退缩行为进行弥补";在葬礼上,他们表情轻佻,甚至还带有些嬉笑,毫无正直公民所应有的严肃感。和很多巴黎市民一样,他们前来不过是为了看看热闹。而他们的人数则远在手持长枪的无套裤汉之上。这不由得让暴民们感到不安;他们看得很清楚,自己不过是少数派,势力很小,他们的狂妄理念也无人回应。催促加快审判和迫害的,只有这场葬礼的策划者和他们的忠实观众。

有一位来自国外的观察家为了弄清民意,特意向与他有过生意交集的店主和商人发问,并在咖啡馆中与人闲聊获取信息;而后,他这样写道:"除了在立法议会和雅各宾俱乐部,其他地方都无人主张杀戮。"然而在议会旁听走廊之上的,不过是一些"拿钱骂娘的革命家和吵闹聒噪的妇女",热闹程度胜过市集。而在雅各宾俱乐部,"暴乱领袖们不时担心时局逆转,只有通过叫嚣杀戮来平衡心态"。[②]

[①] Buchez et Roux, XVII, 207页。
[②] Moor, 8月26日。

因此，真正狂躁不安的不过是那些煽乱者和郊区的贫民。他们的人数相对于巴黎这座大城来说微不足道，还需要面对人数三倍于他们的国民卫队。整个中产市民阶层虽然倦于政事，却已经对时局表示不满；这让他们感到心惊胆寒。在这种焦虑之中，他们开始胡思乱想，并随着时间的推移变得无法控制；最后，他们开始执着于自己的幻想，并将之看为事实。现在，一旦时机成熟，他们就会把潜于心底的妄念付诸于实践。

9月1日，车夫让·于连（Jean Julien）被判12年监禁，①暴民们给他套上枷锁，并拉到街上游行；两个小时之后，或许是受到了旁观者的刺激，他开始失去理智，用他所能想到的一切侮辱性的言语表达他的忿怒（对于暴民来说，这些辱骂或许不够强烈）；他解开纽扣，用裸露身体来羞辱公众；很快，他想到了一些最能够伤害暴民们的话语并高声喊了出来："国王万岁！王后万岁！拉法耶特爵爷万岁！去xxx的人民！"于是，他立刻遭到了殴打，暴民们将他拖到了司法宫监狱（la Conciergerie），以最快的速度指控他是8月10日事变的同谋，并现场定罪，之后立即将他推上了断头台。然而，暴徒们并未就此善罢甘休；既然法庭定了于连的罪，那么肯定是证据确凿。于连肯定做了口供，那么他都说了些什么呢？

第二天，一条谣言犹如病菌一般在暴民之间相互疯传："于连供认说监狱里的所有囚犯都和他的想法一样；我们的好日子不多了；他们有武器，一旦志愿军离开，他们就会被放出来！"②大街小巷中人人自危——"有人说凡尔登已经和隆格维（Longwy）一样沦陷了；其他人则摇晃着脑袋说，真正可怕的不是边境线上的敌人，而是巴黎城中的叛徒"。到了第二天，这个谣言变得更加丰富，"保王党的军队就藏在巴黎及其周边，他们会找机会打开监狱，处死巴黎的革命者和那些与志愿军为伍的妇女和孩子……作为男人，难道我们不应该保护

---

① Mortimer-Ternaux,卷III, 471页。
② Rétif de la Bretonne《巴黎之夜》第十一夜，372页。

女人和孩子们么？不应当想尽一切办法抓住刺客的尖刀么？"于是，暴民们磨好了屠刀，现在，只等那些煽风点火的领袖们发布命令，引导火势的走向了。

Ⅲ

实际上，这场杀戮之火已燃烧多日。早在8月11日，巴黎革命公社就发表公告，宣传要将"一切罪人送上绞刑架"。随后，公社又向议会派遣代表，胁迫其通过法令设立血腥法庭。由于公社通过暴力夺权，因此它必须与权力共存亡，而为了掌握权力，就必须推行恐怖统治。

让我们回顾一下这个政权的成立过程：在一个晦暗之夜，100名背景不明的乱党以人民代表自居，将国家的两大权力中枢中的一个彻底摧毁，而另一个则被他们肢解和奴役；在8000到1万个疯子和强盗的支持下，他们夺下了巴黎这座人口约70万的城市，并在市政厅大楼紧急设立了这个革命公社联络委员会。

长期居于社会底层的暴民瞬时间登上了权力顶峰，这样的场面可谓前所未有。那些一名不文的小报记者、破落街巷里的文书、低档客栈里的演说家、还俗的修士或神父、失业的作家和律师、遭到教会驱逐的教士、木工、车工、小杂货商、锁匠、鞋匠、单纯出卖体力的劳工，以及没有任何固定工作的闲汉①都已经成为了游走四方、搬弄是非的政客和阴谋家；三年以来，他们有如招摇撞骗的游医一般不断骗取公众的信任。然而，他们之中很多人却是劣迹斑斑，人品可疑甚至是低劣，年轻时放荡不羁且至今恶习难改，因为道德败坏而无法找到体面的工作，不得不在社会底层疲于奔命，甚至会做一些违法犯罪的勾当；他们饱受社会风雨摧残，道德观念极度扭曲；如果没有革命，比赛特尔疯人院或者苦刑船恐怕会是他们的最终归宿。而现在，面

---

① Mortimer-Ternaux,卷Ⅱ,446页。8月10日早上10点之前赶到市政大楼的各区专员名单。

对饮之不尽的权力之酒,他们必然会喝得酩酊大醉。因此,专权独裁是他们唯一的政治主张和施政纲领。①

通过公社委员会,他们凌驾于其他一切合法的政治机制之上,容不下任何不受他们管制或可能对他们产生威胁的权力组织。结果,立法机构遭到弱化,变成了他们的文书和传令员。与此同时,外省的新任官员被要求"放弃他们的头衔(职权)",只专注于赋税的分配和管理。此外,这些滥权者们还敢于插手日常的政务,如财务、军事、社会救济、行政和司法等,他们的无知无畏使得社会被推向了失序崩溃的边缘。

今天,他们可能只是在召见国防大臣(如果大臣不在,则是大臣的副手);而明天,国防部的所有人员就可能悉数被捕,其理由是部门中隐藏着一个嫌犯。总之,他们的政令漂浮不定,方才还在主张封存政府的专用金库,立刻又转向准备废除社会救济款项。司法公正也受到了他们的干扰,在其授意下,法庭时而加重对嫌疑人的指控,时而又免去量刑定罪之人的刑罚。②一切规程、法律、制度、公共机构和人员都任凭他们处置。

这些暴徒们不但大权独揽,而且还在不断地敛财。他们向议会索要每月85万法郎的经费,用以支付军警的治安费,换言之就是用来喂养自己的鹰犬③,并且还宣称这笔款项应从1792年1月1日算起,即议会需要向他们支付600万法郎的欠款。而且,他们还"以市政厅的名义"搜刮各大宅邸中的珍贵家具。"在其中一个宅子里,他们抢走的东西就价值10万埃居(埃居是法国旧制的银币,在大革命期间,一埃居约相当于六个利弗尔,也就是六法郎;译者注)④"。

此外,在管理王室专款的财务官员那里,公社派人搜走了一箱珠

---

① 巴黎革命公社公告,8月21日。Mortimer-Ternaux,卷III,25页。
② 公社法令,8月10日。
③ Mortimer-Ternaux,卷III,11页。8月11日法令。
④ Prudhomme,《巴黎革命》,9月22日刊。

宝,价值约34利弗尔①。在尚蒂利(Chantilly),公社的专员们忙于搜刮流亡贵族们的财产,他们运回巴黎的三驾大马车上"装满了孔代亲王的家产"。在巴黎的教堂,一切青铜制品,如十字架、栅栏、读经台和大钟等;一切铁器,如烛台、圣体显供台、圣器、圣体柜和雕像;以及祭台和圣器室内的一切银器,都被悉数充公。但是在玛德琳娜教堂,抢得的战利品就装满了一辆驷马马车。暴徒们抢掠的数额之巨,让人难以想象。

然而,如同到手的权力一样,他们抢夺财物时毫不费力,挥霍起来定然会更加无度。在杜勒伊宫,一个暴民身上塞满了劫来的财物,脸上却没有丝毫羞耻。而在加德-莫波勒(Garde-Meuble)宫,另一个匪徒不断地翻箱倒柜,最后将搜来的战利品塞进一个橱柜中搬走。②在巴黎的各大金库中,"大部分封条都被撕开",大量的银器、珠宝和钱币被盗。经过调查和最终取证,公社的检查会受到指控,被要求对种种"偷窃、贪污和挥霍"行为负责;简而言之,这些"集体暴力和罪行"都是公社所为。既然现在暴民们已经篡权夺位,自然可以为所欲为;对于他们来说,国家的财产与自己的钱粮已无任何区别,可以随意取之。

不幸的是,政治上的专权独裁和对公共财产的肆意劫掠,只会造成一个结果:占人口多数普通市民对革命公社的排挤和压迫忍无可忍,纷纷前往各个区议会中要求收回雅各宾派通过欺诈和暴力窃取的权力。这样的场景后来也先后在里昂、马赛和土伦上演。于是,这些高抬人民主权理论,自诩为人民代表的雅各宾党人纷纷被打回原形,又一次成为了人们所不齿的阴谋家、贪污犯和窃贼。

要么继续做暴君、要么甘当囚犯,没有第三种选择。这样的极端心态使得他们心理失衡,让他们丧失理智。于是,他们很快就陷入妄想之中,深信人民陷入危难之中,自己有权使用一切手段自卫,包

---

① 《罗兰夫人回忆录》,卷II,414页。
② Mortimer-Ternaux,卷III,150、161和511页。

括屠杀。巴希尔(Basire)不是在讲台上说,对于民族的敌人,"使用任何手段"都是正义之举么？而另一个议员代表让·德布希(Jean Debry)不曾提议过建立一支1200人的志愿军,要像当年阿萨辛派刺客①那样,"与暴君和他的将领们进行肉搏"么？而莫兰·德·蒂永维尔不是也建议"将流亡贵族的妻儿扣押作为人质",如果他们继续进攻,就让这些人质"负责"（也就是把他们杀掉）么？②

以上这些就是暴民们的终极手段,因为其他的措施根本无法奏效：公社曾下令逮捕所有反对雅各宾派的记者,并将其报社转交到革命者手中,并且宣布解除圣礼拜堂俱乐部成员、宣誓效忠拉法耶特的国民卫队军官,以及在8000人请愿书和2万人请愿书上签字者的公职③,却收效甚微。于是,雅各宾派又派代表多次前往威尼斯使馆,甚至拦截大使的马车,希望大使给予他们支持,却并未得到积极回应。

无论他们在议会上如何谩骂喧哗,如何鼓动旁听席上的党羽对政敌进行唏嘘和威胁,拉瓦锡尔(Lavoisier)、杜邦·德·内穆尔(Dupont de Nemours)、著名的德萨尔医生(Desqult)等正义之士,以及图尔茨夫人和小姐(Mme de Tourzel et Mlle de Tourzel),以及朗巴勒公主(Princesse de Lamballe)这样的女中豪杰都毫不妥协。

此外,在对市民们进行了20多天的强制搜捕之后,雅各宾派却无太大收获。于是他们突然转向,准备进行夜间搜查,将城内所有的道口都封闭起来,并设置了双倍的岗哨。塞纳河两岸的码头设有步哨,河间也有巡逻艇,以防嫌犯从水中逃脱。整座城市被事先按行政区划设置隔离区,每个区域都配有一份逮捕名单。夜晚将近时,马车被禁止上路,市民们也被要求留在家中。

从傍晚6点开始,巴黎变得死一般寂静。接下来,各条街道上都出现了一支60人组成的长枪巡逻队,与这个由无套裤汉们组成的

---

① 波斯的伊斯兰教刺客团体。—译者
② Mortimer-Ternaux, II卷, 99页, 8月15和23日会议。
③ 革命公社8月17日及18日文告。

700个小分队同时行动。秉承雅各宾暴徒一贯的野蛮作风,他们跑到可能藏有嫌犯的房子门口,用棍棒砸开大门,而后队伍中的锁匠立刻撬开屋中的衣橱,石匠们则忙于打凿墙壁探查,就连酒窖地面的石板也被撬开;暴徒们不但抢走了很多重要的文书,没收了大量的武器,还抓捕了约3000人①,其中包括不少老弱病残和教士。于是,从晚上10点到第二天凌晨5点,巴黎四处都可以听见妇人们的哀嚎、被捕之人的喊叫,以及各个酒馆中兵士们喝酒作乐时发出的咒骂声;整座城市如同受到了外敌袭击一般。史上从未出现过如此统一、系统且有效的手段,以至于民众们微弱的反抗意愿都被它的静谧和恐怖所吞没。

然而,这种恐怖统治并没有让那些正义之士屈服;相反,雅各宾派的恶行激起了他们的愤怒,使得他们开始联合行动。伦巴第与麦场(Halle au Blé)的议员们就一同前往立法议会,控诉公社篡夺权力。②连山岳派人士叔第奥(Choudieu)都指责公社严重渎职。负责主管财务的康朋(Campon)也表示自己无法忍受盗贼们造成的账目损失。③在他们的努力下,立法议会似乎终于回过神来,重新开始运作。它通过法令,保护了暴民们准备逮捕的记者基雷(Girey),并督促公社遵纪守法,在法律准许的范围内活动。

此外,立法议会还解散了公社的联络委员会,要求各市区议会在24小时内任命新的专员代表,组成一个96人的市政议会。同时,被废的公社联络委员会被要求在两日内将其所掠夺的财务登记造册,并返还从金库中抢走的金银。对于独霸市政厅大楼的那些专权者来说,这无异于将吃到嘴中的肉又吐出来;第二天早上,他们准备胁迫立法议会收回成命;然而,无论他们及其爪牙如何气势汹汹,立法议会却毫不妥协。既然事已至此,那么在他们看来,这些顽固不化者就

---

① Roederer认为被逮捕的人数应该为5000到6000人。
② Mortimer-Ternaux,卷III,147、148页;8月28和29日。
③ Mortimer-Ternaux,卷III,154页,8月30日。

是在找死了。既然刀身上的寒光无法让他们退却,那么就只有让他们尝尝利刃的滋味。

在马努埃尔的提议下,革命公社回应称由于时局不稳,联络委员会拒不解散,并且借用罗伯斯庇尔的一篇演说,表示要"将权力还给人民",换言之,即鼓动武装起来的匪徒们上街作乱。①于是,公社向暴徒们宣布,他们在8月10日掠得的一切财物都将成为他们自己的合法财产。公社委员会的这次紧急会议延长到了深夜,直到周日凌晨一点半才结束。他们的时间已经不多,再过几个小时,按照立法议会的法令,各区议会就会选举新的专员代表派往市政厅,实际上,昨天晚上,坦普勒(Temple)区的新专员就已经选出了;与此同时,选民将聚集起来选出国民公会的代表。因此,如果这些阴谋家们想要保住权位,就必须在当天发动突然袭击。而这一天正好是9月2日。

IV

实际上,早在8月23号,他们就已经决定要发动暴乱,心中早就有了杀机。随着时间的推移,这些阴谋家们都不自觉按照各自的性情特点,选好了在屠杀中所要扮演的角色。

首先,马拉负责提议和煽动,就他个人而言,这份差事非他莫属。对于这个暴君式的人物来说,屠杀是对他所有政治纲领的最好诠释。作为一个亡命之徒式的领袖,他把所有的精力都放到了杀戮上。从1789年7月14号开始,他就一致认为"镣铐和拖球(即锁在犯人脚上的铁球)"是最好的行政手段,并且为此还自鸣得意。"如果有人达不到这种思想高度,那么就让他们见鬼去吧"②。

从革命一开始,他就对其了如指掌;这并非因为他天赋过人,而是因为他与革命惺惺相惜。他本人就如革命一样极端和恐怖;三年

---

① 革命公社9月1日通告。
② 《观察家》,1792年9月25日。 马拉对国民公会的演讲。

来,他一直疑心重重,促使出一种对于杀戮的偏执。而现在,他已经丧失了作为记者的最后一丝理智,变得和手拿匕或长枪的凶犯们一样鲁莽粗俗①;心中也只存下一个念头:屠杀!

只要略读一下他这段时期的文章,就会让人觉得是一个关在牢房里的疯子在狂喊乱叫。从8月19日起,他就开始鼓动暴民们去袭击监狱。"最为明智的做法,是拿起武器前往拉拜监狱,将里面的叛徒——那些瑞士兵和他们的同谋全部拉出来,用剑把他们一一刺死。竟然还要对他们进行审判?这是多么愚蠢之事啊。他们都罪无可赦。而且,既然你们已经处死了那些士兵,为什么留下这些军官?他们难道不是比普通兵士更可恶么?"两天之后,他又写了一篇文章展示自己的血腥想法。"那些士兵的罪行够他们死上1000次了!……至于那些军官,他们应该被五马分尸,路易·卡佩②和他的走狗们也应当如此处理!"对于这样的人,革命公社却委以重任,让他担任公社的官方记者,在委员会的会场留给他一个旁听席,以便对公社的通告进行评论和建议;无论何时,他都有权随意进出公社联络行政委员会和监理会的会场。

然而,马拉这样的煽动家只适合煽风点火这类工作;一旦暴乱被煽动起来,哪怕是最底层的走卒都比他更有价值。要想成为掌控局面、引导骚乱的发展动向的领袖③,就需要特别的性格和能力。

丹东就是一个领导天才,他靠着自己的地位和经验、厚颜无耻的性格、不俗的手段和口才、非凡的指挥和掌控能力、健康的体质和旺盛的精力,在其狂热思想的怂恿下承担了这一角色。在公社领袖中,只有他担任过大臣,能够制止那些被中央政权所怂恿或忽视的暴行。在公社领袖和政府大臣中,只有他有能力在混乱的革命时期协调各方的权益,并以此维护秩序。无论是在过去的市政厅还是在现

---

① 可参看他的两份报纸《人民之友》和《法兰西共和报》,特别是1792年7月到10月的文章。
② 路易·卡佩是法国大革命时期,革命者对路易十六的蔑称。——译者
③ 罗兰夫人的信,9月9日,由Bancal夫人发表:"丹东才是运筹帷幄之人,罗伯斯庇尔不过是他的玩偶,而马拉的作用则是煽风点火。"

在的内阁,他都一言九鼎。无论会场的争论如何激烈,不可调和①,无论"临时提议、谩骂、呼喊,以及请愿者来回走动所产生的喧闹声"多么刺耳,丹东都能用他"洪亮的声音、优雅的手势以及压倒一切的气势"说服他的新同事们,让他们各司其职并对他言听计从。

于是,他从议会争取到了公社的经费、身兼多职,并借此发布各种提案、法令、声明和特许状。公共金库中上百万的钱财被他揽走,被用来饲养用于暴动的鹰犬;"2万利弗尔分给康德利尔俱乐部,1万利弗尔分给公社","这是为了革命,是他们对革命忠诚的报偿"。那些穷困潦倒的"莽汉"和贪婪无比的"阴谋家",都从他那里得到了好处;于是,各区的选民和俱乐部的会员都被他控制在手。在乱局之中,拥有如此大规模的支持者,也就意味着拥有强大的实力。因此,8月和9月之中,丹东成为了巴黎实际上的统治者。直到后来他才承认:"是我制造了"8月10日和9月2日的惨案。

然而,丹东并非天性嗜血残忍。事实正好相反;在屠夫一般的暴躁性格下,他保留着一颗柔和之心。正因为如此,他会冒着受到牵连的风险,为了营救自己的政敌——杜博尔、布里索、其他吉伦特派和老右派,而不惜与罗伯斯庇尔和马拉对抗②。无论是恐惧、仇恨和教条,都无法蒙蔽他的眼睛;虽然他和其他俱乐部分子一样易于狂怒,却依然像其他政治家一样敏锐,不会被自己说出的豪言壮语所蒙骗。

他很清楚,这些话不过是说给那些暴民们听的③。无论对人还是对事,对他人还是对自己,他都有着清醒的认识。因此,当他参与杀戮时,他对于自己的行为和计划都十分清楚,对于当时的环境背景和革命的本质也有着充分的认识。因此,虽然他发言时如同斗牛般气势逼人,但句句都是事实,有的甚至还带有人性的反思。"我们都是下等人,出身于穷街陋巷";"这样做我们就是一错再错了;但是恐怖

---

① 《罗兰夫人回忆录》,卷II,19页。
② Hua回忆录,167页。丹东密友,Lambry先生的评论。
③ Mortimer-Vernaux,卷IV,437页。

专制是我们的唯一选择";"巴黎人都是一群xxx,只有用鲜血才能真正让他们和流亡贵族们分清界限";"我们要吹响的不是警笛,而是针对人民公敌们的冲锋号!……要想打败他们,我们需要什么?勇气!勇气!还是勇气①";"我带来我70岁高龄的老母和我的两个孩子;他们昨天晚上才到巴黎。我宁愿他们和我一起死在这里,也不愿看到普鲁士人占领巴黎;如果这一天真的来临,那么就让我们用2万只火把将巴黎烧成一片废墟"②;"在巴黎,为了维持局面,我们必须不择手段!主张共和的人少之又少,如果打仗,我们只有依靠他们。其他人依然心向王室,必须要让这些保王党人感到恐惧"。

8月28日,在丹东的授意下,革命公社将立法议会派来的代表团成员都投入了监狱。9月2日,为了防止正直的市民们组织反抗,他又亲自下令,"任何人无论何种方式间接或直接拒绝执行或妨碍市政权力机构的任何命令或措施,一律处死"。在同一天,他宣布记者普鲁东(Prudhomme)为监狱阴谋事件的共犯。三天后,他又派遣自己的秘书德穆兰前往普鲁东家,胁迫他篡改屠杀的记录。而9月3日,在司法部,当着国民卫队指挥官、立法议会主席拉克拉瓦(lacroix)、市长佩蒂翁、克拉维尔、赛尔万、蒙热、勒布朗,及除罗兰之外的其他市政委员会成员的面,他禁止所有的政府要员离开房间,使他们被动地成为了这场屠杀的共犯,并对准备起来制止骚乱的官员说:"坐下,(屠杀)必须这样。"而就在当天,他发出了自己画押签字的告示,让委员会公开承认屠杀,并要求"外省的兄弟们"效法巴黎的榜样。

9月10日,他又以"人民使者而非司法大臣的名义"向凡尔赛的杀人凶手欢呼感谢。③从8月10日开始,在其前任私人秘书的比

---

① Buchez et Roux,卷XVIII,347页。丹东在国民大会上的讲话,9月2日。
② Meillan,回忆录,325页,Fabre在雅各宾俱乐部的演说。
③ Mortimer-Ternaux,卷III,391、398页。当凡尔赛刑事法院院长Alquier向丹东表示那些奥尔良的囚犯会有危险时,后者如此回应:"这不关您的事。干好你们自己手里的活,不要过问其他的事情。""可是先生,法律规定要保证囚犯的安全。""不关您的事,这些囚犯中有罪大恶极之人。"Alquier还想坚持,但丹东已经扭过身走了。

约 - 瓦雷纳(Billaud-Varenncs)、司法部秘书法布尔·戴格朗丁(Fabre d'Eglantine)和其最为信任的公社秘书塔里安(Tallien)的扶持下，丹东完全把持了市政厅大楼内的一切活动。直到最后一刻，他都还在考虑将自己的心腹，办公室主任德福尔克(Deforgues)安排进公社检察会①。可见，在丹东的监督和授意下，公社成为了一台杀人机器，而操纵这台机器大开杀戒的，正是他本人。

然而，在他看来，自己的专权行为合情合理；如果他不对公社进行全面掌控，那么后者必然就会自行瓦解。马拉现在已经被请进公社，不遗余力地向众人兜售他的血腥杀戮方案；他思想顽固偏执，行事为人则毫无底线。在其影响下，公社针对三十名立法议会的议员代表发出逮捕令；布里索的私人文件被抢走；罗兰的宅邸遭到包围；杜博尔则在邻近省份被捕，并被送往刑场，几经周转才侥幸脱身。既然马拉"大夫"已经在公社和各市区议会中搜罗到了五六十个忠实信徒，那么收刀入鞘已无可能，一场大规模的清洗就要开始。

这些屠夫们个个声名在外，包括革命公社的行政官马努埃尔，及其副手赫伯特和比约 - 瓦雷纳，还有曾先后担任公社委员会主席的尤根宁、吕利耶(Lhuillier)、MJ·谢尼恩、安图恩(Antouin)、雷奥纳尔·布尔东(Léonard Bourdon)、布拉(Boula)和特吕雄(Truchon)。此外还包括公社和各区的活跃人士，如帕尼、塞尔让、塔里安、罗斯洛尔、沙莫特(Chaumette)、法布尔·戴格朗丁、帕西(Pache)、哈森弗拉茨(Hassenfratz)和鞋匠西蒙以及印刷工莫默罗。国民卫队总指挥桑泰尔和营队队长昂里奥也参与策划了屠杀。

在他们之下，各个街区中还隐藏一大片喜欢带头闹事的乌合之众，他们也都是马拉、丹东和罗伯斯庇尔的同谋；和他们的领袖们一样，这些人最后都无一例外地被送上了断头台。而现在，这些未来的恐怖专政者们将展开他们的第一场屠杀，但他们的动机和态度则

---

① Ib. III, 217页。

不尽相同：MJ·谢尼尔由于思想过于激进而被圣礼拜堂俱乐部除名，因此想要报复。①马努埃尔则是因为情绪易于激动，受到怂恿才参与进来；最后看到他自己酿成的惨剧时战栗不已。狡猾的桑塔尔则是在暗中纵容屠杀；9月2日，他身为国民卫队总指挥官，不但不带兵维护治安，反而以看守行李为借口，在一辆马车中躲藏了两个小时。②监察会主席帕尼是一个标准的走卒，惯于讨好领导并对其盲目追随；他极度推崇罗伯斯庇尔，并建议他实行独裁统治，而丹东更是被他奉为先知；③昂里奥、赫伯特和罗斯洛尔则都是身穿制服却头脑简单的打手。科洛·戴博瓦则是因为写过一些拙劣的剧本和诗歌，在自己的想象中融入了太多的戏剧般的恐怖元素④，善于演讲的比约-瓦雷纳脾气暴躁，而性格又过于阴沉，在屠杀中表现得十分冷血，有如一位看惯了火刑的宗教裁判所成员，而罗伯斯庇尔则最为阴险狡诈；他不断鼓动他人杀戮，自己却不愿参与其中，既没有在任何相关文件上签字，也没有下达任何指令，只是在四处煽风点火，为日后的夺权做准备。而后，他突然采取行动，有如野猫扑食一般迅速地扑向吉伦特派，将他们全部清洗。⑤

在过去，雅各宾党人一直是通过街头骚乱的方式在暗中杀戮。而现在，他们将以政府官员的审查，通过合法的司法程序对登记在案的囚犯们集体定罪，然而再以国家的名义安排雇佣刽子手对他们进行公开屠杀；整个过程有序而又冷血，只有后来的"革命政府"能与之相比。九月的惨案不过是一个开始，为雅各宾日后的血腥镇压提供了极好的样板。二者之间唯有两点不同；其一，断头台尚未普及，暴民们只能使用长枪，因此杀人的效率不高。其二，惨案的策划者们

---

① 巴黎公社8月7日通告 Buchez et Roux 卷II，206页。8月27日对谢尼尔的控告，weber，卷II，274，275页。
② 斯塔尔夫人，《法国大革命》，第三部分，第十章。
③ Prudhomme,《巴黎革命》,9月22日刊。
④ Weber, 卷II, 348 页。
⑤ 关于罗伯斯庇尔在公社所扮演的角色，可参看 Granier de Cassagnac, 卷II, 55页。

尚有羞耻之心，因此躲在幕后，不敢抛头露面。然而，铁证如山，他们的亲笔签名是抹不掉的，一切迹象都将责任指向他们——这场惨剧正是在他们的组织、命令和引导下发生的。

8月30日，公社要求各区对被收监的人员进行审判。9月2日，完全处于雅各宾派控制下的5个区发出通告，表示将会处死本区内的被关押人员。① 就在当天，马拉入驻公社监察会；帕尼和赛尔万签署委任状，授权马拉和拉拜监狱的其他"同志"们对囚犯们进行审判，换言之即将他们处死。② 从当日开始，一直到其后的几天内，革命公社的三名成员，赫伯特、蒙诺斯(Monneuse)和罗斯洛尔先后在拉佛尔斯监狱(la Force)主持庭审。③ 就在当天，无套裤汉区的专员向公社请求派遣一支12人的队伍，帮助他们屠杀圣菲门(saint-Firmin)的教士④。

就在当天，革命公社派遣了一名巡视员巡查正在滥杀无辜的各大监狱，他表示"每个监狱的行动都十分顺利"。就在当天，傍晚五点钟，公社代理检察长比约·瓦雷纳"身着一件棕色的小外套，头戴黑色假发，让人一眼就能认出他来"；他踩在成堆的尸体上，对拉拜监狱的屠杀者们说道："公民们，你们已经履行了公民应尽职责，消灭了人民之敌。"到了晚上，他又跑来对屠夫们歌功颂德，并承诺给予他们"相应"的酬劳。第二天中午，他又回到监狱，对暴徒们给予更高的表彰，发给每个人一个金路易⑤，并鼓励他们继续革命⑥。

然而，在国民卫队指挥部，桑泰尔则按照罗兰的指示，假惺惺地表示自己无能为力；由于他拒绝法令，国民卫队只能原地待命。⑦ 巴黎各区的议会主席，如MJ·谢尼尔、色拉特(Ceyrat)、布拉、莫默罗

---

① 《公社通报》，8月30日 - Mortimer-Ternaux，卷III，217页。
② Granier de Cassagnac，卷II，156页。
③ Mortimer-Temaux，卷III，265页。— Gravier de Cassagnac，卷XII，402页。其他五名法官也是公社成员。
④ Granier de Cassagnac，卷II，313页。9月2日无套裤汉大会的登记册。
⑤ 金路易是旧时法国的一种金币，价值约为20法郎。
⑥ Buchez et Roux，卷XVIII，109页，178页。
⑦ Granier de Cassagnac，卷II，92，93页。

（Momoro）、科洛·戴博瓦等,都将本区的被羁押人员交到了手持长枪的暴民手中。在革命公社,联络委员会投票决定为处决活动提供1.2万利弗尔的活动经费。在监察会,马拉和他的同党们写出一篇篇鼓吹杀戮的檄文,随后被发往各省。很明显,煽乱者和暴动者们在行动上保持着高度的一致,他们各司其职,配合默契。一旦从上层传出指令,下级的暴徒们就会大开杀戒。①无论是领袖还是他们在基层的党羽,每个人都杀气腾腾;而屠杀的过程则显得既轻松又有序——狱卒们接到命令,对监狱中发生的一切听之任之;而且,为了谨慎起见,囚犯们的餐刀,甚至是餐叉,都被收走②。

于是,囚犯们按照点名顺序依次走出,有如屠场中待宰的牛羊;每个监狱都已经聚集了约20名行刑手;换言之,约有200到300人被招入了行刑队伍之中。③

V

充当侩子手的有两类人,由此也可见革命教条对粗鲁无知之辈的影响不可小觑。

第一类人主要为来自南方的志愿军,这群莽汉大多是来自国外及普鲁旺斯地区的土匪、逃兵、恶棍和游民,在参与了阿维农和马赛的暴乱之后,他们又来到巴黎,准备再次生事。正如其中的一个士兵所说:"我对天发誓,我赶了180法里的路来到这里不为别的,就是为了让我的长枪戳穿180个脑袋!"④为此,他们联合起来,共同组建起一支常设军,并且在巴黎驻扎下来。一旦接到命令,就会坚决执行,

---

① Buchez et Roux, 卷 XVIII, 146 页。 我的重生, p Maton de la Varenne: "当天晚上,一些半醉的妇女公开在斐扬高台说道,'明天就要了监狱里那些XX的命!'"

② 《九月纪事》, Jourgniac-Saint-Méard, 22 页。de Fausse-Lendry 侯爵夫人, 8月29日, 她获准取监狱看她叔叔, 然而"赛尔万先生和其他人对我说这样做不明智, 因为监狱现在很危险"。

③ Granier de Cassagnac, 卷 II, 27 页。Roch Marcandier 认为他们的人数不过300;Louvet 则认为应该是约为200。布里索则宣称屠杀是100名不明身份的歹徒所为。

④ Maton de la Varenne, 137 页。

不会被"任何冒充革命的歪理邪说"所蒙骗。①他们无意去边疆守卫国土，首都才是他们的岗哨，他们要"在这里守护自由"；无论九月前后，他们都不愿离开巴黎。最后，在拿足了粮饷，且找遍了一切借口之后，他们终于同意离开，但只愿意回到马赛。他们的战场永远在国内，打击的对象永远只是他们的政敌。尽管如此，他们对于自己的事业却狂热不已。而从市政厅带走24个教士，并在押送途中亲手将他们杀害的，正是这第一类人。②

第二类人则是巴黎的底层贫民，包括一些小店老板以及各行各业的下层从业人员，包括锁匠、石匠、屠夫、车匠、裁缝、鞋匠、车夫，以及特别是没有特殊技能的单纯出卖体力的劳工，包括搬运工、码头工和菜场的脚夫，其中又以闲工、学徒和帮工最为积极。③ 这群人中有的确实是野蛮嗜血之辈，有的人甚至本来就是盗贼出身④。另外有些人，例如希卡尔（Sicard）修院长熟识的一位忠实教友，则完全是遭到胁迫，不得已才卷入动乱之中⑤。

还有一些人则如同没有思想的机器，任人随意摆布，例如有一个街区的代销商，他本是一个诚实之人，却被暴徒们灌醉，在狂乱状态下杀掉了20名教士；在此之后，他再也没法睡安稳觉，终日酗酒麻醉自己，总是喝得嘴角起沫，全身颤抖，最后在月底丧命。⑥ 最后还有一些人，他们原本并无恶意，但是却在血腥的现场沾染了杀气，在革命的呼召下突然成了嗜血狂徒。有一位叫格拉潘（Grapin）的市民；本来，他受区议会之托，准备解救监狱中的两名囚犯。然而，他后来却坐到了马亚尔一边；他们一起进行了长达36个小时的审讯。最后，

---

① Buchez et Roux, XVII, 183, 雅各宾8月27日会议. 志愿兵Tarn的发言，Mortimer-Ternaux, III, 126。
② Sicard, 80. Méhée, 187. Weber, II, 279. Cf., Rétif de la Bretonne,《巴黎之夜》，375页："凌晨两点（9月3日），我听见窗底下有嗜血者们发出的喧闹声，从口音上听，他们似乎都不是巴黎人。"
③ Granier de Cassagnac, II, 164, 502. — Mortimer-Ternaux, III, 530。
④ Granier de Cassagnac, II, 507（关于Damiens），513（关于Lempereur）。
⑤ Sicard, 98.
⑥ Ferrières (édit. Berville et Barrière), III, 486. Rétif de la Bretonne, 581.

他竟然向马亚尔讨要行刑的授权书。①

然而，大多数行刑手都和这个在巴士底狱一役中砍杀德·洛雷的厨子（指马亚尔）一样，自认为是爱国的革命者，所作所为不过是为国除害，并且应当得到嘉奖。这些人并非是天生的恶棍，而是一些善良的普通百姓。在常日里，如果街区需要安设什么公共设施，他们都会主动帮忙。②总之，和今日社会相比，他们的道德水平并不差。

最开始，没有人想要趁火打劫，中饱私囊。在拉拜监狱，人们从受害者们身上搜到的钱包和珠宝都悉数上交。③即使是将死者的鞋穿到自己的赤脚之上，他们都还会先征求监察会的同意。至于佣金，每个人会得到一份。这也是之前说好了的，合情合理。他们都是一些靠力气吃饭的人，因此不会提供免费服务④。而且，由于这份活儿过于暴力血腥，因此工钱也就应该加倍：除了免费提供酒水食物外，他们每天还能得到6法郎。仅一个餐饮服务商就为拉拜监狱里的人们提供了346品脱的酒水⑤。

对于这份不分昼夜，比掏阴沟和屠杀牲口更令人生厌的工作，只有丰厚的佣金才能让他们甘愿出卖自己的良心。当然，这一切皆由"国家"来埋单，毕竟他们是在为国效力。如果有人要求他们按既定的程序办事拿钱，他们就会愤愤不平，找到罗兰，或是跑到区议会和公社监察会中，⑥一边喧嚷，一边举起带血的长枪——这就是他们圆满完成任务的最好证据！他们还跑到佩蒂翁那里炫耀，要求他对他

---

① Granier de Cassagnac, II, 511.
② 拉拜监狱的法官和杀人者在革命7年被起诉时，都依然居住在监狱周围。
③ Sicard, 86, 87, 101. – Jourdan, 123: "监察会主席向我表示，这些人都是诚实的市民；而在昨夜或者是前夜，其中一个人杀了人，满身血迹，却将被害者身上的26枚金路易都倒在帽子里呈交给监察会。"
④ Méhée, 179页，一个挥舞大棒的面包工这样喊道："你们只给我24利弗尔么？我可是杀了40个人啊！"
⑤ Granier de Cassagnac, II, 153. Cf. ib., 202-209.
⑥ Mortimer-Ternaux, III, 175-176. Granier de Cassagnac, II, 84. Jourdan, 222. Méhée, 179: "到了晚上，他们都来了，不停地咒骂，并威胁说，如果拿不到钱，就割断监事会所有成员的喉咙。"

们的"义举"和明辨是非的能力进行表彰①。虽然这份工作劳时费力，但他们毫无怨言，因为他们深信自己是在伸张正义，所要求的不过是自己应得的待遇。因此，在领取佣金之前，他们都毫不犹豫地向负责发钱的官员报上自己的姓名。而那些只是负责押解获赦囚犯的人，无论是石匠、假发工还是志愿兵，都分文不取，只要能"喝上两杯"就行。他们这样说道："我们做这些并不是为了钱；但是有朋友许诺说给我们酒喝，我们喝了酒后就马上各归其位。"②

在这份杀人的工作之外，他们大多都保有巴黎劳工们所固有的感情和同情心。在拉拜监狱，有一个志愿兵听说关押的囚犯已经26个小时没有喝水了，就迁怒于他们的看守，尽管连"囚犯们都在为他求情"，这名兵士依然我行我素，干掉了这名无良的狱卒③。当有囚犯被宣布无罪释放时，无论是在场的行刑人还是守卫，都立刻兴奋起来，抢着要和他拥抱，让他百步之内脚都无法落地。每个人都会为他热烈鼓掌，争先恐后地引他出狱。韦伯（Weber）就有过这种被前拥后抱的待遇。而马东·德·拉瓦内(Maton de la Varennes)在出狱时，人们纷纷跳上他的马车护送他回家。"有的人坐在车夫的座椅上，有站在车后"。④

此外，这些行刑手之中不乏极具修养之人。当贝特拉骑士（Bertrand）最终获释后，有两个全身是血的行刑人坚持要和他一起回家，想要看看他家人的喜悦表情。在干完这份残酷肮脏的工作后，他们十分渴望寻找温情来放松一下。来到骑士家后，他们待在客厅，安静礼貌地等待家里的女眷出面，在见证贝特拉家庭重聚的幸福之后，他们连声道谢，而后安静地离开，拒绝接受任何礼金。

他们之中有的人更是保有一种与生俱来的谦虚。有一个菜市场的脚夫，当他想要拥抱一个被释放的囚犯时，竟然知道先去征求对方

---

① Mortimer-Ternaux, III, 320. 佩蒂翁关于罗伯斯庇尔指控的讲话。
② Maton de la Varenne, 156. Jourgniac-Saint-Méard, 129. - Moore, 267.
③ Jourgniac-Saint-Méard, 115.
④ Weber, II, 265. Jourgniac-Saint-Méard, 129. Maton de la Varenne, 155.

的同意。有些刚才还在杀人的"悍妇",竟然"疯狂"地叫喊着要拦阻押送韦伯的卫兵,以免他下身穿的白袜被前面的血坑弄脏——"停下来,你们要把这位先生带到水坑里了!"① 可见,这些贫民出身的行刑手们并不缺乏他们这个阶层最基本的素质。和与其处境相似的人们相比,他们的道德水准一点也不差。我们可以设想,在和平时期,如果有警察将他们在作坊、咖啡馆或家里逮捕,他们大多都不会有任何反抗。

然而,在他们眼中,自己已俨然是尊贵的君王,"是国家的主人",拥有无比的权力。② 如果有人胆敢质疑,就被他们视为叛徒,应当施以重刑并立即处死。同时,他们又将一些疯子和小人奉为上师,而不知道后者对他们的献媚讨好不过是出于偏执或是算计。这就好比一个黑人国王在奴隶贩子的欺骗下围捕本国人民,在巫师的怂恿下在自己的族内搞屠杀。因此,大部分身处乱局而又遭受误导的底层民众,根本没有时间去考虑正义和礼节究竟为何物。

礼义廉耻不过是文明世界的产物,政治中只讲究野蛮和暴力。而单纯的民众逐渐接受了这个观念。在一次庭审上曾出现这样一场对话:"告诉我,公民先生,您也想长篇大论一番么?如果普鲁士或者奥地利的军队开进巴黎,他们定会任凭坏人作恶,而且还会像8月10日的瑞士佣兵一样滥杀无辜!""我不是演说家,我也不让任何人生厌。我只是一家之长,有一个妻子和五个孩子。就个人而言,我很愿意将家人托付给区议会来照顾,自己上前线杀敌。但是现在,我只听到说,监狱里关着的都是一群罪犯,而且还有其他的罪犯准备将他们放出来;③ 而他们正准备要杀掉我的妻儿。我有三个儿子,我想他们以后一定会为祖国做贡献,比你们要保护的坏蛋强得多。而且,如果非要放他们出去,那么干脆发给他们武器,让他们和我们公平决斗。无论是在这里还是在前线,我都是在与敌抗战,以死相争。但

---

① Weber, II, 264, 348.
② Sicard, 101. 比约-瓦雷纳对行刑手们的讲话。—— Ib., 75。
③ Méhée, 171.

是，不管是我，还是别人，我们都要对这个监狱进行清洗。于是在场的民众齐声喊起来："他说得对！不要留情！"

他们为囚犯们预备的，不过是一个临时组建的法庭、一本入狱登记册和快速的庭审。整个迫害程序十分简单，法庭根据公社的指示对囚犯定罪并处决。有时候，杀戮的程式更加简化：囚犯们被按照类别进行集体定罪和屠杀：瑞士佣兵、教士、国王的臣属与仆从、"靠王室专款生活的社会蛀虫"；只要能被扣上这些头衔中的一个，就足以定死罪了。在只关押有教士和瑞士佣兵的监狱，囚犯们甚至不经审判就被集体处死。通过简化屠杀程序，杀戮者们终于能够按照计划完成任务。对于杀戮之事，这些头脑简单、四肢发达之人逐渐得心应手，而他们也由此成了法国的新僭主。

与此同时，他们的心智也因为滥杀无辜而沉沦堕落。对于一个过去生活在文明世界，生性温和的普通人来说，让他成为有权有势之人，特别是让他瞬间成为屠戮无辜的凶手，这并非易事。最开始，他感到难以对敌人下手，甚至连辱骂对方时都会特别注意把握分寸。[①]他心中会隐约地感到自己的行为骇人听闻；而他的灵魂会如同麦克白一样饱受煎熬。然而，出于恐惧和内疚，他的心会逐渐变得刚硬起来，试图压制内心中与生俱来的人性。当内心遭受良心的拷问时，他就会变得狂躁。为了摆脱负罪感，他只有大开杀戒，"让内心充满恐惧"。

杀戮，特别像现在这样拿起屠刀砍杀手无寸铁之人，会给他带来两种极为特别的强大感受，对其身心造成巨大冲击。一方面，他会感到自己权力无边，既不受节制也没有威胁，可以肆意地主宰他人的身体与生命；[②]而另一方面，血腥而多样的死亡场景和受害者们扭曲的哀嚎声带给他一种异样的体验[③]。过去在罗马斗兽场中，罗马人就

---

① Sicard, 81. 最开始，马赛党人都不愿意折磨手无寸铁的囚犯。
② 想象被顽童虐待的猎狗，当它们为了求生反抗时，如同是在反对专制。而换来的结果却是加倍的压迫。
③ 这可以让人联想到斗牛。以及圣奥古斯丁关于斗兽场的描述；他清楚地记得生平第一次听到角斗士将死时发出的哀号。

对此趋之若鹜。但凡看过角斗士厮杀的人都会看了又看。而现在,巴黎的每一座监狱都是一个斗兽场,而行刑手们既是角斗士又是观众。而这两种性质不同,但又同样浓烈的感受相互融合,勾兑出一杯魔酒。他们一饮而尽,同时麻醉自己的身体与心灵,随着酒劲在被自己残杀的尸体上起舞作乐。而后,但丁笔下的恶魔会突然间从他们扭曲的身体中跳出;它表面上优雅高贵,但实际上却是头野兽,不仅会带给人无尽的痛苦,还会毁灭一切。

现在,迷恋上血腥味的暴民们开始围着尸体跳起舞狂欢,他们情绪高昂地唱起《卡玛尼奥拉之歌》[①],将街头围观的好事者高高举起,好让他们一同欢庆这场血腥盛宴。于是,暴民们为"先生们"和"女士们"备好了长凳,供他们观赏使用。[②]然而,有些好奇心过重的妇女为了仔细地查看死去的"贵族"们,竟然要求在每个尸体上放上一盏小灯。而与此同时,屠场里的屠夫们已经对杀戮得心应手。在拉拜监狱[③],"一个行刑手抱怨贵族们死得太快,没有了刚刚开始杀戮时折磨他们的那种快感"。于是,他们放缓了行刑速度,开始用刀把敲打囚犯来折磨他们,让他们在两排行刑队之间来回折返,如同在交叉火力中躲避求生的士兵。如果囚犯恰好是名人,则会遭到更为残酷的虐待。在拉佛斯监狱,准备处决德·卢耶尔先生的志愿兵竟共同起誓,"他们之中如果有谁敢一剑将他刺死,他们就会砍掉这个人的脑袋"。这些兵痞们先将德·卢耶尔的衣服扒光,然后用刀面将他敲打了约半个小时,打得他浑身血肉模糊,连内脏几乎都要被扒了出来。

他们内心深处压抑已久的各种恶念统统都被释放出来,使他们不但长出了嗜杀的獠牙[④],还流下了淫邪的口水。在暴力与淫欲的共

---

① Mortimer-Ternaux, III, 131.
② Sicard, 87, 91. — Granier de Cassagnac, II, 197-200. 关于酒、稻草和灯盏的消费和使用都有原始的记录。
③ Sicard, 91. — Maton de la Varenne, 150.
④ Maton de la Varenne, 154. 一个郊区的劳工对他说道"来啊,细皮嫩肉的先生们,我喝一杯你的血。"

同驱使下，他们将魔爪伸向了监狱中那些美名或污名在外的女性，包括王后的密友朗巴勒夫人、下毒犯德斯鲁（Desrues）的遗孀，以及一个皇家宫殿的卖花女，两年前，她因为妒忌，将身为国民卫队军官的情夫肢解，因此而入狱。她们不但被施以酷刑折磨，更遭到了猥亵侮辱，在身体受尽欺凌之后含恨而死。所幸朗巴勒夫人死得很快，但这些禽兽们竟然连她都不放过。而对于德斯鲁的遗孀①，还有那个卖花女，他们则充分发挥尼禄式的想象，像易洛魁人②一样为她们点起了火堆③。

此时，他们距离食人仅一步之遥，其中有些人竟然跨过了这条为人的底线。在拉拜监狱，一个名叫达米安（Damiens）的老兵用刀戳开德拉乌副将（adjudant général de la Leu）的侧胸，然后将手伸了进去，掏出他的心脏，"一口吞了下去"。有证人作证说，"血水从他嘴里留了出来，如同胡须一般粘在他的面颊"。④在拉佛斯监狱，朗巴勒夫人被肢解，假发工夏尔洛（Charlot）拿走了她的头颅，其所作所为过于卑劣，作者不便描述。另一个住在圣安托万街恶棍，则掏出了夫人的心脏，用嘴啃嚼了起来⑤。

他们就这样杀戮不停、狂欢不止。直到最后，他们终于感到疲倦，动作也变得迟钝。有位年轻的车匠一个人就已经迅速杀掉了17名受害者。另外有一个人"因为杀人时过于投入"，连将刀从尸体上拔出的力气都没有。一名志愿兵抱怨说："两个小时以来，我都不断地在砍杀左边和右边的人，累得像一个连续捣了两天泥灰的石匠一样"。⑥现在，他们的怒气已消，动作也越来越机械；有些人直接躺在

---

① Rétif de la Bretonne，《巴黎之夜，第九夜》388页："当兵士们对她进行凌辱时，她发出一阵阵惨叫，即使在她死后，尸体也不被放过。他们竟然还敢对着尸体说，她很漂亮。
② 易洛魁人是北美的印第安土著，以野蛮著称，很多人相信他们有食人传统。—译者
③ Prudhomme，《巴黎革命》，1792年，9月8日刊。— Buchez et Roux, XVII, 198页。
④ Mortimer-Ternaux, III 卷，257页。Roussel的抗议。— Ib, 628。
⑤ Ib, 633。Weber, II, 350 页。Roch Marcandier, 197, 198 页。Rétif de la Bretonne, 381页。
⑥ Maton de la Varenne, 150页。Granier de Cassagnac, 508, 515 页。九月党人的诉讼，Sainte-Foy, Debêche 的案件。Ib, 508, 513 页；Corlet, Crappier, Ledoux案。

监狱法庭的长凳上,其他人则醉醺醺地倒在四周。监狱和屠场都被血腥之气充满,以至于一位社区议会的主席当场昏厥在椅子之上[1]。酒气和尸臭混合到了一起,开始向四周弥漫。屠戮者们愚拙模糊的心智被笼罩在一种阴森而又沉闷的气氛之中,他们心中的最后一丝理性之光,也随着冰冷尸体上摆放的灯盏,逐一熄灭。

在这些麻木不仁的屠夫和食人者背后,我们可以发现一种可怕的执念,正是它让这些人成了偏执的革命狂人。除了杀戮和所谓的人民利益这两个极端、机械和僵化的概念,他们不接受任何其他的思想。由于心灵空虚,他们急于寻求各种刺激,一旦找到机会就可能做出各种让人难以想象之事。当屠杀结束,众人都立刻法庭后,一位行刑手这样问道:"还有活干么?""没有了",门口的两名妇女回答道。"应该再找点活干干。[2]"于是,他们又开始找活了。

既然他们的工作是清洗监狱,那么所有的监狱都不应该放过,而且刻不容缓。在清洗掉瑞士佣兵、教士、贵族,以及那些"细皮嫩肉的先生"们之后,剩下的就是那些一般的关押犯了,包括因禁于市政厅监狱、小堡(châtelet)和圣伯纳塔的盗贼、杀人犯和苦刑犯,以及比赛特尔医院和萨尔贝特里尔拘留所(la Salpêtrière)[3]收容的女犯、流浪汉、老乞丐和疯子。他们都不是好人,且还要花钱把他们养着[4],或许是不是有什么阴谋?例如,德斯鲁的妻子原来就关在萨尔贝特里尔拘留所,毫无疑问,她肯定和她的丈夫一样,"既阴险又狡诈,无恶不作"。她肯定会因为自己遭受监禁而怀恨在心,如果有可能,她会放火把巴黎烧成灰烬;她应该说过这样的话,肯定说过[5]。因此,应当将他们一扫而尽。与之前的屠杀相比,这个想法更加肮脏,因此也就需

---

[1] Jourdan, 219.
[2] Méhée, 179.
[3] 萨尔贝特里尔拘留所主要关押妓女和女犯。—译者
[4] Mortimer-Ternaux, III, 558. 一些志愿兵和巴黎"Eglite"营队的官兵也有着类似的想法。在凡尔赛,他们把从奥尔良押解过来的囚犯全部屠杀,并解释说:"这样做是为了节约国家用在关押犯人上的大笔开支。"
[5] Rétif de la Bretonne, 388 页。

要更加龌龊不堪之人来完成。

实际上,行刑手中有不少人都是惯犯。在拉拜监狱,当屠杀接近尾声时,他们就已经开始哄抢了①。在古堡和司法宫监狱,他们拿走了"一切他们想要的东西",即使是死者身上的衣服、监狱的床单和被套,以及狱卒手中的一点小钱都不放过。此外,他们还在囚犯中招募同伙;"在36名被释放的囚徒中,有不少都是杀人犯和窃贼;他们都被招入行刑队之中。监狱里还有75名女犯,大多都是因为偷盗而入狱,现在她们都表示要为她们的解放者效劳"。后来,在议会的旁听席上,正是这些女人在为雅各宾派和科特里尔派呐喊助威②。

在萨尔贝特里尔,"全巴黎的下流痞子,全法国乃至全欧洲的窥探狂、浪荡子和恶棍们都已经急不可耐",立刻将拘留所变为淫乱和杀戮之所③。虽然他们在此处大行奸淫和劫掠之事,但所幸杀戮较少。然而在比赛特尔医院,暴徒们的行径则更为残忍,杀戮是他们的唯一本能。医院的关押人员中,有43名来自社会最底层的未成年人,年龄从12到17岁不等;他们都是被父母或是监护人送到此处进行治疗的④。然而,在暴徒们眼中,他们却成了巴黎街头的小流氓,天性懒惰、不学无术的店铺学徒,长大后定会走入歧途,与罪犯们为伍;于是这群真正的暴徒抢起棒子向他们砸去。然而,这群孩子正值青春期,求生的意愿极强,想要剪除他们就必须花费十二分的气力。一位狱卒回忆说:"就在这个角落,我们把孩子们的尸体堆积起来。第二天,我们准备把他们埋葬;当时的场景恐怖极了,除了有一个孩子像天使一样睡着了之外,其他的尸体都支离破碎。⑤"这些暴徒不仅仅已经越过了人类的道德底线,甚至连畜生都不如;因为即使是豺狼,都不

---

① Méhée, 177页。
② Prudhomme,《大革命之罪》,卷 III, 272页。
③ Rétif de la Bretonne, 388页。萨尔贝特里尔中收容两类女性,一种是犯罪收监的妇女,而另一类则是寄养此处的年轻女孩。她们得到的待遇不尽相同。
④ Mortimer-Ternaux, 卷 III, 295 页。
⑤ Barthélemy Maurice,《塞纳省监狱史与轶事》329页。

会滥杀族内的幼崽。

VI

　　整场屠杀整整持续了六天五夜①。在拉拜监狱、拉佛斯监狱、小堡、司法宫监狱、圣伯纳塔、卡尔曼(Carmes)、圣菲门、比赛特尔医院和萨尔贝特里尔,分别有171人、169人、223人、328人、73人、120人、79人、170人和35人死于非命。受难者中包括250名普通教士、3位主教或大主教、多位将官和法官、一位前国务大臣和一位王室成员,这些人都是法国社会的精英人物;而另一方面,底层平民也难以幸免,一名黑奴和一些妇女、儿童、苦刑犯和穷汉也因为暴乱丧命。

　　现在,无论是贵族还是小民,都尝到了屠刀的滋味。与此同时,雅各宾匪帮的力量却在不断增强,富尼埃、拉左斯基和贝卡尔这三个杀人犯头子又从奥尔良拉来了1500名匪徒②;他们本来只是负责将在奥尔良法院定罪的囚犯押往巴黎,却在押运路上杀害了德·拉萨尔先生、德·布里萨克先生和其他42名被控叛国的受害者;其后,以"巴黎为榜样",他们又将从凡尔赛监狱带走的21名关押人员杀害。而当他们到达巴黎时,却得到了司法大臣和革命公社的褒奖,被各个市区议会的革命者们奉为英雄③。

　　毫无疑问,只要有必要,这些暴徒们随时都会将屠杀重演一次;无论在巴黎还是外省,人们都不得不忍受他们的淫威和暴行。城内四处都是雅各宾乱党私设的岗哨,而在市区议会内也满是他们的党羽。

　　当马鲁埃前往鲁勒(Roule)区的议会时,④发现那里已经成了阎

---

① Granier de Cassagnac, II, 421 页。
② Mortimer-Ternaux, III, 399, 592, 602 到 606页。
③ Roch Marcandier, 210. 拉左斯基在 la Finestere 区的演讲。
④ Malouet, II, 243 (2 septembre). —《观察家》,卷XIII, 48 页, 1792年9月27日会议。通过帕尼的发言,我们就能肯定监察会的情形同样糟糕 过我们代表人民,我们周围都是因为法院判决不公而义愤填膺的民众。我告诉你们,有个贵族逃跑了。你们一定要把他抓住,否则,你们就也是叛徒。

王殿,聚集了一百多名叫嚣分子、造谣生事者、雅各宾党徒和他们的帮凶。会场中间摆放着一张绿色的长桌,桌上放着刀剑和匕首;议会的二十名委员就坐在桌边;"这些革命者身穿衬衣,但袖子都已卷起,有的人手里拿着枪,有的人则拿着笔"。他们一边签发逮捕令,一边"又在相互谩骂与威胁,异口同声地相互喊话:'叛徒!走狗!下监狱去吧!上断头台吧!'"而他们身后的旁听席则更加混乱不堪,暴民们不停地在手舞足蹈,喧闹叫骂;好像一群呲牙咧嘴的恶狗,随时准备相互扑杀。"他们之中有一人最为凶悍,挥舞着手中的刀剑准备向对手身上劈去。就在这时,他发现了马鲁埃,于是停了下来,并高声喊道:'马鲁埃!'他的对手抓住这个机会,抄起手中的棍棒给了他重重的一击。"马鲁埃最后侥幸脱险。

实际上,在当时,任何人想要逃脱巴黎都得凭借运气。而如果被迫留在巴黎,就意味着身处惨景之中。每条街道上都有匪徒队伍来回走动,将抓捕到的嫌犯带往市区议会或是监狱。每座监狱的四周都聚集着想要"欣赏惨剧"的民众,而拉拜监狱的大院里,已经有人开始叫卖死人留下的衣物。运载死尸的灵车不分昼夜地在街道上来来回回,一共运走了1300具尸体。而有些妇女竟然爬上车,一边踩在尸体上跳舞。①对于一个正常人来说,当他看到议会中的群魔乱舞、监狱中的刀光剑影和运尸车上的血肉模糊时,会不会觉得自己是在做一场噩梦?

于是,整个巴黎都吓破了胆;各大报纸都被迫认可他们的行为,对屠杀遮遮掩掩,或者干脆直接闭嘴;没有任何人敢于站出来反抗。从此以后,暴徒可以毫无顾忌地处置他人的财产,剥夺他人的生命。在城中的各个关卡、集市以及圣殿街,曾经的流氓盗贼现在却在胸前挂起了三色绶带;他们肆意抓捕行人和商贩,借口说一切珠宝都应放到国家的祭台上,将这些人的钱袋、手表、戒指和其他财物一概抢

---

① Granier de Cassagnac, II, 258。Prudhomme,《革命之罪》, III, 272。Mortimer-Ternaux, III, 631。

走。他们行事蛮横粗鲁,在摘取妇女们的耳环时动作过快,以至于拉伤了不少人的耳朵。① 还有一些暴徒则赖在杜勒伊宫的酒窖中不肯离开,随意挥霍本属于国家的藏酒和藏油。还有一些 8 天前被"人民解救"的匪徒,他们嗅到了更大的猎物,闯进加德-莫波勒宫偷走了价值 3000 万法郎的钻石。②

整个城市如同被重锤打晕了一样,近乎瘫痪,对各种暴行听之任之。策划屠杀的阴谋家们达到了他们的目的:雅各宾乱党已经在公权力的中心深深扎根,任何人都对它无可奈何。无论是在立法议会还是在后来的国民公会,软弱的吉伦特派都无法与执念于夺权的雅各宾派抗衡。后者已经通过这场屠杀向世人证明它无所不能,并为此而自鸣得意。虽然它并非正式的组织,却无处不在,既有自己的血腥纲领和高效的行事程序,又有一支由暴徒和杀手组成的武装队伍以及马亚尔和富尼埃这样的带头人。而现在,它已经全副武装,长枪在手、枪炮上膛,随时准备采取行动。除了雅各宾党人自己,其他任何人的生活都必须经由他们认可和开恩才方保无虞。这一点毋庸置疑,因此立法会议再也不敢提自己拟定的驱逐名单,因为名单上的人已经用屠杀对其进行了答复。也不再有人敢查这些人的账,或是要求他们遵纪守法。

他们已经毫无争议地垄断了权力,而他们的清洗活动依然在继续。11 天内,通过市政府的政令、市内各区的通告,或是某个雅各宾党徒发出的命令,又约有 400 到 500 人被捕,被投入那些血迹未干的牢房。有流言称,监狱将于 9 月 20 日发动一场新的清洗。③ 即使后来成立的国民公会煞有介事地承接了立法工作,似乎大权在握,但这并不重要;无论正常与否,政府权力始终属于手中握有刀剑之人。雅各

---

① 观察家,卷XIII, 688, 698 (no des 15 et 16 septembre). Ib. 罗兰的书信, 701, 佩蒂翁的书信, 711。Buchez et Roux, XVIII, 33, 34。Prudhomme 也写信提到过这件事情。(9月14日)
② Buchez et Roux, XVII, 461 Prudhomme,《巴黎革命》, 1792年9月22日刊。
③ 《观察家》, XIII, 711页, 9月16日会议。罗兰的信, Buchez et Roux, XVIII卷, 42页。《观察家》, XIII, 731页, 9月17日会议。

宾派通过临时制造恐怖事件来维持自己非法的权力；而现在,他们将通过长期的恐怖专制来为自己建立合法的权力。通过压制和操纵选举,他们为自己的成员在市政厅、法院、国民卫队、区议会和各级行政机关夺取要职。

实际上,这场屠杀的策划中,组织者和协同者：马拉、丹东、法布尔·戴格朗丁、德穆兰、马努埃尔、比约-瓦雷纳、帕尼、赛尔万、科洛·戴博瓦、罗伯斯庇尔、勒让德、奥瑟兰(Oseelin)、费勒隆、达维德（Davide）、罗波尔和拉维康迪(la Vicomterie)都被选入了国民公会。①而整个选举过程充满了欺诈和逼迫。

首先,雅各宾派要求选举必须在人民面前公开进行。于是,选举团的场地被定在了雅各宾俱乐部的大厅,在众多的雅各宾党徒监视下进行。此外,为了保险,雅各宾派的所有政敌,即所有的立宪派和斐扬派、保王俱乐部和圣礼拜堂俱乐部的成员,以及所有在2万人请愿书和2000人请愿书上签字的人,都被禁止参选。如果有的市区议会表示抗议,那么就会被视为"阴谋"。最后,每次投票时,选民们都被要求高声表决；每个人在投票时都已经思考清楚,因为他们已经受到过明确的警告。9月2日,当选举团在主教府进行首场会议时,马赛党人正在距离会场500步以外的地方；他们刚刚从市政厅押出24个教士,当队伍走到新桥时,这些兵痞就开始用刀对这些囚犯乱捅乱戳。而在晚上,在拉拜监狱、卡曼监狱和拉佛斯监狱,政府雇佣的行刑手们正在"开工"。9月3日,新桥的两边已经堆满来自小堡和司法宫监狱的尸体；当选举团被迫移往雅各宾俱乐部时,不得不从这条血腥之桥中间穿过。

---

① 国家档案馆档案,CII、58、76页。

第二章　外省：革命病毒的传染性特征

Ⅰ.革命政府的基本原则即雅各宾派主张的人民主权论—新法的正式公布—公众对新制度的理解—其目标—敌人—行事程序与手段 Ⅱ.在几个省份中,革命政府已提前建立—以瓦尔为例 Ⅲ.各地雅各宾俱乐部的独裁统治—空位期的圣-阿付里克 Ⅳ.雅各宾专政的常规手段—区域内活动的俱乐部分子—人员—领袖 Ⅴ.跨区活动的志愿兵—人员素质—军官的选举—抢劫与暗杀 Ⅵ.内政大臣与各地急函—从卡尔卡松到波尔多—从波尔多到卡昂—北部和东部—从沙隆（Châlons-sur-Marne）到里昂—康塔特和普鲁旺斯—雅各宾政府的回应—政治意图

在外省,类似于6月20日、8月10日和9月2日这样的惨剧发生了100多起。如果说人的身体会遭受传染病的侵害,那么精神亦然,随时会受到革命病毒的威胁；它有能力以最快的速度蔓延至全国各地；一旦某个地区受到感染,就立即会将病毒传染给邻近地区。在每个城市或市镇,该地的雅各宾俱乐部就像是一个发炎溃烂的伤口,不断侵蚀着当地其他的健康肌体。而每个遭到彻底瓦解的地区,就会散发出革命的疫气,将病毒传播到更远的地方。① 全法各地的疫情表

---

① Guillon de Montléon, 卷I, 122. Laussel 给雅各宾里昂分会的信函,1792年8月27日："告诉我你们砍掉了多少人的脑袋？让敌人溜走是一种耻辱！"

现都极为相似,这也意味着传播瘟疫的病毒只有一个,即雅各宾的基本原则;这个原则已经成了一切篡权、偷窃和屠戮之举共同的政治画皮。对于人身安全的侵犯以及对于公私财产的掠夺都成为了合法行为,因为施暴者们都是新体制的掌权人,而他们如此行径也不过是为了维护公众的利益。

I

因此,各地的雅各宾分会都要求在当地建立专制政府;在雅各宾党人看来,这是他们与生俱来的权利。而且既然立法议会宣布国家处于危难之中,那么也就意味着他们的主张有法可依。雅各宾派最为重要的一份报纸如此发声:"根据这份宣言,从今天开始,法国人民将团结起来,共同行动……他们终于夺回了属于自己的权力"。① 按照雅各宾派的革命理论,无论是法官、议员代表,或是其他有建构、有体系的权力机制都毫无意义。所有的公权力代表都是临时的,可以随意撤销。"你们可不是人民的领袖;你们的作用不过是汇集人民的选票和意见……在人民需要做出严肃决定时为他们代言。"

这不仅仅是雅各宾派的政治理论,更是整个国家的法理基础。立法议会被迫批准了雅各宾派的骚乱,承认了公社的合法地位;而后,它渐渐隐退,演变成了一个为了预防权力真空而存在的临时性组织,甚至都无法决定自己的后事,为自己设计一个继承制度,只能卑微地"邀请法国人组建一个国民公会"。它甚至承认自己"无法为人民行使权力的方式制定强制性的规定,只能向公民们指示出一些可供选举参考的建议"。② 而在公民公会成立之前,它将会对"人民"唯命是从,既不谴责他们的罪行,也不会以祈祷之外的其他方式阻止他们去杀戮。而且,通过大臣们的单独陈奏或是集体会签,议会授权雅

---

① 《巴黎革命》Prudhomme,卷 XIII, 59-63 页 (1792 年 7 月 14 日)。
② 1792 年 8 月 10 日和 11 日法令。

各宾派将他们的阴谋在各地重演：罗兰委任富尼埃前往奥尔良夺权，丹东则把马拉的宣传单传遍全国；而内阁则将沙默特、费勒隆、威斯特曼、安图恩、尤根宁、莫默罗、库通和比约-瓦雷纳①等人派往各地，借此来改造外省；这些人都是公社和俱乐部的极端分子，声名狼藉，却笃信雅各宾派的政治理论，并十分执着地将其四处兜售。

"他们公开宣称②，人们将不再受法律约束，权力属于人民，每个人都是国家的主人。每个地方的民众都有权以人民利益的名义确立最适合自己的行政方式"。人人有权对农产品征税，可以将麦子直接从粮仓搬走。如果有农场主拒绝将粮食运往市场，那么他们就会砍掉他的脑袋。在里苏尔（Lisieux），杜福尔和莫默罗不停地鼓吹农业法。在杜埃，来自巴黎的革命宣教士则这样对民众们喊道："准备好绞架吧，把它们都安放到城墙之上，把那些和我们意见不一的人统统绞死。"这个理论是世间的唯一真理，而雅各宾派的报纸则不遗余力地鼓吹它的好处，同时还向民众教授使用这到手权力的办法："在我们所处的社会中，我们有权要求各种东西，一切都是属于我们的"。此外，"我们有必要对财产进行重新分配……保证平均，消灭富人凌驾于穷人之上的邪恶体制"。

然而，现在形势危急，因为"对于人民——真正的人民来说，几乎法国所有的大地产主、富商、金融家和有钱人都是人民公敌……在革命时期，这些人都应当被视为人民政府的秘密或公开的敌人。"而且，"在离家从军之前，每个公社的居民都应当把那些可能从内心里仇视自由的人转送到安全的地方严加看管；直到战争结束后才能释放他们"。"负责看管他们的人应当配备长枪，并给予他们每人每天30苏的补贴。那些前政府的支持者们、以布隆代尔和罗德尔为首的巴黎省府官员、以拉法耶特和达富里（d'Affry）为首的高级将领、

---

① Prudhomme, 9月15日 483页 — Mortimer-Ternaux, IV, 430。
② Mortimer-Ternaux, IV, 11. Rapport de Fauchet, 6 novembre 1792. — Ib., IV, 91, 142. 北部行政官 M. Fockedey 和塞纳及马恩省代表巴伊的讲话。

以巴尔纳福和拉莫特(Lameth)为首的立宪派代表、以拉蒙和若库尔(Jaucourt)为首的斐扬派①，以及所有那些享受王家专款津贴的肮脏之辈，以及8月9日晚到10号，聚集在王宫周围的4000名杀人凶手……这些人都是杀人不眨眼的恶魔。人民啊……起来吧！不将这群阴谋家杀光，我们誓不罢休。对敌人毫不留情乃是人民的天性。让我们将这些坏蛋投入恐惧之中；我们有责任将他们全部放逐，因为神圣的祖国已经为此而发怒"。

毋庸置疑，这就是雅各宾派向民众们拉响的警报，催促他们去对抗现行体制，对抗上层社会，对抗行政、司法和军士机构，对抗教士和贵族，对抗地产主、资本家、金融家和工商业的业界领袖，简而言之，对抗法国所有新旧精英阶层。巴黎的雅各宾党人已经通过他们的亲自示范、报纸和革命宣教士，向外省发出了信号；而他们在各地的同志们已经深受同样教条的浸淫，已经准备妥当，等待最后的命令。

II

在多个省份②，暴徒甚至不等接到命令就直接行动。例如在瓦尔，抢劫与压迫早在五月就已经开始。按照惯例，城堡和修道院成了暴乱的首要目标；尽管它们已经被充公，成了国家财产，但雅各宾乱党们找出理由为自己辩解，时而声称"政府效率低下，没有及时执行针对流亡贵族的法令"，时而又指出"城堡位于战略要地，会让居民们感到不安③"。

法国的村庄大多民风淳朴，惯于为非作歹之徒并不多见；实际上，在蒙托鲁(Montauroux)城堡中大肆劫掠的暴徒总数不过40人，

---

① Prudhomme, n'du 28 août 1792, 284 à 287.
② Cf.《大革命：乱局》, p.555. 在十个省份中，第六次和第七次农民暴动相继发生，中间都没有间隔。
③ 国家档案馆档案, F7, 3272. 瓦尔官员的书信, 1792年5月27日, 大臣Duranthon的书信, 5月28日。— 10月31日, 省府信函。

但城堡中的"家具、食物、日用品甚至是酒窖里的器皿"都被悉数抢走。而后,这群匪徒又洗劫了图尔隆(Tournon)城堡,将萨勒尔(Salernes)城堡付之一炬,拆毁了弗拉格斯(Flagose)城堡,填埋了加布里(Cabris)庄园的河道。

此外,蒙特里厄(Montrieux)的女修院、格拉斯(Grasse)、卡奈(Canet)、雷剧斯(Régusse)和布洛瓦茨(Brovaz),以及其他几处的城堡也被夷为平地,拆墙破洞已成寻常之事。然而,这伙乡间的强盗却逍遥法外;在人民主权论的挟制之下,各地的法庭已被夺权,毫无权威可言。雅各宾派的分支机构"覆盖全省",将制造混乱的病菌撒往四方。"那些握有一定职权,坚决依法行事之人,包括各级官员、法官和军官,却陆续遭到暴民们的指控,被后者斥为违背民意,对抗宪法与自由精神的人民之敌;其理由是'他们只知道谈法律,难道不知道法律都是人民制定的么?而我们就是人民!①'"

既然暴民们握有真理,那么他们很快就能像巴黎的同党们一样推断出结论。"在很多俱乐部,他们已经开始准备毁掉'贵族'的产业,砍掉他们的脑袋。那么,他们嘴中所咒骂的'贵族'指的是谁呢?在大城市里,被指为贵族的是一些富商和大地产主;而在小市镇,被扣上这个帽子的却只不过是一些普通的中产市民,他们大多个性温和,拥护政府,通过合法的途径获得利益并受到法律的保护。有些指控则更加荒谬和疯狂;在一个俱乐部中,暴徒们竟然将一位诚实善良的农夫指控为'贵族',其原因仅仅是因为他指责过劫掠城堡的匪徒,说他们有一天会自尝苦果而已。"可见,在巴黎的暴乱开始之前,瓦尔的雅各宾派就已经将法国人归为两类了:要么是受剥削者,要么就是剥削者;而他们所要做的,就是消灭所有那些有思想有教养的富人,把他们置于贫民们的专制之下。

---

① 国家档案馆档案,F7, 3271.瓦尔官员的书信,1792年5月27日,其言辞充满革命精神。Cf. Montpensier公爵,《回忆录》卷II。在埃克斯,一个卫兵向准备冲入大厅的无套裤汉喊道:"公民们,你们为什么要冲击我的岗哨?是谁下令让你们进来的?"他们之中有一个人回答道:"我们是奉人民之命,难道你不知道人民才是国家之主么"。

和巴黎一样,瓦尔的暴动也是一步一步展开的。在土伦附近的波苏埃(Beausset),一个"曾两次因罪入狱,又两次获赦"的名叫维达尔(Vidal)的罪犯,竟然当上了国民卫队的队长,任何人如果反对他,或者只是在私下说他的坏话,他都会以死相威胁①。有两位长者,一位是公证员,另一位则是一名车工,对此表示不满,并且向当地的检察官提起申诉。结果,一阵警钟响起,街上出现了一群手拿武器的暴徒,将这两个申诉者用乱枪打死,他们的尸体也被扔到了土坑之中。不仅如此,受害者的朋友中也有不少人受伤,其他人则抱头鼠窜,七间名宅也被暴徒们顺势洗劫。然而,市政府却一味地容忍和纵容他们,直到一切都已经结束后才介入。然而,凶手们却全都逍遥法外;在进行庭审时,约有1000人到场,对陪审团施加压力;整场诉讼没有留下任何证词,市政府表示自己一无所知,即没有听见警钟声,也没有注意到有人从市政厅的窗户向外放枪。其他的证人也一言不发,并私下解释说"如果他们作证,等到进城维持秩序的军队撤出之后,暴徒们就会要了他们的性命"。陪审团团长也受到威胁,庭审还不到45分钟,就明智地离开了这座乱城。

波苏埃和邻近地区的雅各宾党徒看到法律拿他们无可奈何,就更加肆无忌惮,有人明目张胆地提议纵火。"军队刚刚撤走,暴徒们就把剩下的19座房子毁掉了",还有人提议"砍掉所有贵族们的脑袋",也就是杀掉这一带的地产主。实际上,当时很多地产主已经逃离该城了,然而仅仅是逃离还不够。维达尔下令,要求那些逃到土伦避难的地产主立刻回到波苏埃,否则就会将他们的房子拆毁。而就在当天,作为警示,暴徒们就已经洗劫并拆毁了几间房屋,其中包括一位公证人的住宅。该城所有的贫民都参与了这场暴动,那些来自社会最下层的"男男女女"们个个喝得烂醉。既然这种暴乱有财劫,又有酒喝,于是有人提议在省府再来一次。于是,土伦的俱乐部宣称:"我

---

① 国家档案馆档案,F7, 3272。

们要将土伦建成一个新的巴泰勒米岛①"。很快,他们就得到了支援。土伦邻近城市的俱乐部都派出人手,听从土伦俱乐部的统一调遣。和波苏埃的情形一样,土伦的市政厅对暴乱也是听之任之,于是公共检察官和接到通报的地区官员也加以效仿。有人写信给巴黎,或者亲自前往立法议会,或拜访国王对他们进行控诉,俱乐部则以实际行动对此进行回应:暴徒们在城中磨刀霍霍,架起无数的私刑架,而那些走漏屠杀消息的的人则惨遭屠杀。

III

既然雅各宾派在合法政权尚存时就如此嚣张,我们可以想象在政府倒台后的权力空位期,他们又会有何种表现。同样,我还是要通过具体的实例来梳理他们犯下的累累罪行。为了更好地认识这些新近篡权的暴君们,我们就依旧要收缩视野,以小见大。

当8月10日的消息传到阿韦龙省的小城圣-阿付里克(Saint-Affrique)后②,当地的雅各宾派立即组织起来,宣称要拯救祖国。为此,和该地区其他俱乐部一样,他们迅速建起了自己的革命权力机关。18个月以来,在外省,特别是在南方,从里昂到蒙贝利尔,从阿让到尼姆,这种情况早已有之。而当政治空位期来临之后,筹设私权之事则愈演愈烈,这些组织行动隐秘,将俱乐部的动乱提议与计划付诸于实践③。其成员们大多在深夜行动,头戴面具或能遮住脸的大檐帽;每个人的名字都在总部记录在案,并配有一个专属的代号。他们的武器是一根饰有三色绶带的棍棒;这根棒子还可以当队伍的标识使用,带着它,组织的任何成员就"行走无阻"、肆意妄为。

---

① 巴泰勒米是法属殖民地。—译者
② 国家档案馆档案,F7, 3193 和 3194, F7, 3193,圣-阿付里克的详细情况,请参见Cf. F7, 3194, 1792年3月29日,省行政官员的通信。
③ 国家档案馆档案,F7, 3193. 圣-阿付里克的庭审档案,以及1792年11月10日派往该省专员的报告(115页的证人证词)。

圣-阿付里克的革命权力机关约有80名成员，其中还包括驻扎在该城塔恩省第7营中的无赖。为了说服他们入伙，俱乐部不断地怂恿他们抢劫，并称"邻近城堡中的一切都是他们的。"①不过，这些城堡并不需要为此担心，因此在此之前它们都已经被洗劫一空。几个月以来，无论是在圣-阿付里克还是在邻近地区，贵族和正统的教士都已逃光，现在则轮到富有的市民们了。由于大部分居民都是虔诚的天主教徒，一些商铺老板、手工作坊主和农场主都对雅各宾派表示不满，俱乐部觉得有必要对这些革命的后进分子进行管束。

首先，所有的妇女们，包括那些女劳工和女佣，被要求必须参加已宣誓教士们主礼的弥撒，否则就会遭到殴打。其次，有反革命嫌疑之人都被解除了武装；雅各宾派通常在深夜突然闯进他们的私宅，不仅没收了他们的枪支，还抢走了他们的钱粮。有一个杂货店老板由于没有改变对革命的冷漠态度，结果遭致了二次劫掠；约有七八个人用木桩撞开了他家的大门，吓得他躲到阁楼里避难，直到天快亮才下来，结果却发现店子里已被洗劫一空，没有被拿走的东西也全部被砸烂②。第三，"对恶人进行惩戒"：晚上六点，一个被列入黑名单的鞋匠家突然有人敲门，于是学徒把门打开，立刻有六个暴徒闯了进来，其中一个掏出一张纸，对已被吓傻的鞋匠说："我以革命权力机关的名义，要对您进行棍刑。""为什么呢？""如果您没有做坏事，至少这样想过。③"于是，他们当着鞋匠全家的面用棍棒将他痛打了一顿。

然而，这并非个例，有很多人都像这个鞋匠一样在家中遭到逮捕和殴打。至于行动的费用，当然是由这些"恶人"来支付；雅各宾派强制他们按照自己的经济状况为革命权力机关出资：例如皮革商或是牲口贩子需要交费36利弗尔；而制帽商则需要缴纳72利弗尔；否则，"革命权力机关到了晚上9点就会自己动手"。

---

① 民兵 Alexis Bro 和其他三人的证词。
② 商人 Déposition de Pons 的证词。在他家遭到侵袭后，他们不得不向革命机关哀求能够不受惊吓地留在城里。
③ 鞋匠 Capdenet 的证词。

除了俱乐部成员之外,任何人都无法逃避这项税款。即使是穷困潦倒的老人,也必须上缴自己仅有的5利弗尔指券;而那些身上全部积蓄不过七个半苏的农妇,雅各宾暴徒们也将她搜刮得一个子不剩,而且还说道:"这够喝上三次了!"[①]至于其他无钱纳税的人,就必须用实物相抵;暴徒们毫无廉耻将手伸进他们的酒窖、储物箱、衣柜和禽棚。

在布吕斯居埃(Brusque),由于暴徒的手段过于残忍,以至于市长和地区行政官都被迫逃离,两天后才敢回来[②]。此外,即使那些宣誓的教士也难以幸免,维尔索尔(Versols)的本堂神父和拉佩尔(Lapeyre)的副堂神父都遭到侵扰,家中被洗劫一空:钱财全被抢走,酒桶也被倒空。在杜伊弗(Douyre)本堂神父的家中,"家具、日用品、书房和窗户被砸烂"。暴徒们在他家大吃大喝,把剩下吃不完的东西全部扔掉。然后,他们开始搜捕这位神父和他已经还俗的兄弟,并威胁要"砍掉他们的脑袋,把剩下的身体拿来做香肠"。

革命权力机关中不乏贪婪之人,他们都趁机私饱中囊;如有一位叫布尔奎(Bourguière)的部队骑兵,就霸占了前市长遗孀的葡萄园[③];他在光天化日之下将园内的葡萄全部摘取,并据为己有,并且还威胁这位寡妇说,如她胆敢申诉,就拧断她的喉咙。同时,以革命权力机关的名义,他强迫她接受50埃居的赔付款,并就此了事。

除了抢劫之外,暴徒们还随心所欲地向民众施暴。他们有时会在夜晚11点闯入民宅,赶走屋里的男丁,或是用棍棒屈服他们就范;然而,其中一个暴徒会手拿棍棒堵住大门,其他人则开始对女眷们下手,将她们从后面抓住,并抱到怀里。[④] 无论她们如何喊叫都无济于事;在圣-阿付里克,没有人敢在夜晚出门。而第二天,治安法官却

---

① Pierre Canac 磨坊主 Guibal 妻子 Marguerite Galzeng 的证词。
② 布吕斯居埃行政官 Martin、维尔索尔本堂神父和拉佩尔副本堂神父的证词。
③ Anne Tourtoulon 的证词。
④ Jeanne Tuffon, de Marianne Terrai, Marguerite Thomas, Martin 的证词,内容过于详细,不便全部转述。

不敢接案子,理由是"他自己也害怕革命权力机关"。9月23日,一些市政官员和书记员在巡逻时差点被用棍当街打死。10月10日,另一个市政官员则被公开处死;十五天前,一名志愿兵中尉马茨耶尔(Mazières)先生因为"坚持维护社会治安,履行其职责",在床上被其下属刺杀。

于是,再也无人敢于嘘声。这种专政体制维持了近两个月,雅各宾党人深信10月21日的选举中无人再敢和他们作对。无论如何,为了保证万无一失,他们没有按照法律规定在选举前八日通知选民参选;此外,他们还警告选民,如果不推选革命机关推荐的候选人,就会遭到三角棍的围殴①。结果,大多数民众选择弃权;革命机关的领袖伯根龙和撒勒斯虽然只获得了40票,却因为该城600名选举权人中大多数未到场投票而当选为市长和行政长官。由此,他们通过暴力篡夺的权力被完全合法化。

IV

8月10日后在法国各地出现的新政府都十分类似,基本上都是由当地的雅各宾俱乐部控权,但其专制的形式和手段会根据各地的具体情况而有所区别。在有的地方,俱乐部直接建立类似于匪帮的权力机关或者煽动乱民生事,以此直接掌控地方权力。在另外一些地方,雅各宾派则操纵地区选举团或者胁迫当地政府,间接地进行独裁统治。他们将敢于反抗的市政官员全部清理和撤换②,剩下的要么是他们的党羽,要么则沦为他们的傀儡③。为了逼迫官员们就范,雅各宾派不仅对反抗者们施以拳脚,而且还蓄意谋杀④,甚至会制造大规

---

① 羊毛工 Moursol 的证词,地区行政官 Louis Grand 的证词。
② Paris, Joseph Lebon 回忆录 卷I, 60页。阿拉斯市政府的Joseph Lebon 9月16日被选为市长。
③ 例如8月16日的里摩日,Cf. Louis Guibert,《上维埃纳省的吉伦特党》14页。
④ 例如卡昂和卡尔卡松。

模的屠杀①。当然,雅各宾派的手段不只是屠戮和威胁,他们的各种阴谋诡计为革命抹上了一个又一个污点。

在很多地区,他们只需稍加威胁就可夺权成功。在那些民众对政治漠不关心,丝毫不知反抗的地方,根本没有必要使用任何特别手段。例如,在阿拉斯(Arras),省长身价百万,却审时度势,宣誓日当日,他与在酒窖卖大饼的杜歇斯大娘一起振臂欢呼;而到了选举日,选民们因为胆怯,把票都投给了俱乐部推选的候选人,还借口说把这些"流氓和恶棍"送到巴黎后,城里就安静了②。

对于如此顺从的民众,毫无使用暴力或是制造屠杀的必要③。在雅各宾派眼中,这些人有如病狗一般无力,只需将他们圈禁起来后就可随意宰割④。于是,他们在国民卫队门口张贴布告,上面列出了该城所有与流亡贵族沾亲带故者们的名字,随意私闯民宅搜捕,并私自拟定了一份嫌疑人名单,所有富人们的名字赫然在上。乱党们对这些人肆意侮辱,并没收了他们的武器,将他们困在城内,即使是步行也不得出城,并且要求他们每日到所属的安全委员会报道。

此外,他们的信件遭到私拆,并被告知需要在24个小时之内缴纳全年的赋税,就连他们的家族墓地也被没收、铲平并出卖。与此同时,宗教迫害也十分残酷;随时会有暴徒手拿棍棒或者直接用拳头殴打在圣所祷告或正在主持弥撒的教士;正统的教友被逼让孩子在已宣誓神父那里接受洗礼;修院被关闭,修士们遭到驱逐;未宣誓教士们则遭到搜查、逮捕并放逐。即使在有些地区,俱乐部的专制并非十分暴力血腥,但篡权者却从不放下武器;他们始终扛枪在肩,随时可能威胁不巧路过的人们就范。虽然路人大多立刻屈膝,顺从地交出了钱袋,以免吃枪子儿。然而,暴徒们依然手指不离扳机,随时可能擦枪走火。

---

① 例如土伦。
② 《巴黎游记》19,29。
③ Ib., 38:"服役30多年的M……先生竟然向一个对他极为无礼的年轻人缴了械"。
④ Paris,《Joseph Lebon回忆录》卷I,55页。

让我们回顾一下那些在旧制度下发展壮大的匪兵①：包括突破1200法里内地关卡的私贩、私盐贩子和他们的窝主；在400法里的行政专区内肆意流窜的偷猎者；在8年内人数已达6000的逃兵；挤满各个监狱的流浪汉；以及成千名惯于拦路抢劫的土匪和游民。这些曾经被警察们所搜捕的对象现在都被革命收编和武装，摇身一变成了搜捕者。革命三年以来，那些身强体壮却又好逸恶劳的闲汉们一直是农民暴动的核心人物；而现在，他们又成了全国性动乱的生力军。

在尼姆②，革命权力机关处于一位"舞蹈大师"的领导之下。而在图卢兹，一位鞋匠和一位在剧场演男仆的演员成了该城最具有影响力的两名演说家③。在土伦④，贫民、水手、码头工人、士兵，以及那些市井靠杂耍为生的无国籍者，共同建立了一个比亚洲王朝国家更为专制残暴的政权，而担任最高领袖的西尔维斯特（Sylvestre）则是一个出身于巴黎最为底层的狂人。在兰斯⑤，带头闹事者则是一个还俗后又娶了修女为妻的教士；他的副手则是一个面包师，当兵时曾因为违令而差点被绞死。其他地区的领袖也都是一些小人⑥，如因为偷窃而被送上法庭的逃兵、厨师、旅馆老板和富人家的奴仆，等等。里昂的雅各宾派则把曾当过旅行商贩的谢尼尔（Châlier）奉为圣贤；此人自视为马拉的门徒，头脑中充满各种疯狂和病态的妄论，而他的主要助手分别出身于理发师、假发工、旧货商、酿造芥末和醋的商贩、布料修整工、纺织工和纱工。于是，那些地位低贱的泼妇们由此得势；她们在"少数人"，特别是一些"女性代表"的支持下，强制给市面上出售的食品定价，并在连续三天对各大商铺进行洗劫⑦。制造拉格拉

---

① 《旧制度》，p.283, p.289, p.290。
② 国家档案馆档案，F7, 3217，原宪兵Castanet1792年8月21日证词。
③ Ib., F7, 3219. M. Alquier 共和八年雨月给督政府的信函。
④ Lauvergne,《瓦尔纪事》104页。
⑤ Mortimer-Ternaux, III, 325, 327.
⑥ 国家档案馆档案. F7, 3271。
⑦ Guillon de Montléon, I, 84, 109, 139, 155, 158, 464，Ib, 441, 谢尼尔的详细信息。国家档案馆档案，F7, 3255. 1792年9月12日，Roussel的信函。

西亚惨案的匪徒们则掌控了阿维农；一些水手和码头脚夫则成了阿尔勒的僭主。马赛也落入了"一群无法无天、残暴专制且生活放荡不羁的恶棍们手中①"。

对于这样一群靠着非常手段上台的乌合之众，他们做出任何荒诞不经的滥权之事都不足为奇。政治空位期反而成了他们作威作福的最佳时机，由此整个法国也陷入了毁盗窃和杀戮的乱局之中。

V

一般来说，在一定区域内活动的俱乐部，都会得到流动性更大的流动性团伙的支持。这个团伙就是雅各宾派的志愿军，由于他们武装精良且以军队行事活动，因此更为危险和暴力②。和他们在俱乐部里的同党一样，志愿军中很多人都是来自乡村或城市的赤脚贫民，很多人由于没有谋生手段，因此被志愿军每天15苏的军饷所吸引；可见其兵源主要是失业者和饥民③。

此外，各地都被摊派出员，"官员们在全市四处搜索，将可派的兵员集中起来；这些人包括街头巷尾的流氓、无国籍者；在乡间，被作为兵员补充的则主要是一些贫农和流浪汉"。这些人都是在命运和金钱的驱使下被动员起来。或许官员们有意利用这个机会将法国彻底清理一番④。

除了那些被各社区出钱动员，以及那些被富人们花钱雇佣替代

---

① Barbaroux，《回忆录》85. Barbaroux 当时回到马赛，准备主持罗讷河口的选举，因此他亲眼见证这一切。
② C. Roussel,《志愿军》, etc, 67, 6月27日的报告中，Aubert-Dubayet 推算志愿军的总人数为 8.4万人。
③ C. Roussel, ib., 101. Kellermann 的信函 23 août 1792,《法国之旅》27, 28. 国家档案馆档案，F7, 3214. Nogent-le-Rotrou (Eure) 居民的信："8000名居民中，大多数急需救助，其中三分之二的人生活窘迫，连铺床的稻草都不够。"（1792年12月3日）
④ C. Rousset, ib., 106. De Biron 将军的信函，1792年8月23日。Ib, 126营队长 Vezu 的信函，1793年7月24日。

自己服役①的底层贫民之外,志愿军还将那些社会中的乌合之众也全数吸收,包括靠救济金为生的社会蛀虫、妓院的常客、济贫院里的乞丐和医院里的病患,即使是那些"心智或身体不全者",那些不适于争战的年老体衰者和身高还不过毛瑟枪的幼童、16 岁的少年。简而言之,这些人都是大城市中的游民,和今日社会中的没太大区别;他们身体大多发育不良,体质虚弱,但却又是骚乱暴动的积极参与者②。这些人若是开赴前线,最多只有三流的战力。然而,在到达前线之前,他们已经开始在行军路上当上"土匪"了。在经历了一年的征战之后,他们之中的很多人确实脱胎换骨,成为了能征善战、忠实可靠的士兵。然而,在这一年的磨练期中,他们也是贻害一方。

这些志愿兵们主要的问题并非在于偷窃劫掠,而是他们的狂热。和其他体制相比,军队拥有强大的力量,而人们却往往会对其进行滥用。因此,为了避免军队荼毒百姓,就必须利用各种内部或外部力量对其进行约束和牵制。然而,对于 1792 年的志愿军来说,没有任何力量可以阻止他们③。

对于那些将雅各宾教条奉于革命之上的的工匠、农民、小市民和年轻人来说,人民主权论就如同烈酒一般麻醉了他们的心智。他们都深信"为共和而战是自己的荣耀,因此对待敌人可以不择手段,毫无顾忌④"。在他们之中,出身越是卑微之人越是藐视法律,自以为"如孔代亲王般尊贵⑤";他们自以为拥有君王般的权威,有权评判是非、伸张正义,是革命者们的依靠和贵族们的噩梦,拥有着生杀予夺的无限权力,只要走过一个城市,即可就地展开一场革命。而且,志

---

① C. Rousset, ib., 144. Moulins 的一个行政官员给 Custine 的信函,1793 年 1 月 27 日。《法国游记》27 页。
② 《观察家》,卷 XIII, 742 (9 月 21 日)。Lückner 及其副官险些被巴黎志愿兵杀害。国家档案馆档案, BB, 16703. de Flers 将军副官 Labarrière 的信函,1793 年 3 月 17 日,信件内容主要涉及部队中大量人当了逃兵,都回到了巴黎。
③ C. Rousset, 47. la Somme 省府信函,1792 年 2 月 26 日。
④ 国家档案馆档案, F7, 3270,1792 年 10 月 8 日,Roye 社区行政令 (关于两支巴黎宪兵路过时有劫掠行为的报告,10 月 6、7 和 8 日)。
⑤ Moore, I, 338 页 (1792 年 9 月 8 日)。

愿军的军官们对于军队的所作所为往往听之任之;"和常规的军官选拔体制不同,这支军队的军官们全部由兵士们推选",后者不但不服从前者,甚至连最基础的尊重都没有。"士兵们推举之人往往都是他们的同类,丝毫不考虑人选的军事才能或是道德声望[①]"。于是,那些花言巧语、蛊惑煽乱之辈全部当选,攫取了各级军权。"那些饶舌者、阴谋家和醉鬼纷纷上台,凌驾于有能力的实干者之上[②]"。此外,新任的军官们为了维护自己的地位,往往会与士兵们一起饮酒作乐[③],而且还必须表现得比他们更具雅各宾式的革命热情,不仅纵容他们,甚至还鼓动他们作乱。

于是,从1792年3月或者更早的时候开始,志愿军已经开始在法国各地肆意妄为,如同是在践踏敌方的土地。但凡进入一城,他们就会随意私闯民宅,将屋内的一切砸烂;强迫儿童们接受已宣誓神父的重新洗礼,并杀害正统的教士;通过与自己沆瀣一气的官员肆意发布逮捕令;甚至伙同匪徒抢劫粮船。此外,他们还强制市政府为面包定价,并洗劫和焚烧附近的城堡。如果市长胆敢向他们指出,这些城堡已不再属于流亡贵族,而是国家的财产,他们就会对他推推攘攘,并威胁要割断他的喉咙。

8月10日,有名无实的合法政府彻底倒台,志愿军也随之摆脱了最后的约束,可以肆无忌惮地对任何敌手大开杀戒。为了排解对前线战事的恐惧,他们在国内挑起事端,引发内乱。一方面为了保证部队的给养,一方面为了小心谨慎,他们将行军路上遇到的贵族、军官和教士都疑为反革命敌人,对他们进行杀戮和抢劫。

---

① C. Rousset,《志愿军》, etc., 189. 国防大臣从敦刻尔克发出的辛亥,1793年4月29日,国家档案馆档案, BB, 16703. 巴黎国民卫队总部,军令, Ostende指挥官 Férat, 给国防大臣的辛亥,1793年3月19日:"当宪兵队与我们Ostende的部队合并之后,我们就再无宁日,他们不停地打击军官和志愿兵,将他们从背后抓住,并叫嚣要砍杀他们。这些人根本就不知道服从上级,宣传军中人人平等,一个个狂妄不已。我下令逮捕他们,然执行命令的军士却遭到了他们的刀枪威胁。"

② C. Rousset, ib., 45. de Wimpffen将军信函,1791年12月30日, de Pelleport将军回忆录,7 et 8。

③ C. Rousset, ib., 45. de Wimpffen将军报告,1792年1月20日, Ib, 103. de Biron将军信函,1792年8月23日。

与各地俱乐部的匪徒相比，他们更加肆无忌惮，其原因有二：首先，由于他们是在行军途中，因此更易于逃脱法律制裁。8天之后，他们就会和其他队伍合兵一处，隐匿于大军之中，无法寻获，因此无需担心会被追究责任。其次，由于志愿军来自外地，与当地人相互之间不熟悉；后者的名字、头衔、衣着、外貌特征，甚至是生活习惯都会让他们提高警惕；他们之所以滥杀无辜，并非是因为认为对方是敌人，而是因为摸不清对方的底细。

VI

　　现在，让我们将目光投向新组建的内政部及其部长罗兰。设想一下这样的场景：国民公会成立十五天后的一个傍晚，他刚看完一份各地形势简报，正陷入沉思之中。办公桌上则按顺序摆放着十周以来从各地发来的信函；桌子边缘则是他自己书写的简要回函。突然，他的目光落到了一张法国地图上，并开始用手从南部开始在图上划出一条线路；手指每停在一个地方，他都会翻阅相关的文献与报告；在过去，他总是有意地回避报告中提到的发指暴行，只是有选择性地翻看那些光辉的革命事迹[①]。作者设想此时，罗兰夫人必然在他身边；这对夫妇在夜灯之下，面对着自己释放到巴黎街头和外省各处的革命野兽陷入思考。

　　他们的眼光首先投向法国的最南端。在那里[②]，在双海运河（Deux-Mers）卡尔卡松段，三艘运粮船被贫民们扣押；他们先是要求少量的救济，而后则强迫粮商们压低粮价，最后竟然用枪炮抢夺粮仓并袭击了行政官员：当地的警署总监被砍伤，省行政官Verdier先生则惨遭杀害。

[①] 以下事件按时间排列，每个事件都有相关的资料佐证。作者在此处参考了罗兰及其秘书处理事务的方式。

[②] 1792年8月17日（《观察家》r, XIII, 383Emmery的报告）。

现在，我们的部长大人的目光又从卡尔卡松移向波尔多，然而该城附近也是血迹一片。在卡斯特尔（Castre）①，有人在城中疾呼，称有个粮商想要故意抬高粮价，于是暴民们立即集结起来想要生乱；为了保护这位粮商，官员将他送往国民卫队；然而卫队却遭到了志愿军的胁迫；于是，这位可怜人被从二楼的窗户扔出，被暴民们用棍棒乱打，而后又从街边拖走，被扔到河里。当晚，在克拉尔克（Clairac）②，未宣誓教士拉提克-拉卡（Lartigue-Langa）遭到一群男女追打，后者叫嚣着要剥掉他的法袍，把他绑到驴上示众；这位神父最后不得不跑到他在乡间的屋舍里避难，结果却还是被暴徒们找到，并且被拉到广场杀害。其间有几个人勇敢地站出来为神父说情，却被斥为"不革命"而遭到殴打。省政府不但没有追责凶手，反而向罗兰提出，"就目前情况看，不宜追究此事"。

罗兰对此已习以为常，他从手里的信函中获知，外省和巴黎一样，暴力事件层出不穷。在内拉科（Nérac），暴徒扬言要刺杀一位名叫达勒斯佩（d'Alespée）的贵族。当时全城稍有良心的市民都站出来，想要用身体保护他，他却依然没有幸免。刺客们则偷偷溜走，逃过了追查。现在，罗兰的手指停在了波尔多上。在那里，联盟节的庆典期间却有三人遇害③。对于波尔多总教区的副主教④德·兰格瓦兰为了防止在此敏感时期招惹是非，躲到了距离波尔多半法里的村庄考德兰（Caudéran），在当地一位80多岁清闲避世的神父家暂住。然而在7月15日，村庄里国民卫队的官兵因为受到了昨晚庆典上演说的鼓动，竟然闯进神父家，将这两人扣押起来；而后，他们又从邻近村庄又抓来了第三名神父。而后，兵痞们不由分说地将他们带回波尔多受审；然而无论是市政官员还是治安法官都无法给他们定罪。

---

① 国家档案馆档案，F7, 3271. Tarn行政官员7月21日的报告。
② Ib., F7, 3234 Clairac市政官员7月20日的报告，Lot-et-Garonne地区行政长官9月16日的报告。
③ 《法国信使报》，7月28日刊，来自波尔多的信函。
④ 副主教（vicaire général）指一个教区中辅助教区主教的神父，并非是主教。——译者

于是这三位无辜者又被带到省府,但当时天色已晚,围观的暴徒们已经等得不耐烦了,其中不少人直接向他们扑去。那位80岁的老神父"挨了一拳后就不省人事,没有必要再打第二拳";而从邻近村庄普伊(Puy)抓来的修院长被打倒在地,脚上被绑上一条绳子拉着游街;副主教兰格瓦兰的头颅被砍下,被挂到长竿上游街。而后,暴徒们把头带到了他家,一边向他的女佣炫耀,一边说道:"希望你家的主人不会回家喝汤了。"这三位神父是早上五点被捕的,一直到晚上七点才受难;而在场的市政官员都忙着主持自由树的栽种庆典,无暇顾及这三位受害者。

从波尔多到卡昂——接下来,罗兰部长的手指又划向北方的利摩日;在那里,就在波尔多城联盟日庆典结束的第二天①,未进行宗教宣誓的尚博尔(Chabrol)修院长被一群男女暴徒袭击;他们先是将他拉到国民卫队,而后又把他带到治安法庭。为了保护他,法庭下令将他逮捕起来,关在一个由四个士兵看守的屋子里。然而,那些暴民们却仍不满足。无论市政官员如何苦劝,无论宪兵们如何想法将被囚禁的神父与他们隔开,他们都不依不饶,把宪兵们驱散。就在这时,关押神父的房间窗户被石块打碎,有人正在用斧头砍砸大门。约有三十多个疯子从窗户爬入房间,并且把神父像箱子一样扔了下去。他在暴徒们的棍棒围殴下跑出了一百多步后,咽下了最后一口气;其头部遭受了至少二十次致命的重击。

而在更靠北一些的奥尔良,罗兰则读到了关于卢瓦埃事件的急函②:省府的一个地区官员写道:"目前的形势混乱至极,政府已经丧失了任何权力和威信;无论是地区长官还是市政官员,都得不到尊重……暴徒们不时威胁说要杀人放火、抢劫邻舍,并且还准备袭击城堡。阿谢尔(Achères)的市政府与当地的很多居民一起逃到了瓦松(Oison)和舍西(Chaussy)避难;而这两处也早已遭到暴徒们的劫掠

---

① 国家档案馆档案 F7, 3275. Haute-Vienne 官员信函 7月28日(包括公告)。
② 国家档案馆档案,F7, 3223. 9月18日 Neuville 地区官员发给省府的信函。

与毁坏,破败不堪。

9月16日,6个武装分子跑进德·瓦德耶先生家,声称曾经给过他300利弗尔,现在逼着他还钱。我们接到通知,今天他们还会以同样的理由去勒索阿谢尔的戴德雷先生。德·罗利先生也受到了同样的威胁……这些暴徒们宣称,他们不需要任何政府或是法院,因为他们自己就是法律的贯彻者。在这样的危局之中,我们的唯一选择是默默承受针对我们的一切欺凌和侮辱。我们不指望您能够替我们伸冤,因为我们感到您似乎也处于窘境之中。"最后,省府利摩日的国民卫队被解除武装,再也无力对抗不断闹事的暴民们。

然而,就在这封急函发出的当天①,新近涌来的"外邦人"和游民壮大了乱民们的队伍;他们抓住一个管理粮食的官员,用长枪刺穿他的头颅,拖着他的尸体在街上游行,并且抢劫了五座私宅;此外,他们还把一位市政官员的家具全部搬出屋外,在他家门口将它们付之一炬。在此形势下,市政府不得不释放关押的暴民,并同意将面包的价格降低1/6。放在部长桌子上的,还有卢瓦尔河以北的奥恩省(Orne)和卡尔瓦多斯省(Calvados)发来的急函。宪兵队的一名中尉报告说②:"我们地区的匪徒成灾……一个成员约30人的匪帮洗劫了桐皮埃尔城堡(Dompierre)。然而,每当我们接到报警时,却无能为力,因为求助者提供的信息过于笼统,难以找到元凶。"

即使罗兰大人对于各种暴乱事件已经习以为常,这份报告中的一些独特细节还是引起了他的注意。"村民们③聚集起来,冲向各个城堡;他们抓走并扣留了那些大地产主的女眷和孩子,以此作为要挟来索要赔偿。赔偿的内容"不仅限于封建地租,还包括地租导致的其他费用",即使是土地的前几任所有者所有获得过的收益也要一并

---

① 国家档案馆档案,F7, 3223. 9月16日和17日省府与奥尔良委员会的报告(跟据8月26日和9月2日的法令,国民卫队的武装应被解除)。
② 国家档案馆档案,F7, 3249. de Domfront中尉9月23日的信函(包括9月19日的通告)。
③ 国家档案馆档案,F7, 3249. 罗兰10月4日及其他日期的草稿—9月24日Ray市政厅的报告,aigle委员会10月1日的通报。

追偿。与此同时,他们住了下来,以收取活动费的名义搜刮城堡里的钱财,将屋内的家具一并搬出卖掉,最后则将整座建筑付之一炬。奥恩省省长写信给罗兰称①,"赛普(Sep)区有一位贵族遭到杀害;贝勒姆(Bellême)的一位原本堂神父、普塔日(Putanges)的一位未宣誓神父、还有阿勒松(Alençon)地区的一位前嘉布遣会修士也都死于非命"。就在同一天,根据立法议会的法令,卡昂的雅各宾党徒不得不释放被他们监禁的卡尔瓦多斯省的行政官、极具国士之风的巴约(Bayeux)先生;然而,当他刚走出监狱大门,就被人用枪击中,而后又被刺刀捅杀②。

继续向东——在鲁昂,暴民们不停地对守在市政厅前的国民卫队扔石块,一个小时后,后者忍无可忍只有开枪还击,杀死了四个人。全省各地都出现了抢夺粮食的骚动;暴民们强行压低粮食价格,对粮商们肆意掠夺③。然而,罗兰此时却不得不对此保持克制,他首先需要关注的是政治动乱。而且,他必须迅速行动起来,死于非命的人数正在不断增加。无论是邻近巴黎的省份还是边境地区,都是一片沸腾,加剧了首都和军队的动荡不安。

厄尔省的日索尔、瓦茨省的尚蒂利和克莱蒙、加莱海峡省的圣阿曼、北部省的康布雷、阿登省的勒泰勒和沙勒维尔、马恩省的沙隆和兰斯、奥布省的特鲁瓦、塞纳马恩省的莫城、塞纳-瓦兹省的凡尔赛等地都往巴黎发送了急函。④ 作者认为,罗兰根本就没有查看凡尔赛发来的报告。他本人很清楚布里萨克先生、勒萨尔先生,以及其他63名囚犯是如何惨死在凡尔赛的。正是他亲手提拔了屠杀的主谋富尼埃;而现在,他不得不安抚这个疯子,对他的"革命热忱"表示赞扬,

---

① 国家档案馆档案 Orne 行政关于9月7日的通告。
② Mortimer-Temaux, III, 337(9月6日)。
③ 国家档案馆档案 F7, 3265. 宪兵队中尉8月30日的信函。鲁昂市政府对于8月29日骚乱的通报。
④ Moore, I, 338(9月4日)在克莱蒙,一名鱼贩因言获罪,被志愿兵杀害。Ib., 401(9月7日),圣阿曼邮局局长的儿子被控通敌而遭到杀害。国家档案馆档案, F7, 3249. Senlis地区官员10月31日的来信。

为他的强盗行为叫好,并拨给他3万利弗尔作为活动经费①。

而对于其他的急函,他却不敢怠慢,将它们逐一批阅,由此确知自己在地方的权威是否还在、各地政府的境遇如何、贫民和兵痞们又是以何种手段进行独裁并迫害那些理智之人,特别是那些在过去或现在担任官职的人。读过这些文件后,罗兰大人似乎感到很快就会轮到他了。

德·拉罗什福科先生可谓是大革命时期最受人尊敬的典范人物;他年少时就乐善好施,在制宪会议中持自由派立场,并被选为巴黎省省长,可谓是最为热忱的爱国者。然而巴黎革命公社却下令将他在日索尔逮捕。当时,他走出旅馆,在市政委员会的簇拥下徒步跟在巴黎专员身后,两边则有6名宪兵和100名国民卫队士兵陪同。他的妻子和年过八旬的母亲则坐着马车里跟在后边。没有人会担心他会冒险逃走。然而,在雅各宾派看来,避免嫌犯逃脱的最好方法并非囚禁,而是处死;于是,来自奥恩省和萨尔特省的300名志愿兵当时正好路过日索尔;他们突然集结起来,喊道:"我们要砍掉他的头!没有人可以阻止我们。"这时,一块石头飞来,正好打到德·拉罗什福科先生的太阳穴,他应声倒地;兵痞们立即冲散了护卫他的队伍,用刀棍将他杀害。市政官员只能抓紧时间,将"车里的女眷"救走。同时,在志愿兵的直接操纵下,国家司法体制不断倒退,变得粗暴而又混乱,让人不存任何期望。

例如在康布雷②,一队刚离开此城的宪兵忽然记起自己还没有"清理监狱",于是立刻赶回,将监狱的看守带到了市政厅,逼迫他交出囚犯名册。之后,他们把那些在他们看来罪过不大的囚徒全部释放,并发给他们通行证;而与此同时,他们在一个被关押的国王检察官身上搜到了"有贵族倾向"的证据,于是将他杀害,与他一同遇难的还有一位遭到下属罢黜的中校军官和一个有反革命嫌疑的上尉,尽

---

① Mortimer-Ternaux, III, 378, 594.
② 国家档案馆档案, F7, 4394. 罗兰给国民公会的信, 10月31日。

管对后者的指控毫无根据。

在沙勒维尔①，军工总监及要塞指挥官茹谢罗（Juchereau）负责运送两车武器；为了避免遭劫，他改变了原来的行程，选择从另一个城门出城。结果，他被志愿兵和乱民们斥为叛徒；他们将他从市政官员的手中拉走，用棍棒敲打他，在他倒地后又用脚来踹他，最后将他刺死。他的头被挂在刺刀上，先后在沙勒维尔和梅济耶尔（Mézières）示众，最后被扔进两个城市之间的界河里。市政府无可奈何，只得下令掩埋他余下的尸体。然而暴民们表示他不配入土，将他的尸体夺走，扔进河里，与他的头颅会和。与此同时，市政官员们自己也是命悬一线；他们中有一个人被用铁链绑住，还有一个人则被从座位上拉了下来；暴民们不断地叫嚣要把他们吊死在路灯上、用枪打死或者用脚踩死。在其后的几天中，还不断有人提议要"砍掉他们的头，把他们家抢光"。

实际上，害人命者必然谋其财。当罗兰接着翻看这些报告时，很快就发现这些暴徒们在革命的画皮下大行强盗之事。在埃纳省的库希市②，17个教区的农民们凑出一支队伍，气势汹汹地涌向前制宪会议贵族议员德佛赛（Desfossez）的两座宅子。这两座大宅可谓是该城的建筑瑰宝，其中一座还曾接待过亨利四世。市政官员们想要阻止骚乱，却差点被砍杀，只得落荒而逃。德佛赛先生和他的两个女儿先是躲到邻近一座房子的阴暗角落，而后被一位好心的园丁藏在他的小屋内。最后，他们几经艰辛，终于逃到了索瓦松。而他的两座宅子却"只剩下墙壁、窗户、大门和墙板；屋内的一切都被砸烂"。价值2万利弗尔的指券被撕毁或偷走，产权证也不知所踪；这场浩劫至少给他们造成了20万利弗尔的损失。

整场暴动从上午7点开始一直持续到晚上7点，和所有其他的骚

---

① 国家档案馆档案，F7, 3191. 9月4日Charleville市政府的公告，及其9月6日的信函 ——《观察家》，XIII, 742, 1792年9月21日刊。
② 国家档案馆档案，F7, 3185. M. Desfossez相关材料（暴乱于9月4日发生）。

乱一样，最后以一场露天盛宴告终。暴民们打开地窖，一共喝光了两大桶①葡萄酒和两小桶烈酒。当场有三四十人喝得烂醉如泥，其他人花费很大的气力才将他们拉走。然而，如此暴行竟然无人敢去追究和调查。事发一个月之后，信任的市长才决定上报此事，但在信中却求罗兰隐去他的姓名。他这样说道："在市政委员会上，肇事者们威胁说只要发现任何人给您写信，就会进行打击报复。②"

在这样的威胁和侵扰下，贵族们日夜恐慌，即使那些一贯持自由派立场的开明人士也不例外。他们将罗兰当成是最后的救命稻草，纷纷以个人名义向他写信求助。这类充满绝望哀嚎的信函往往被放在各类文件的最上方。

1789年初，阿尔西的德·库伊先生写下了第一封要求给予民众权利的请愿书；在制宪会议，他是第一个站到第三等级一边的贵族议员；当贵族中持自由立场的少数派决定坐到平民大厅时，德·库伊先生已经在那里坐了8天了。在其后的30个月中，他一直"坚定地坐在会场左边"。由于他曾在旧体制下担任陆军元帅，因此被立法议会委派到诺瓦永(Noyon)去镇压当地的6000名叛乱分子。"十天以来，他一直将议会要求严厉镇压的命令藏在口袋里"，即使遭受侮辱，他也愿意拿自己的生命冒险，"以保住那些误入歧途的同胞们的生命"。由于操劳过度，他几乎就要竭尽心力而死，因此不得不被医生送回乡间养病。"他时常用自己的收入周济穷苦之人"。在家中，他种下了第一棵自由树，且终日身穿革命志愿军的军服。"在缴税时，他缴纳的自己收入的1/3而非规定中的1/5"。事实上，他的家族已经在这片领地上居住了四个世纪，当地的农民都亲切地称呼他"老爹"。

如此光明正大之人可谓世间少有。然而，他还是因为自己的贵族身份而受到怀疑。巴黎革命公社驻冈比涅（Compiègne）的一个代

---

① 大桶Muid，是用来存放葡萄酒的大型木桶，并一般的桶(tonneau)要大。——译者
② 国家档案馆档案，F7, 3185 10月4日 Coucy市长的信函 octobre. 公证员Osselin 11月 17日信函；"他们威胁说要烧掉Desfossez先生剩下的两个庄园。" 1793年1月28日，Desfossez的信函。他在信中称自己没有报案，如果有人替他报了，他就会十分紧张。

表,指控他私藏有2门大炮和550杆毛瑟枪。于是,雅各宾派很快就派人前往他家搜查;一支由步兵和骑兵混编而成的800人队伍向他居住的阿尔西城堡进军。然而,德·库伊却站在门口,交出了城堡的钥匙。在长达6个小时的搜寻之后,搜捕队只找到了12杆猎枪和13把劣质的手枪;而且这些武器都是他已经上报了的。这些不速之客失望至极,于是气急败坏地乱砸一番,又赖在城堡大吃大喝,造成了2000埃居的损失①。最后,在搜捕队指挥官的命令下,他们如鸟兽散。然而,德·库伊先生每年6万埃居的收入让他们垂涎三尺。只要他流亡国外,那么这份地产就会成为国家的财产。因此,需要想办法逼他流亡,这样他们就可以趁此机会中饱私囊。

于是,在8天之中,冈比涅的匪徒们无论是在俱乐部、酒馆还是营房,对此事念念不忘。到了第9天,150名志愿兵在正午出城,扬言要杀掉德·库伊先生和他的家人。后者在听到风声后赶紧与家人躲开,却将城堡的大门敞开。于是这群匪兵们进行了一场长达5个小时的抄家式抢劫;他们喝光了城堡收藏的名酒、偷走了银器、强征马匹帮他们托运战利品,还扬言说定会回来取下城堡主人的头颅。于是,第2天早上4点,强盗们又来了,这次他们准备将城堡彻底洗劫干净;城堡中的佣人们只能冒着被流弹击中的危险逃生。最后,德·库伊先生以毁坏村庄葡萄园的罪名被赶走②。这里我们无须罗列其他的案例,如乌丹维尔的德·圣莫里斯先生、努瓦特勒的波旁公爵、尚蒂耶的孔代亲王、德·弗茨詹姆士先生等人都有着类似的经历。有一个叫作哥迪埃的人"当上了巴黎搜查队的队长,并获得公社监察会的授权",正准备进行革命巡游。罗兰已经预先知道这意味这什么——一场同时针对流亡和未流亡贵族的大迫害正在进行之中。

---

① 大部分的搜查都造成了类似的损失。例如(国家档案馆档案,F7, 3265.),9月7日国民卫队对Catteville城堡的搜查"士兵们喝的烂醉、打烂了家具,又跑去砸门窗,将城堡几乎完全毁掉",有些试图阻止他们胡乱作为的市政官员差点死于非命。

② 他在信的结尾处如此写道:"不,我绝不放弃法兰西的土地。"共和二年热月5日,他被以莫须有的阴谋罪名送上断头台。

然而，与贵族们相比，教士阶层则更容易遭受侵害。罗兰身负维护社会秩序的重任，却不知道如何保护这些手无寸铁的教士们，依法保护他们的自由权利和生命安全。在特鲁瓦，本堂神父法尔多(Fardeau)由于不愿意宣誓效忠宪法而隐退；然而，暴徒们却在他家发现了一个放有法器的祭台。于是，他们将他收监并试图逼迫他宣誓；然而他依旧不肯就范。这激怒了暴徒们，他们又把他从监狱拉出来，强迫他高喊"祖国万岁"，可是这位神父始终不肯妥协。于是，一个志愿兵从面包店里找来一把斧头，砍下了他的脑袋。而这颗脑袋被放在河里清洗之后，被送到了市政厅[①]。在莫城，一支巴黎革命宪兵队杀掉了7名神父，而后又杀掉了6名刑事犯[②]。在兰斯，巴黎的志愿军们先是赶走了当地的邮局总监和他的副手，理由是当志愿军进城时，看到了他们焚烧文件时产生的浓烟。而后，已经退役的军官蒙特洛泽尔(Montrosier)也遭到迫害。一场屠杀由此拉开了序幕，两个躲到乡间的教区议事司铎被乱军抓到，死于刀剑和长枪之下。之后，又有两名教士以及圣让(Saint-Jean)和里耶(Rilly)的两名本堂神父遭遇毒手，其中三人当场被砍杀，尸体被肢解后带回城中焚烧；其中只有亚历山大神父尚未毙命，却被活生生地扔进了火堆之中[③]。

对于这些滥杀无辜的九月党人，罗兰并不陌生；实际上，他们曾举着带血的长枪在他楼下示威，要求政府为他们发放佣金。他们"以人民的名义"声称自己"有权在其所到之处推广巴黎的革命模式"。

根据8月26日的法定，全国约有4万名未宣誓教士遭到驱逐，被要求在8日内离开他们所在的省份，并在15日内全部离境。然而，雅各宾派真的会让他们平静地离开么？在鲁昂，约有8000名教士已经依照驱逐令的规定租好了驳船准备撤离。然而，当地的暴民们却在塞纳河两岸生事，扣留了他们的船只。鲁昂和其他地区发往巴黎的

[①] Albert Babeau, I, 504 (8月20日)。
[②] Mortimer-Ternaux, III, 322 (9月4日)。
[③] Mortimer-Ternaux, III, 325. – 国家档案馆档案，F7, 3239. 9月3日至6日，兰斯市政府通告。

急函中都提到,有大批的教士前往市政厅要求获得通行证①,却遭到拒绝。而且,特鲁瓦、莫城、里昂、多勒和其他很多城市都效仿巴黎,将教士们暂时扣留或者直接逮捕收监。由于担心"他们会躲到德意志的羽翼下图谋不轨",雅各宾派以聚众作乱的罪名指控他们为叛徒,将他们置于刀剑的监管之下。由于驱逐令中规定任何钱财都不得带出法国,因此即使有些教士获准离境,他们的财产也被悉数搜走。而其他人则没有那么幸运了,他们的逃亡之旅十分艰险,随时会像猎物一样遭到追杀;如巴雷主教和奎永修院长分别被刺死和砍杀,而佩歇修院长则是丧命于枪口之下②。

夜已渐深,而桌上的文件报告实在太多;罗兰发现自己才翻阅完全国83省中50个省的报告。于是,他决定加快进度,眼光在地图上由东向南扫去。很快,一些更为古怪的场景就呈现于他眼前。

9月2日,在马恩河畔沙隆(Châlons-sur-Marne)③,年过八旬的尚莱勒(Chanlaire)老神父刚刚在马伊(Mail)完成例行的日经课,夹着自己的祈祷书往家里赶。在路上他遇到了一些巴黎志愿军;后者觉得他看上去过于虔诚,心中可能对革命不满,于是要求他大声喊:"自由万岁!"。老神父的耳背没有听见,因此也没有回应。他们一把揪住他的耳朵;由于他年纪太大,走得没有他们快,结果拉扯之中,耳朵被撕破。这些兵痞一见到血,就十分激动,他们干脆用刀将神父的耳朵和鼻子割了下来,并把他带到市政厅门口。当时在市政厅负责巡查放哨的是一位公证员;他一看到这样的恐怖景象就吓得逃掉了。其他几名当值的国民卫队士兵则立即关上市政厅的铁栅栏门。于是这些巴黎志愿兵们推搡着这名可怜的神父向地区政府和省府走

---

① Ib., F7, 4394. 1792年至1793年大臣和部长们的通信。
② Albert Babeau, I, 515-517. Guillon de Montléon, I, 120. 8月10日后,里昂的未宣誓教士们都躲了起来。于是市政府表示愿意发给他们通行证;结果,很多前往市政厅拿通行证的人被当场逮捕;其他人虽然拿到了通行证,却因此在路上被指认出来,惨遭志愿兵们的迫害。"很多兵士都朝他们喊道:'打倒国王和教士们!'" Sauzay, III, ch. IX, 193: "佩歇神父在逃亡贝尔福的路上时,正好被一名坐马车经过的志愿兵军官看见,后者要来毛瑟枪,将他打死。"
③ 《沙隆历史与纪念性建筑》L. Barbat, 420, 425。

去，以此来"震慑贵族们"。在路上，他们不停地对这个老人进行殴打，后者经受不起虐待，最后摔倒在地。于是他们立即割下了他的头颅，并将余下的尸体大卸八块；而后，神父的头颅被用长枪挑起，在街上示众。

与此同时，除了该城有20名贵族被囚之外，博纳和第戎分别也有40位教士与贵族和83名当地豪族的族长被捕。这些人都是在未经过审讯、毫无证据的情况下被作为嫌犯直接收监的；两个月来，他们不但必须支付自己在监牢中的生活费用，还不时地担心受怕，害怕在监狱墙外喊杀声不停的乱民与志愿军会效仿巴黎，给他们任何出狱的机会①。

事实上，暴民们已无需任何理由或借口就可以大开杀戒。8月19日，在欧塞尔（Auxerre），国民卫队被要求列队向祖国宣誓。其中有三个人在宣誓之后就离开了队伍；围观的民众表示不满，纷纷要他们回到队伍中。这三个人中有一个人因为厌烦而做出了一个"侮辱性的手势"。暴民们立刻认为自己受到了侮辱，向他们冲了过来，市政官员和国民卫队都被冲散，这三个人中有两人受伤，另一人则被打死②。而十五天之后，又是在该城，一些年轻的教士惨遭杀害，其中一人的尸体被扔到粪堆上放了三天，不许他的家人收尸。

而就在同一天，距离欧坦（Autun）约5法里的一个村庄里，4名持有通行证的教士遭到当地村民的逮捕，其中包括1名主教和他的2个副手；他们全身都被搜遍，携带的财物也被抢走，最后惨遭杀害。在欧坦以南，特别是罗阿讷地区，村民们焚烧了权属国家的地契；志愿兵们则对其他地产主进行勒索。他们时而联合行动，时而又各自为战，"无所不用其极，对那些以宗教为掩护而有反革命嫌疑之人进

---

① 国家档案馆档案，F7, 3207。
② 国家档案馆档案，F7, 3276. 荣纳省行政官员信函，8月20至21日 – Ib., F7, 3255. 9月11日 Bonneman 专员信函 –Mortimer-Ternaux, III, 338 –Lavalette,《回忆录》I, 100。

行恐怖镇压"。①在过去,罗兰的思想总是被一些抽象笼统的概念所充斥,蒙蔽了他的心智,让他长期以来将法国看成是有规律可循的机器。而现在,他对各地的地名已是耳熟能详;而各地官文中详实的信息,使得他第一次能够从文字中找到一些具体的东西。

罗兰夫人的手指则划向了她最为熟悉的里昂。两年以前,她曾因为"该城由四个权贵群体专权"而愤慨不已,这四个群体分别是"贵族、教士、大商人和法官,简而言之也就是在蛮横的旧体制中被视为诚信者的那群人"。②而现在,她不得不面对该城新兴的贫民暴君。

以巴黎为榜样,里昂俱乐部成员在沙利尔(Châlier)的领导下,也准备对该城的"作恶者"和嫌犯进行一场大屠杀。俱乐部的另一个领袖则预先拟定了一份包含200个贵族姓名的名单,准备把他们统统绞死。

9月9日,在俱乐部的集中领导下③,一群手握长枪的妇女伙同郊区的忿激派,以及一些来路不明的匪帮对监狱进行了清洗。这场杀戮之所以不如巴黎的屠杀惨烈,是因为巴黎特使圣 - 夏尔(Saint-Charles)带着一份赦免名单及时赶到,催促当地的国民卫队前往罗阿讷监狱控制局面。

然而,在其他地方,想要挽回乱局为时已晚。驻扎在欧什的皇家波隆尼亚军团(Royal-Pologne)的骑兵违抗军令,致使8名军官——其中有几人服役已超过30年——愤然辞职。在国防部长的一再要求之下,他们出于爱国热忱依然恪尽职守,带领部队跋涉22天从欧什赶到里昂。然而,就在他们到达里昂3天后,就突然在床上遭到逮捕,被送往皮埃尔 - 昂西泽(Pierre-Encize);在押送路上,暴民们不断地向他们扔石块。在此之后,他们被秘密关押起来,一遍又一遍地接受盘问,而调查结果却只能证明他们爱国敬业、清白无辜。最后,雅各宾

---

① 国家档案馆档案,F7, 3255. 8月18日,Roanne地区官员的信函。9月11日的信函。Charlieu, 9月9日公告。9月9日宪兵队军官信函。

② 罗兰夫人自传,publiées par Mme Bancal des Issarts, 5 (1790年6月2日)。

③ 国家档案馆档案,F7, 3245。

暴民们还是将他们从监狱中拉了出来,将其中的7人连同另外4个教士一起当街杀害。

暴徒们的无耻行径与他们在巴黎的同伙比起来可谓有过之而无不及。在夜里,他们把死者的头颅挑在长枪上在城中招摇过市,而后又将这些头颅带进了沃土广场的咖啡店里,把它们放到桌子上,又把啤酒放到它们面前以示嘲讽。之后,暴徒们燃起火把,闯进策肋定剧院,走到舞台上排成一列并展示出他们的战利品。于是,原本过来看戏的观众真正领略了一场血淋淋的悲剧。

在读完这份内容怪异恐怖的外省急函之后,罗兰发现同僚丹东[①]发给他的一封信函被压在了这些官文下面;信中的内容是请求他释放那些在三周前就已经遇难的军官。丹东在信中这样写道:"对他们的指控是毫无根据的;将他们关起来完全是有失公正的煽乱之举。然而,在这封信上,罗兰的助手已经做了标注:"此事已结"。作者料想,罗兰夫妇此时定会面面相觑。罗兰夫人定会回忆起革命伊始她自己也曾宣称要砍下"两个大人物的脑袋",并希望"国民会议将他们绳之以法,或者能出现像德西乌斯[②]这样的英雄人物把他们"打倒[③]"。而现在,她已经梦想成真;针对国王的审判马上就要开始,而大批德西乌斯们正横行于全法各地。

最后,他们需要了解一下东南部的情况了。巴尔巴鲁曾将这片名为普鲁旺斯的土地称赞为自由和理性的最后避难所。罗兰的手指顺着罗讷河的流向划下,于是他很快就发现河的两岸,各种暴乱屡见不鲜。

在右岸的康塔尔省和加尔省,"祖国的捍卫者们"强行向民众征收新税,并将之称为"自愿捐款",但收来的钱款却落入了他们自己的腰包。"即使是尼姆的穷苦工人也被征收了50利弗尔,其他人的税

[①] 国家档案馆档案,F7, 3245 10月3日丹东的信函。
[②] 德西乌斯原是罗马帝国的将军,后来反叛当时的罗马皇帝,最后自己僭越称帝。—译者
[③] 《罗兰夫人研究》,Dauban, 89. 罗兰夫人给Bosc的信,1789年7月26日。

额为200、300、900或1000利弗尔不等。如若有人胆敢不捐,就可能家破人亡"。在塔拉斯孔(Tarascon)附近的乡野,志愿兵们重操旧业,当起了强盗。在一个地产主家,他们用刀剑比着他妻子的头,威胁要掐死他吓晕在床的婶婶,并且还把他的孩子拎到深坑之上准备扔下去。最后,他们从他身上讹走了4000到5000利弗尔。这样的事情在当地并非新闻;一般情况下,受害者们都敢怒不敢言。因为一旦他们向政府举报,自己的农场或者橄榄油就可能遭到匪徒们的焚烧①。

而在河左岸,斯潘德勒中校在伊泽尔省蒂兰市遭到乱民捕杀,尸体被倒挂在路边的树上②。在德龙省,来自加尔的志愿军闯进了蒙特利马尔的监狱,砍杀了一名无辜者③。在沃克鲁斯,人们对于偷窃与抢劫已经习以为常。而阿维农市政府和国民卫队已经完全被当年的匪军所控制,成为了它侵扰市民和为害乡里的帮凶。在城中,拉格拉西亚惨案的遇害者亲友一共被索要了45万法郎的"自愿捐款";这笔钱却落入惨案制造者们的腰包。在乡间,富农们被要求缴纳数额从1000到1万利弗尔不等的赎金,此外还必须为匪徒们提供足够的给养,供他们狂欢作乐;为这些数之不尽的自由之子们提供武器和住宿之地。匪军们随意就能从他们那里拿走500到600利弗尔的现钱,在他们家随意大吃大喝,给农场带来数不清的损失④。简而言之,这些醉醺醺的军汉们滥用武力,对自己的蛮横和暴行不但不感到羞愧,反而还耀武扬威。

在得知这一系列暴力事件之后,罗兰开始查阅马赛发来的信函。作者可以想象他肯定大吃了一惊。这并非是因为当地民变暴力之事过多;毫无疑问,埃克斯、欧巴涅、阿普特、布里尼奥勒和埃吉埃都发函通报了当地的民变事件,但是马赛一处都发生了好几起骚乱,

---

① 国家档案馆档案,F7, 3217. 前尼姆宪兵 Castanet 的信函,8月21日加尔行政官 Griolet 的信函,9月8日,juge de paix de Rocquemaure 治安法官 M. Gilles 的信函,10月31日。
② Ib., F7, 3227. 9月8日,蒂兰市政官员的信函。
③ Ib., F7, 3190. 10月9日,丹东的书信。
④ 国家档案馆档案,F7, 3195。

7月有一起，8月和9月中各有两起①。不过，罗兰对于这类情况应当已经开始适应了。

他真正担心的问题是，国家已经失去了对该地的掌控。有一些地区已经脱离了巴黎的管束，以人民主权之名成立了一系列独立和完备的新政权；它们公开地将当地原本应当上缴中央的税赋据为己有，私自对那些逃往法国其他地区避难的本地人定罪，建立属于自己的司法和赋税系统，并组织军队开展军事活动。当罗讷河口省召开选举大会，准备选派驻国民公会的议员代表时，越来越多的选举权人则表示希望在省内建立一个"自由和平等的政权"。为此，他们"建立了一支1200人的英雄队伍，将各地还敢于耀武扬威的城市权贵清理干净"。结果，这支英雄队伍的日常开支被摊派到了索纳斯、诺弗、圣雷米、马亚讷、伊拉格、格拉夫森、埃吉埃，以及塔拉斯孔、阿尔勒和萨隆各地的居民身上；他们的远征行动费用则由"那些受到怀疑的公民"支付。这些远征往往能持续六周甚至更长时间，深入到下阿尔卑斯和芒奥斯屈埃（Manosque）等省外地区。在芒奥斯屈埃，这群匪军以城市的"拯救者和父亲"自居，要求市政府支付10.4万利弗尔的远征费；然而，该市拿不出这么钱来，只有向罗兰发函求援。

"是什么人在另立山头，授意匪徒们流窜作案？"罗兰写信向他的朋友、身为这群乱民的领袖和命令执行人的巴尔巴鲁问道。后者在回信中如此描述："他们大约有900来人，大部分没受过太多教育，难以听进理性温和的劝说，崇尚暴力，善于散播谣言和制造阴谋；他们中间不乏正直之人，却不甚聪明；不乏理性之士，却不够勇敢；大多数人拥护革命，却毫无章法"；简而言之，这就是雅各宾派在马赛的俱乐部，深受雅各宾派理念和原则的熏陶。"当9月2日屠杀的消息传来时，他们都欢呼雀跃，掌声充满了会场②"。他们之中的领袖是一

---

① Fabre,马赛史，II, 478页及之后；国家档案馆档案，F7, 3195。司法大臣 M. Dejoly 8月6日的信函。马赛市政厅7月21至23日的通报。埃克斯8月24日的公告。
② Barbaroux《回忆录》，89页。

群贪图名利之人,善于造谣生事或夸大其词,经常对他人横加指责,希望通过制造事端来从中获益。而其中充当走卒的则是普通的暴民,他们贪得无厌,随时准备着向猎物扑去。

为了对他们进行深入了解,罗兰又翻开了最后一封官文——罗讷河口的邻省瓦尔发来的急函。在这场几乎吞噬掉了一切理智和良知的雅各宾派革命之海中,依然有着幸存者。有些省份的行政权力依然掌握在思想自由开明、诚实正直、坚决维护法律和社会秩序之人手中,瓦尔的省府就是其中之一①。

为了拔出这颗眼中钉,土伦的雅各宾派设下一计,其恶毒程度恐怕只有16世纪的波吉亚家族和奥利维托②能够与之相比③。7月28日早上,土伦俱乐部的领袖西尔维斯特向他在城市和乡村的党羽派发了成袋的革命小红帽,并同时要求自己的队伍了埋伏在有利的位置上。而被乱党操控的市政府则煞有介事地派员前往省府,正式邀请省府官员在人民面前与他们联谊。这些人毫无防备,与市府官员或是俱乐部的代表肩并肩走了出来。结果,他们刚刚走上广场,各条街道上都出现一支头戴小红帽的队伍。省府的行政官、副省长和其他两名官员被抓捕、用刀剑砍刺,而后又全都被绞死。只有一位名叫德波(Debaux)的官员逃走并藏了起来;到了晚上,他试图从城墙上跳下逃走,却摔断了腿,躺在原地无法动弹。第二天早上,他被发现了。一支由码头工人让索(Jassaud)和"城市绞架手"拉马伊带领的队伍赶来,将他用担架抬走,而后吊在了他们碰到的第一根路灯杆上。其他匪帮队伍也忙着抓捕省府的公共检察官和地区行政官员;随后,他们又深入到乡间,跑到要塞中进行抢劫和杀戮。要塞指挥官杜莫比永先生(Dumerbion)请求市政府对暴乱者进行武力镇压,却

---

① 国家档案馆档案,F7, 3272。
② 波吉亚家族和奥利维托都活跃于16世纪的意大利,前者是政治家族而后者是佣兵领袖,二者都以阴险狡诈著称。—译者
③ Ib7月28日,土伦市政会议。9月10,三个行政机构的会议— Lauvergne,瓦尔省历史. 104-137。

无济于事。后者非但不愿动武,还要求他将一半的兵力留守在营房待命。与此同时,市府还将那些因为犯罪而被判服苦役或因为违抗军令而被收监的士兵全部释放。

于是,暴徒们行事不再受到任何牵制,在接下来的一个月中,杀戮事件层出不穷。海军军官波塞尔(Possel)先生在自己家被捕,而后被送上绞架;所幸的是,他最后被一个担任俱乐部秘书的石炮手所救。省府行政委员会成员之一的森尼(Seni)先生,则被困于自己在乡间的宅子中,最后在老宫殿前被绞死。"德斯德利"号舰长、拉瓦勒特堂区的本堂神父和撒柯基·德·图勒先生则在城郊被斩首,头颅分别被挂在三根长竿上。海军中将弗洛特先生有如大力神一般勇猛,表情严肃冷峻,曾被人戏称为"圣父";然而,他却遭到出卖,被骗到军港上。当他看到港口的路灯被放下时,便拿起枪来准备自卫,终因寡不敌众而投降,在被砍杀后吊在路灯之上。海军少将德·罗什摩尔先生也同样在被砍杀后被吊起;由于他脖子上的大动脉被割破,鲜血如注般流到地上。行刑手巴利将自己的手放到血中搓了搓,又洒向在场的其他人。

从此以后,巴利、拉马伊、让索、西尔维斯特和其他的凶手成了土伦的新暴君,其残暴比起巴黎的僭主们毫不逊色。此外我们还应该算上费贡,此人常在自己的破屋中向人演讲,兜售其革命理念,誓要铲除一切社会不公,强行将富家女嫁给穷汉,或是逼迫有教养的年轻人娶失足女性为妻;他根据俱乐部和邻近市政府提供的名单,对城中和周边的富人逐个勒索。为了充分揭露这伙匪帮的嘴脸,我们还要补充一件事:8月23日,他们释放了1800名苦刑犯,以壮大自己的政治势力;然而这些人不知道他们的用意和企图,不敢离开。国民卫队中尚有一些尽忠职守者,他们及时赶到,将犯人们用链子重新拴好。然而,他们所能做的仅此而已。在其后的一年当中,公共权力彻底落入这群雅各宾分子手中;然而,在公共遵守秩序方面,这些人连苦刑犯都不如。

罗兰大人伏案审阅公文直至深夜,脸色不时因为羞愧而泛红。他一再指责各地政府消极懈怠,对方却回敬说它们不过是在效仿巴黎的榜样而已:"您要求我们把那些暴乱生事者绳之以法,可是您为什么不去处置巴黎那些更为可憎的罪犯?①"而那些饱受乱局荼毒之人,也纷纷写信向这位"爱国领袖、社会秩序的守护者、刚正不阿的内政大臣"求助。

"除了妻子思想过于激进外再无可指责之处"的罗兰大人却无能为力,只能用一些套话来回复他们,以示安慰与同情。他"对外省的惨剧心痛不已,表示各地政府只有防患于未然才能长治久安,并督促它们尽快采取措施挽回局面并加强戒备②"。然而,他"终于在一封信函中找到了一丝安慰",因为信中虽然提到了四起谋杀事件,"但受害人皆是反革命分子③"。他写信给那些处于乱局中的市镇和村庄,试图说服那些蓄意闹事者遵纪守法,维护宪政④。然而,他却被自己推崇的人民主权论扇了一记耳光。那些纯粹的雅各宾党人对自己的教条已经应运自如,现在轮到他们对他指手画脚了。鲁昂的雅各宾派⑤写信给他说:"亲爱的兄弟和朋友,为了不再屈从于市政府之下,我们决定成立自主独立的革命公社!"此种政权的建立毫无合法依据,其领导者也是一群死守教条的迂腐之辈;罗兰本人将此信小心翼翼地读了两遍,最后也忍不住发声谴责这种所谓的"人民主权"行为。然而,这些篡权者们却十分高调,将自己隐秘的行事手段——劫掠和杀戮——公开化和合法化;通过自我授权,他们已经可以为所欲为。

"您忘记了么?您自己曾经说过,暴风雨来临之时,人民只能自救。我们不过是按您所说的来做而已⑥……什么?现在全法国终于

---

① 国家档案馆档案,F7, 3207. Côte-d'or 给罗兰的信函,1792年10月6日。
② 国家档案馆档案,F7, 3195. 罗讷河口省行政官员10月29日的信函,附有罗兰的脚注回复。
③ Ib., F7, 3249. 9月7日,l'Orne 行政官员的信函,附有罗兰的脚注回复。
④ Ib., F7, 3249. 与 Saint-Firmin (Oise) 市政府通信;12月3日罗兰的回信。
⑤ 国家档案馆档案,F7, 3265. 鲁昂革命公社,8月30日的信函。
⑥ 国家档案馆档案,F7, 3195. 1792年11月15日,马赛革命联合革命机关的来信。11月28日,罗讷河口省选民集体来信。

等到了废除专制的这一天,您却不愿意将这些叛徒进行公审？他们可是处心积虑地想要复辟啊！天啊！在这样一个时代,竟然还有您这样的官员？强制限价、强征、充公、革命远征、巡回扫荡还有抢夺,这些我们都做过,但这又有什么关系呢？我们知道这样的行为不合法,但是我们越是这样做就越接近真理。我们想知道这些嚷着要得到公正对待的人是何居心？他们规避了司法程序,因此我们采取了补救措施来伸张正义,他们休想逃脱！您一定要纠正他们的倒行逆施,我们不觉得人民在他们采取行动之前主动出击有何不妥……道理已经说了很多了,先生！希望您及时收回您对我们的责备之言,纠正您的错误,否则我们就要通过公开的手段来解决这个问题。""大臣公民,我们一直在恭维您,说您诚实正直。然而您现在似乎因此有些自鸣得意了,不像过去那么可靠了……赶走在您身边进谗言的小人！多听听人民的声音吧。要记住,您作为大臣,职责不过是执行人民的命令。人民才是国家的主人。"

无论罗兰如何目光短浅,他最后都会明白,这一切杀戮和劫掠并非是民众头脑一时发热制造的群体事件,也不是偶然性的犯罪行为,而是一个政党夺权和维护专制的手段和表现,标志着一种新的政治制度正在建立之中。马赛的雅各宾党人对这个新体制作了如下描述:"今天,在此新制度之下,我们所控制的地区都是一派幸福的新气象；好人对坏人进行专制,在我们组建的政权中没有混进任何奸细,那些恶人要么藏了起来,要么已经被我们消灭。"他们的计划和意图十分清楚,而在整个空位期,他们用自己的行为将其表达出来,呈现在广大选民面前。

第三章

Ⅰ.雅各宾夺权的第二步—大量的权力空位 Ⅱ.选举—呼吁年轻人与贫民参加投票—温和派候选人的风险—温和派领袖弃权—初级选举的缺席率 Ⅲ.二级选举团的成员与政治基调—排除斐扬派—对其他选举权人施压—获选的温和派被迫辞职—废除天主教候选人;雅各宾少数派的分裂—他们候选人的当选—民意与官方人选不符 Ⅳ.国民公会中的政治派别—山岳派的初期人数—平原派代表的立场—吉伦特派—吉伦特派上台—他们的政治精神—原则—宪法方案—政治妄想—他们的真诚、修养和风范—他们和纯粹的雅各宾派分道扬镳的原因—他们如何看待人民主权论—个人及集体提出设立的议事程序—乱局之中议会在权力与理性上的缺失 Ⅴ.巴黎的立场—大部分市民依然拥护宪政—新体制不得人心—食物短缺,粮价高涨—去除天主教旧俗—不满情绪高涨—对吉伦特派的厌恶或冷漠—多数派退出—直接民主与时风不相和—地产主和金融人士的退出—工商界退出,温和派的分裂、胆怯与无能—雅各宾派当权Ⅵ.雅各宾派的主要成员—他们的人数和卑微的社会地位—下层工匠—小零售商和家仆—闲散的劳工—郊区的贫民—无赖和匪徒—女性—九月党人Ⅶ领导者—他们的品质与心态—塞勒的政治思想

Ⅰ

于是,雅各宾派走完了夺权的第二步,从8月10日开始的三个月

中,他们对各级权力进行了清洗,并乘机占据了大量空位。首先,在公权力的最上层,他们安排自己的同党进入议会;这个由749位全权议员代表组成的国民公会,既没有权利竞争机制来对其进行牵制,也不受既定宪法的约束,将全法国民众财产、生命和思想都牢牢掌握在手中。而后,通过这个新成立的国民公会,雅各宾派下令对全国各级行政和司法机关进行全面重组,包括各个省份和地区的行政委员会和政府,各个市镇和村庄的市政府,各级民事、刑事和商事法院、警察局、治安法官,及其助理、代理法官、民事法院的国家特派专员、司法及行政秘书与书记员。同时,担任法官职务不再需要任何法律从业背景;只要是俱乐部的成员,即使是文盲,都有资格当法官①。而更早之前②,凡是在人口5万以上的城市,后来还包括所有的边境城市,当地国民卫队指挥部的高级军官由民众投票改选。同样,巴黎和外省各地的宪兵队也面临改组。最后,连邮局的局长和监督员也需要通过选举更换。

除了上述通过选举产生的官员之外,那些工作内容与政事并无直接关系,不可能产生任何政治影响的公职人员或政府雇员,如税吏和税务检查员、林木与水源检察官与管理员、工程师、公证员、诉讼代理人、行政文员和写字员等都遭受到了冲击;如果他们拿不到市政府颁发的爱国公民证,就会遭到解职。

在特鲁瓦,15个公证员中就有4个人没有通过政府的审查③,于是为雅各宾派提供了4个新的空缺。在巴黎,海军部里"所有正直理性的雇员"都被赶走;而陆军部则几乎成了一个魔窟,"所有的雇员都戴着革命小红帽,相互之间,包括部长本人,都不知道使用敬语;这400名雇员——包括其中的几名女性,个个都衣衫褴褛,粗鄙不堪,不

---

① Pétion,《回忆录》(édit. Dauban), 118: "陪同我的治安法官十分聒噪,却不会说正统的法语。他说在当法官之前,自己不过是个采石工。但是他的爱国热情让他得到了这个位置。他想写一份通告,指定两个宪兵来保护我,但是却不知道怎么写。于是我一字一句地告诉他;但他写字的速度之慢,仿佛是在挑战我的耐心。"
② 1792年7月6日、8月15日和9月26日法令。
③ 1792年11月1日法令。- Albert Babeau, II, 11, 39, 40。

仅做不成事,而且还偷窃成性"。

在俱乐部的授意下,这场清洗一直触动到了权力结构的最下层,连那些乡村政府的书记员、城市行政机构中负责送信和打杂的伙计、狱卒和看守、教堂看门人和圣器管理员、看林人、巡田员和养马人都难以幸免。① 这些人必须加入雅各宾派,或者表现得与雅各宾派一致才可保住职位;事实上,很多人对这些职位都垂涎已久,想要将他们取而代之。除了政府的雇员之外,就连政府的供货商贩都遭到清洗。

当然,拥护雅各宾政府、愿意充当他们供货商的人不在少数,毕竟这个行当有利可图。即便是在时局稳定的年代,政府都一直是最大的买家。而现在,它每个月仅在备战一项上就花费2亿;有谁会错过这个浑水摸鱼的好时节呢②? 这些诱人的订单、这些待遇丰厚的职位,现在被雅各宾派分配给了它的党徒们。在他们看来,这一切都理所当然,就好像离家已久的主人回到家,随意地摆弄和处置家中的陈设,最后心安理得地久居下来一样。

于是,行政和司法领域的10万个职务,金融、市政工程和宗教领域中的各种空缺,以及国民卫队和军队中从指挥官到鼓手的大小官职,一切中央和地方的权力,都被摆放在公众面前进行重新分配;史上可能还从未出现过如此大规模的权力重整。从表面上看,民众可以通过投票决定一切。然而,雅各宾派绝不会将到手猎物拱手让人。既然它可以通过武力夺权,那么也会不惜一切地将权力牢牢握在手中。

II

首先,雅各宾党人要为自己打通控权之路。从选举的第一天开

---

① 国家档案馆档案,F7, 3268. 1792年10月3日Rambouillet市政官员的信函。当地的雅各宾派要求撤销四个看林人的职务,但遭到他们的拒绝。Arnault,《六旬老翁回忆录》,II, 15. 他失去了在指券印制厂的工作,因为"任何职位都被人觊觎,在职者往往不断地遭受人们的责难"。

② Dumouriez, III, 339. - Meillan, Mémoires, 27, Barbaroux, Mémoires (édit. Dauban). Lettre du 5 février 1793; Buchez et Roux, XXVII, 巴尔巴鲁5月10日和14日的演说。

始①，他们就通过法令废止关于选举权人资质的法律规定，消除了维护选举独立性、荣誉性和有效性的最后一道屏障。自此以后，所有民众都无差别地拥有了选举权；不但任何人都能参加初次选举，而且还都有资格成为二级选举人和候选人。所有的法国人，除了那些可能受到主人影响的家仆们，都可以参加首轮选举；选举人的年龄限制也从25岁下调到了21岁。选举的方便之门已经敞开，让两个最为激进的革命群体——年轻人和贫民——从中受益。混乱时局所造成的失业、饥荒和贫苦，使后者的队伍不断壮大。在贝桑松，登记参加投票的人数翻了一倍②。于是，这些雅各宾派的走卒们进入了一度对他们门庭紧闭③的选举场；为了确保他们全部到场投票，雅各宾派规定所有前往会场投票的选民"在3利弗尔的酬金之外，每走1法里就能获得20苏的额外补贴"。④

在拉拢和鼓励支持者投票的同时，雅各宾派还需要驱赶自己的敌手。而他们惯用的匪帮政治不但震慑了全法，而且还在此事上帮了他们的大忙。过去一段时间以来，雅各宾派制造的搜捕、劫掠和杀戮事件层出不穷，罪犯们却受到纵容且逍遥法外；这让所有不愿与雅各宾派为伍的候选人都感到危险和不安；这些人并非贵族或是旧制度的拥护者，后者要么已经逃离，要么则身在狱中，而是君主立宪派和斐扬派。然而，对于他们来说，参加选举完全是一种自杀式的冒险之举。结果，他们之中几乎无人能够在选举中更进一步。

当然，还是有几位温和派人士成功获选，例如杜让·德·马耶讷先生（Durand de Maillane）就是其中之一。然而他之所以当选是因为革命派对他并不十分了解，而且他本人也曾公开表示过对王室的

---

① 1792年8月11日和12日法令。
② Sauzay, III, 45 注册的选民人数由3200人上升到了7000人。
③ Durand de Maillane, Mémoires, 30: "这使得那些一文不名的无产者们成为了选举团的多数派……法国各地的俱乐部现在成为了选举的主宰。 在罗讷河口省，马赛的400名选举人中有十分之一都没有收入，却成了会场的主人。"
④ 8月11日和12日法令，国家档案馆档案 CII, 58 à 76。

愤恨①。而其他人过于耿直,不愿意成为暴民们的奴隶,也不甘于对雅各宾俱乐部唯唯诺诺,因此在选举中缺席。他们心中十分清楚,一旦自己参选,头颅可能就会被挑在长枪上,家中也会遭劫。就在选举当天,就有几位立法议会代表的家产就遭到洗劫与破坏;其原因只是,雅各宾派向各省发送过一份关于七项提案的记名投票表,而这些人的名字都出现在右边②。

为了确保万无一失,雅各宾将立法议会的立宪派都强行扣留在巴黎;革命公社不发给他们通行证,以免他们回到家乡向当地民众揭露革命的真相。同样,那些保守派的报社都查封、禁言,或者被强制改变立场和观点。

现在,既然候选人已经退出,而宣传的喉舌也遭到封禁,那么还有谁愿意投票呢?而且,初级选举的会场混乱不堪,暴力事件层出不穷③。在很多地方,只有革命者们才获准能够进入会场。如果某个温和派想要来投票,就可能"遭受众人的侮辱和打压";如果他想要发言,就会身处险境;实际上,即使他们一言不发,也可能遭致他人的责难与殴打。身处于专制之中,特别是在贫民暴君的淫威之下,远远走开,让自己离开众人的视野,被人完全遗忘才是最好的选择。因此,大部分人都选择明哲保身,弃选的人数越来越多。在10月、11月和12月举行的巴黎市长和市政官员选举中,16万注册选民中分别只有1.4万人、1万人和7千人④到场投票。在贝桑松,7000名注册选民中只有600人投票。在其他城市,例如特鲁瓦,参选的比例也与之接近。在偏远的乡野,例如东部的杜省和西部的下路瓦尔省,敢于出来

---

① 国家档案馆档案,CII, 1 à 32. 罗讷河口选举团公告;Durand de Maillane 的演说。

② 《观察家》,XIII, 623, 9月8号会议。Larivière的讲话,国家档案馆档案,CII, 1 à 83. 可参看 l'Ardèche 选举团的公告 — Balleydier, I, 79. 8月27日Laussel的信。

③ Rétif de la Bretonne,《巴黎之夜,第十夜》"很快,初级选举团就成立了,阴谋家们亲自提名人选,出于该区的一贯作风,这些提名在噪声中通过了。"— Cf. Schmidt,《法国大革命》, I, 98. Théâtre-Français副主席Damour的信, 10月29日。—《巴黎游记》29。

④ Schmidt, Pariser Zustande, I, 50 et suivantes. — Mortimer-Ternaux, V, 95, 109, 117, 129 (10月4日选举, 14 137人投票; 10月22日选举, 14 006人; 11月19日, 10 223人; 12月6日, 7062人)。

投票的人只占选民总数的1/10。选举之路几经滥用和封堵,变得毫无意义。在这场本应该充分体现民意,直接或间接地选出公权力代表的初级选举中,全法700万选民中竟然有630万人缺席。

III

由于事先对选举的参与者们进行了清洗,参加首轮选举的基本上都是雅各宾党人。在他们推选的二级选举人中,雅各宾派自然地占了多数;于是在很多地方,二级选举团的会场十分混乱,喧闹不已,变成了促生政治阴谋的俱乐部。乱民们不停地叫骂熙攘、赌咒发誓,甚至有人还叫嚣要纵火,将投票表决过程全部搅乱,不时地还有巴黎来的专员、当地俱乐部代表、路过的志愿兵,或是几个叫嚷着要动武的泼妇①前来发表演讲,煽乱闹事。

加莱海峡省的选举团释放了一个曾因为在暴乱中打砸银行的妇女,并且还向她鼓掌致敬。巴黎省选举团则称凡尔赛惨案的凶手们为革命兄弟,并对杀害艾唐普市长的刺客大加赞扬。莱茵河口省选举团为拉格拉西亚惨案的始作俑者茹尔旦颁发了美德荣誉证书。塞纳马恩省选举团则以鼓掌的形式通过一项议案,计划铸造一尊大炮,以备将来把路易十六的头颅当做炮弹射向敌方。

这些二级选举团的成员们不尊重任何人,因此也就不会尊重自己在议会中的同僚,因此他们会以内部清洗的名义相互倾轧也就不足为奇了②。很快,占多数优势的雅各宾派就再也容不下任何异议,开始利用手中的权力将任何敢于挑战他们的人逐出议会。

在巴黎、埃纳省、上卢瓦尔省和伊勒-维莱讷省,雅各宾派以"不

---

① 国家档案馆档案,CII, 1 à 76, passim,特别是罗讷河口、埃罗省和巴黎的公告:"兄弟们,如果你们把票投给那些心中如国王一样对人民充满仇恨之人,自由就会沦落。我们会把法国交给这些歹徒,然后以死明志……我会在桌上放上一把匕首,如果我对人民有半点不忠,就用它刺穿我的心。"(9月3日会议) — Guillon de Montléon, I, 135。

② Durand de Maillane, I, 33. 在罗讷河口的选举团 "有人提议杀掉一个被指控是贵族的代表"。

名誉"为由,驱逐了斐扬派和保皇派的残余势力,以及那些联名抗议他们违宪的选举人。在埃罗省,他们指责色维安选区的获选人是"疯狂的贵族",取消了当地的选举。在奥恩省,原制宪会议代表古皮尔·德·普雷芬先生因为投票时与雅各宾派意见向左而遭到追捕;他的女婿也遭受牵连,被逐出议会。在罗讷河口省,塞隆选区的代表出于习惯或是疏忽,表示希望"维持现有的王国宪法",雅各宾派立即撤销了这些"后进"分子,并就他们的"犯罪言行"立案调查。此外,诺弗选区的代表由于遭受指控而感到不安,于是逃离了这个魔窟般的议会;雅各宾派竟然为此派遣了一支军队前往诺弗来抓捕他。

在对选举人进行清洗之后,雅各宾派又试图控制投票。在巴黎和至少其他20个省份,他们置法律规定于不顾,取消了匿名投票制度,温和派们失去了最后的避难所,被要求按点名次序高声表决;这也就意味着,如果表决不慎,随时都可能被吊到路灯之上[1]。于是,那些在表决时犹犹豫豫的选举人迅速改变了立场,倒向了雅各宾派一边。

然而,在不少地区,雅各宾派还使用了更为暴力的方式逼迫选举人们就范。在巴黎,二级选举完全是在屠杀之中进行的;选举人都是在长枪的威胁和雅各宾派的指示下完成的投票。而在莫城和兰斯,教士们遇害时发出的惨叫声不时地传进选举团的会场。特别是在兰斯,那些杀害教士们的凶手,甚至直接威胁选举团投票给他们推举的候选人:声名狼藉的邮局局长德鲁埃和酒鬼羊毛工阿蒙维尔。当时有一半选举人因为义愤而退出会场,然而这两人还是无耻地当选了。在里昂,大屠杀发生两日之后,雅各宾党派的军队指挥官写信给罗兰称:"前天的灾难让贵族们落荒而逃,现在我们无疑已经成了里昂的多数派[2]。"经过多次清洗和压迫,这场所谓的全民选举被雅各宾派们置于革命的蒸馏器之中,按照他们的意愿进行过滤和筛选,萃取

---

[1] Barbaroux,《回忆录》,379:"有一天,当我们在进行选举时,有人喊道:'这个阿尔勒人是反革命,把他绞死!'"实际上,之前他们已经在现场抓了一个阿尔勒人,并且将他吊上了路灯。

[2] Mortimer-Ternaux, III, 338. — Sybel,《大革命时期的欧洲》(Dosquet译本), I, 525。(南方军队信函;里昂部队指挥官 Charles de Hesse 的信函。)

出一滴滴浓缩着雅各宾精华的溶液来。

如果萃取出的雅各宾溶液还不够纯粹,他们就会重新开始,直到得到满意的结果为止;毕竟,权力掌握在他们手上。在巴黎①,雅各宾派通过筛选机制和引进外来人员,对革命委员会进行重组,将其中的温和派赶走。而温和派选出的市长勒菲尔·多摩松由于不断地受到威胁,在上任当天就自行辞职了。在里昂②,另一位温和派人士尼维尔·舒勒先后两次都以9000票高票当选(投票总人数为1.1万人),却又两次被迫离职。在此之后,同样获得大多数人支持的吉尔伯特医生,则突然遭到逮捕并被投入监狱。即便如此,他依然获选。于是雅各宾派决定将他长期扣押起来,并加强了戒备,直到他答应弃选后才将他释放。在一些偏远的乡村选区,例如弗朗什孔泰③,只要获选人可能是天主教徒,选举就会被打断。有时候,作为少数派的雅各宾党人会离开会场,聚集在酒馆中私自选举自己的市长和治安法官,并且称他们革命爱国,有资格胜任。至于那些由多数派选出的候选人,无论他们获得多少票数,则一概被雅各宾派斥为"疯子"不予承认。

由于遭到粗暴干涉,民众对于普选的期望落空,试想在选举结果遭到扭曲、官方任命与民众意见完全不符的情况下,全民普选如何能够真正体现民意呢?选举的种种不公正之处都有事实佐证。德塞夫勒省、马恩卢瓦尔省、旺代省、下卢瓦尔省、摩尔比昂省和菲尼斯泰尔省,选出的国民公会议员全是反天主教的共和主义者;然而这些省份却是天主教和保皇党起义最为频繁的地区。洛泽尔省选出的四位公会议员中,有三位主张处死国王;然而六个月之后,该省的3000名农民举着白旗④起事。旺代省的9名议员中有6人投了处死国王的赞成

---

① Mortimer-Ternaux, V, 101, 122 et suivantes.
② Guillon de Montléon, I, 172, 196.
③ Sauzay, III, 220 et s. Albert Babeau, II, 15. 在特鲁瓦,两个市长都被否决。第三次选举中上台的市长在555票中获得400票,但该城的人口却有3.2万到3.5万人。
④ 波旁王朝王旗为白色,因此白旗也就成为了保皇党人的标志。—译者

票；然而不久以后，该省却爆发了全省范围的保王党人起义[1]。

IV

虽然雅各宾派一再对选举施压，却始终得不到令他们满意的结果。在国民公会的首次会议上，749名议员中只有50人承认巴黎革命公社合法。而这些人基本上都来自于那些对选举压迫极深的地区；例如在兰斯和巴黎，选举人个个都惶恐不安，在"钉耙、斧头、匕首和大棒"的威胁下完成了投票[2]。而在其他地方，由于当地的雅各宾派相对克制，表现得不像上述地区那么狰狞，而人们心中尚存着一丝廉耻感，因此在表决时避免了最坏的选择，将票投给了那些具有一定名望的候选人：共有77名前制宪会议代表和186名立法议会代表进入了公民公会，其中很多人略知治国安民之道。简而言之，国民公会约有650名代表依然保有一定的良知和理性，没有完全被革命冲昏头脑。

但毫无疑问，他们都是坚定的共和主义者，仇视传统，笃信理性，在政治思想上深受推导论的影响；而这也是他们能够成功入选国民公会的原因。每个议员代表都是雅各宾主义的支持者，或者至少在言行上对革命表示拥护。结果，在国民公会的首次会议上，议员们异口同声地高喊着要废除国王；路易十六被他们斥为"阴谋危害自由、人民和国家安全的罪犯[3]"。

然而，在这种政治上的偏执之下，社会生活依旧如故。对于任何在旧制度下出生并长期生活的人来说，他们都已经从情感上与之融为一体，心中深深地留下了它的印记。即使这个制度现在遭到了非议和约束，他们还是不自觉地受其影响，保有对个人生命财产的尊重。实际上，这种品质在他们人格的诸多方面早有体现。即使是他

---

[1] 《观察家》，XV, 184 à 223（关于路易十六定罪的点名表决）. - Dumouriez, II, 73。
[2] Mercier,《新巴黎》, II, 200。
[3] Buchez et Roux, XIX, 17, et XXIII, 168票对683票，认定国王有罪。37名议员没有投票，而是担任法官。

们接受了某种与之相悖的理论,这样的品质也不会改变。

事实上,这种理论只有碰上粗汉和小人才能发挥作用,让那些粗鲁愚钝而又贪婪暴戾充分暴露出自己野蛮、凶残和专横的本性,给社会带来巨大的危害。而相反,对于大多数人来说,无论这种理论影响如何,都不足以磨灭他们的良知和人性。而我们的这些议员们基本上都出生于中产阶层,无论他们对于革命如何热忱,都不会持久;在他们的内心深处,自己依然是旧制度下的律师、检察官、大商人、教士和医生,其良好的素质使他们在后来都成为了诚实善良、恪尽职守的国家官吏和公务人员。换言之,作为18到19世纪有着良好教养的中产阶级成员,他们不但在私德无亏,而且还想用自己的良好品质来影响公共生活。因此,这些人对动荡的时局、对马拉、对九月惨剧中的凶手和盗贼们都十分恐惧①。国会公会召开不到三天,他们就一致要求制定一部"反对一切屠戮和暗杀"的法律;同时,他们还一致要求从83个省份中征调人员,成立一支新的卫队,以对抗巴黎和革命公社的匪帮。佩蒂翁几乎"全票当选"为公会主席,而前来作报告的罗兰则"受到了全场最为热烈的掌声欢迎"。

简而言之,议员们都对共和怀有理想和期待,坚决反对一切暴乱犯罪行为。他们都团结到了那些正直坚定、曾参加过前两次议会的老议员周围,或至少站到了他们一边,竭尽全力维护法律与人权。郎其耐(Lanjuinais)、佩蒂翁和拉伯-圣-艾迪安(Rabaut-Saint-Etienne)追随布佐;维尼奥、瓜代、让森奈(Gensonné)、伊斯纳尔和康德赛追随布里索;卢维和巴尔巴鲁则追随罗兰;500多名平原派议员将180名吉伦特派议员奉为导师和领袖,而后者已然坐到了会场的右边,成了新的右派②。

吉伦特派的成员都是最为可敬的共和主义者。还在年少时,他们就通过思考、研究和分析,坚定了自己的共和信念。这些人大多都

---

① Buchez et Roux, XIX, 97, 1792年9月25日会议. 马拉的发言。
② Meillan, Mémoires, 20. — Buchez et Roux, XXVI, 1793年4月15日会议。

博览群书、善于思辨,对狄德罗和卢梭极度推崇,认为他们的这两位导师已经揭示了世间的一切真理。他们对于《百科全书》和《社会契约论》的迷恋,不逊于清教徒们对《圣经》的虔诚①。成年之后,这些抽象的概念已经在他们的大脑中根深蒂固②,使他们总是想用那些一般性的原则来重建社会。因此,他们运用纯粹的逻辑推理来解决问题,肤浅地追求思维的精确性;为了迎合时代潮流,他们也会对事实进行分析,但华而不实。面对千差万别的社会个体,他们视而不见,眼中只有抽象化的一般人性,并且将其作为自己一切虚幻想象的主角。

现在,贵族特权早已取消,选举年金制度也不存在,人人都可以成为选举人,平等地共主国家。所有的权力代表都必须通过选举产生,且任期有限。国民公会成了全国唯一的议会,所有成员每年都需要重新改选。而行政委员会中的成员每年需要改选一半。国家财政部中的所有人员每年会被改选1/3。此外,地方政府及法院都通过选举产生。而且,国民公会还发明了全民公决制度,鼓励作为国家之主的民众们不断地表达自己的意愿;他们不仅有权任命官员,还可以高居法律之上行使自己的"审查权"。这些就是国民公会新宪法的主要精神③。康德赛对此如此评价:"英国的宪法是属于富人的;美国的宪法属于中产阶层;而法国的宪法是属于所有人的。"于是,这部宪法成了一切制度的唯一法理基础;与之相悖即是与真理抗衡,应当遭受惩罚和摒弃。

实际上,早在立法会议上,吉伦特派就一直在实践这个原则;一方面,他们不断地迫害天主教会、侵犯封建地权、侵蚀合法的王权、试图将旧制度残存下来的一切都清扫干净;而另一方面,他们又与暴民同谋,行事死板、鲁莽而又操切,结果不但使法国卷入一场欧洲战争,还将武器悉数放到了乱民手中;当社会因此分崩离析时,他们却

---

① 国家档案馆档案, AF, II, 45. Thomas Payne 给 Danton 的信函, 1792年5月6日。
② Cf. les Buzot, de Barbaroux, de Louvet 和 Mme Roland 的回忆录。
③ Buchez et Roux, XXIV, 102. 康德赛以宪法委员会的名义提交的宪法提纲。

以为自己迎来了理性和真理的胜利。对于自己的乌托邦幻想,吉伦特派有着邪教徒般的偏执,丧失了心智。虽然投票者只占选民总数的1/10,他们却毫不在意,想当然地认为是所有选民的授权代表。虽然大多数法国人依然拥护1791年宪法,他们却视而不见,将自己制定的新宪法强加于他们之上。虽然他们的政治对手、流亡贵族和国王都并非不可宽恕的恶徒,他们却毫不手软,不惜用最为严酷的法律手段对待他们,将他们驱离出境、没收他们的财产、剥夺他们的民事和政治权力,甚至将他们杀害①。吉伦特派自认为是在替天行道,主持正义;而实际上,他们不过是一群迷恋权力的专制者,自负使得他们人格极度扭曲,曾经的道德观念也逐渐淡薄。

然而,对于自己的理念,吉伦特派确实是真心拥护,且矢志不渝。他们的政治口号十分清晰,且知道如何对其进行推导和演绎。几何学家不会忘记数学公理,神学家不会怀疑宗教信条;同样,吉伦特派也不会放弃自己的信念。他们最终将自己的政治理论付诸于实践,以其为基础制定了宪法、建立了政府、挽回了乱局、终结了充满抢掠和杀戮的暴力专制。

此外,无论是作为思维逻辑严密的政客,还是作为有教养的文明人士,他们不愿意看到社会失序,还是希望生活在有责任感、有尊严和有品位的体制之中。丹东行事鲁莽,言语粗俗,只擅长煽动乱民,这让他们不以为然。同时,他们也不会像罗伯斯庇尔那样,可以寄宿在一个木匠家里,和屋子里的人同吃同住。他们之中没有人会像陆军部长帕西(Pache)一样,可以"屈尊降贵地到一个脚夫家吃饭",并且要求自己的女儿去亲密地问候俱乐部里的雅各宾醉汉们②。罗兰夫人家办有一个沙龙,无论气氛如何死板或学究,却依然少不了浪漫色彩。巴尔巴鲁曾在那里向一位侯爵夫人念诗;后者在6月2日竟追随

---

① 关于吉伦特派的手段,Cf. Edmond Biré《吉伦特派传奇》。
② Buzot,《回忆录》.78。

他去了卡昂①。康德赛的生活极为讲究,他的夫人曾是教会的女执事,气质优雅高贵。

这样一些人不可能容忍武装起来的暴民们继续为非作歹。为了充实国家的财库,他们主张建立稳定的税收制度,而不是随意将他人的私产充公②。对于作恶之徒,他们主张"依法惩戒,而不是动用私刑③",对于政治犯,他们坚持设立特别法庭进行审理,并给予他们一些基本保障④,虽然他们声称国王有罪,却在是否将他处死的问题上犹豫不决,并且向民众宣告自己的立场:"要法律不要流血";这句在当时一度引起轰动的名言,是对他们政治观念的最好诠释。

然而,从本质上说,法律,特别是共和政体下的法律,都具有一般性和强制性。一旦法律制定出来,无论是普通公民还是某座城市或某个党派,如果胆敢挑战它的权威,就可以被定罪。如果一个村庄妄图统领全国,结果将不堪设想。巴黎和其他的省份一样,本应该将自身的权力与影响限制在自身的辖区之内。然而,在人口约70万的首都巴黎,每个市区的所有公民,或至少是所有的共和拥护者们,都应当拥有同等的和自由的投票权利;然而,总人数只有五六千的雅各宾派却攫取了他们权利,独自参选。他们还打着人民主权论的幌子侵犯民众的权利;他们夺得了权力,却容不得其他人,便以拯救国家之名将后者除掉;同时,他们还以反抗压迫为借口,肆意聚众起事,妄图推翻一切政府。这一切都让人感到触目惊心,因此必须想办法平息这种暴权,将它约束在法律范围之内,建立稳定法制体系让它臣服⑤。

如果某个人想要制定或调整法律,他首先要拟定一份书面提案,找到同选区的50个公民与他共同联名提交,转呈给该选区的初级议会。如果这份提案在初级议会中获得多数支持,则应当转呈给其所

---

① Edmond Biré,《吉伦特派传奇》(Pétion 和 Barbaroux 的回忆)。
② Buchez et Roux, XXVI, 177 埃罗省提交的财政方案。
③ Ib., XXV, 376, 378. 维尼奥的演讲(4月10日)。
④ Meillan, 22.
⑤ Buchez et Roux, XXIV, 109. 康德赛提交的宪法纲要权利,宣扬三十二条。

属市区的初级议会；如果再获得多数支持，则可转呈给省级议会；如果又得到多数赞成，就可以拿到立法机构中表决。如果立法机构否决了提案，那么就应当转发给全国的各个初级议会进行表决；如果表决的结果与立法机构不符，那么立法机构就应当顺从初级议会的结论并自行解散，由选民们重新选设一个新的立法机构，但原立法机构的议员不得再次参选。

这就是吉伦特派对其政治理念的最终构想，它的设计者康德赛已是超常发挥；即使是最优秀的工程师也不可能在纸上勾画出同样复杂和精细的草图。这最后的神来之笔让宪法近乎完美。至此，吉伦特派深信自己找到了约束暴政，同时让人民充分享有权力的最佳方案。

确实，无论什么样的宪法，特别是包含上述内容的宪法，都可以约束住暴民们，但前提是：他们心甘情愿地接受这样的约束。

针对康德赛的设计，罗伯斯庇尔代表雅各宾派提出了完全相反的意见①："以法律的形式限制人民反抗压迫的权利是专制的最后一层画皮……当政府践踏了人民的权利时，人民有义务群起而攻之。"

然而，当人民群起暴动时，无论是政治权威还是说理辩论都不足以与之抗衡。当时的一位观察家②评论说："我们的那些启蒙哲学家们总以为可以靠劝导来解决问题。然而，无论是出众的口才、精彩的演讲，还是详密的宪政方案都不管用，只有通过暴力才能取得胜利。他们却认为……政治斗争不靠刀枪火炮，只要熟读马基耶维利、卢梭和孟德斯鸠的著作即可。他们没有注意到这样一个问题：在拿着刀剑的莽夫眼里，这些作家连同他们的作品，都毫无价值可言。"

实际上，雅各宾派并没有打算在议会辩论中取胜；他们选择最为天然的夺权方式——武力夺取。凭借口才据理力争来说服国民公会，获得多数支持并发布法令，这只在太平时节才行得通。想要建立

---

① Ib., XXVI, 93, 1793年4月21日，雅各宾会议。
② Schmidt,《法国大革命》, II, 4. 1793年6月6日，Dutard的报告。

这样的体制，不但需要军队的支持，还需要有一个正常的政治体制，能够保证获得大多数人支持并通过的法令由上到下，通过尽职的各级公职人员传达给遵纪守法的好公民。然而，在乱局之中，特别是在革命公社的威胁之下，在经历过8月10日事变和9月2日屠杀的巴黎，只有武力才能解决问题。

V

首先，吉伦特派在巴黎这座大城十分孤立；他们无法指望任何人或群体会在他们遭遇不测时全力相助；因为虽然大多数人都对他们的政敌雅各宾派不满，但也不会支持他们。大部分人从心底里依然"赞同立宪派的主张①"。有一位职业观察家如是说："如果给我6000人马，外加拉法耶特的侍从做指挥，我就能在8天内不费一兵一卒收复巴黎。"实际上，自从保王党人逃走或躲藏起来后，拉法耶特开始成为巴黎最稳定、最传统和最隐秘民意的代表。无论是吉伦特派还是山岳派，在巴黎市民眼中都是带来麻烦的篡权者。不仅是中产市民，甚至包括那些对新政权不满的底层民众，都对吉伦特派嗤之以鼻。

现在，巴黎物资匮乏，粮食价格上涨。蒸馏酒的价格翻了三倍；而博瓦西市场上牛的数量也从过去的七八千头减少到了400头；肉铺老板们都表示到下个星期将无肉可卖，只有病人们可以享受到一点配额②。要拿到一小份面包，需要排五六个小时的队才能走进面包店③。按照传统，劳工们和家庭主妇们开始归责于政府，指责它无法满足他们的基本需求，伤害了他们的情感，影响了他们的生活，并且侵犯了他们的信仰与宗教。即使是在巴黎这样的城市，无论是在当时

---

① Buzot,《回忆录》, 33: "所有人在1791年宪法颁布，国王的王位被保留之后都送了一口气，特别是巴黎，这种态度更为明显。" — Schmidt, I, 232 (Dutard, 5月16日)。

② Schmidt, ib., I, 173, 179 (1793年5月1日)。

③ Dauban《1793年的巴黎暴动》, 152 (Diurnal de Beaulieu, 4月17日)— 国际档案馆档案 AF, II, 45 (5月20日 警察通报) — (Ib., 5月24日) — (Ib., 5月25日)。

还是今天,普通民众都一如既往的虔诚。如果有神父走在街上,手里拿着为临终病人准备的圣体,大部分人"无论男女老少,都会从四周赶来,极为谦卑地跪在地上"。①

有一天,教友们获准举着圣勒(天主教圣人)的圣物龛在圣马丁街游行;有人这样描述当时的场景:"所有人都匍匐在地,人人都把帽子摘下,当经过莫孔塞(Mauconseil)的国民卫队时,官兵们都举枪致敬。"同时,"市场里的妇女们都在讨论此事,想知道游行时的情景"。②到了下个星期,她们要求圣奥斯塔希的革命委员会再批准一次游行。在这次游行中,所有观礼者也都跪了下来。"所有人都对于游行表示欢迎,我没听说有谁表示不满的。与上次游行相比,这一次的场景更为动人……我发现人们都对现状表示懊悔;人人都在拿现在和过去进行比较,都因为这样美妙的宗教仪式受到限制而感到不满;在场的人无论阶层和年龄,都被深深打动,有些人的眼中满是泪水"。

然而,对于此事,深受启蒙思想熏陶的吉伦特派却表现得比任何人都要蛮横,坚持要破除这个传统③。因此,巴黎的居民没有任何理由卷进他们与雅各宾派的权斗之中。对于大多数巴黎人来说,无论他们来自于何种阶层,都从内心里认为这场选举闹剧中产生的新政权只是一种事实性的权威,毫无合法性可言。由于没有其他选择,他们只有对其听之任之,但根本不愿意承认它④。在他们看来,这不过是一个由外来人士通过篡权强行建立的政府,既无效率又血腥暴力。因此,无论是对于中产市民还是平民阶层,国民公会都不得人心。随着它在政治上不断滑坡,它与这些中立者们的最后一点联系也被逐一斩断。

---

① Schmidt, I, 198 (Dutard, 5月9日)。
② Ib., I, 350, II, 6 (Dutard, 5月30日、6月6、7日)。
③ Durand de Maillane, 100: "吉伦特派比雅各宾派更加离经叛道。"— Buchez et Roux, XIII, 444. — Ib., XXVI, 63。
④ Schmidt, I, 347 (Dutard, 5月30日): "我看见了什么呢?所有人都讨厌国民公会,反感那些官员和现行秩序"。

在8个月的统治之后，国民公会完全走到了民意的对立面。"但凡在某些方面持温和态度者，以及所有的温和派，都反对他们当权。一些宪兵甚至公开表示反对革命；他们跑到革命法院门口高声叫喊，质疑前者的判决；几乎所有的老兵都对现行制度不满①"。而那些"正统军人出身的志愿兵们也对国王被处死而感到愤怒，并且因此与雅各宾派关系生隙②"。

　　公众对国民公会的厌恶与日俱增，没有任何一个派别能赢得人们的拥护。"如果有人提议全民公开表决是否应当把国民公会的成员全部送上断头台，那么每20个人中就会有19个表示赞成③；而这些会投赞成票的人恰好就是那些因为害怕或厌恶而从不参加选举活动的民众"。无论是左派当权还是右派获胜，他们都不愿与之相争；无论是山岳派还是吉伦特派，他们也不屑于与之为伍。乱局中留下的创伤让他们对维尼奥、瓜代和他们的同党④都憎恶不已，根本无法与之建立信任关系。当后者遭到倾轧时，他们选择袖手旁观，任凭忿怒派将他们其中的32人驱逐并监禁起来。"贵族们（即那些地产主、大商人、银行家、富裕或殷实的市民）都盼望着把他们送上断头台"。⑤ "即使是那些底层贵族（指的是小店店主或是作坊主）也对他们的命运漠不关心，将他们看成是重新被关入笼子里的野兽"。⑥ "在巴黎，瓜代、佩蒂翁和布里索的支持者不会超过30人，而且这些人绝不会与他们共患难，在生死攸关时为他们挺身而出"。⑦

　　即便大多数民众可能对某一两个政客心存好感，但却只会给予他们一种柏拉图式的精神支持。然而，由于民众退出了左右两派的

---

①　Ib., I, 216 (Dutard, 5月13日)。
②　Schmidt, I, 240 (Dutard, 5月17日)。
③　Ib., I, 217 (Dutard, 5月13日)。
④　Ib., I, 163 (Dutard, 4月30日)。
⑤　Ib., II, 37 (Dutard, 13, 6月). - Cf. ib., II, 80 (Dutard, 6月21日)
⑥　Ib., II, 35 (Dutard, 13, 6月). —— 关于底层贵族一词的解释，可参考Dutard和其他由Garat雇佣的观察员的报告。
⑦　Ib., II, 37 (Dutard, 13, 6月)。

斗争，他们在政治上也变得无足轻重，沦为斗争胜利者的猎物和战利品，任其随意宰割。既然他们在任何制度面前都可以逆来顺受，那么也就使得自己更加软弱无力。而现在，他们被要求去接受一个需要人民直接参与管理的政府，它的各种运作机制，如长期的基层议会、频繁的俱乐部活动、在议会旁听干政、公共场所聚众演说和街头游行和抗议等，都会让那些忙于生计的文明人士们对其敬而远之。

在现代社会，工作、家庭和生活琐事让人应接不暇，只有莽夫和闲汉才有时间参与到这些政治活动中。这些人既没有家庭也没有工作；对于他们来说，俱乐部如同酒馆一样，都是混日子的好去处。这些光棍、弃儿和失业者大多生活窘迫、家徒四壁、缺乏教养，却又身粗体壮，喜好聚众生事，整日里只知道与人争辩，一般人都不屑于与之为伍，因此各种政治活动都成了这些人的专场。

在九月屠杀惨案和新的土地法令颁布之后，大量的地产主和地租受益人，无论遭到怀疑与否，都忙着逃离巴黎。在接下来的几个月中，越来越多的人觉察到了危险正逼近，于是又掀起了新一轮的流亡潮。到了12月，有流言称那些前斐扬党人将会遭受报复，于是"8天之内，逃离首都巴黎的人数达到了1.4万人以上[①]"。罗兰在自己的报告中也指出[②]，"由于巴黎每天都有骚乱和迫害再起的传闻，很多具有一定社会地位和财产的市民都离弃了这座城市"。一位议员写道："曾经繁华的街道上野草丛生，圣日耳曼区有如坟场一般寂静。"

而那些尚未离开的温和派，也主动将自己封闭在私人生活之中；因为他们认为，无论政治的天平倾向何方，远离政事者都不会受到冲击。在10月、11月和12月的市政选举中，16万名注册选民中，分别有14.4万、15万和15.3万人缺席。当然，他们没有前往投票还有一个重要原因：夜幕降临后各区都是一片漆黑，前往区议会投票过于冒险。因此，在一个城区的三四千选民中，在区议会投票的常客只

---

① 《观察家》，XV, 95. 议员 Charles de Villette 的信函。
② Ib., XV, 179. 1793年1月11日，罗兰的信。

有五六十人。有的城区议会只有25人①参加，却敢于代表该区所有选民向国民公会称述所谓的民意。面对如此纷乱的局面，那些头脑清醒、希望社会稳定的市民将如何应对呢？他们选择待在家里躲避风雨；任凭各种流言在街头巷尾如淤泥一般四处泼溅，他们都希望独善其身，不去招惹是非。

当然，他们也会偶然出门，但只是像往常那样散散步、看看热闹、找人聊上两句；这是巴黎人在旧制度下养成的生活习惯。有位市民虽然预感到恐怖将临，却发现街头生活依然如旧，他这样写道："昨天傍晚，我走到香榭丽舍右侧②，您相信么？那里热闹依旧；温和派、贵族、地产主，还有一些打扮精致迷人的女性都在享受着春风的轻抚。大家都在嬉笑，但我笑不出来……于是我立刻转身离开，走到了杜勒伊花园，却发现那里也是同样的场景。在巴黎，竟然还有4万名中产市民像往常一样在四处闲逛。"很显然，这些人都不知道自己已经成了待宰的羔羊。

事实上，他们已经放弃了反抗，将权力拱手让给了无套裤汉们。他们"拒绝在政府或是军队中担任任何职务③，"纷纷退出国民卫队，并且还为他们的替补者支付佣金。简而言之，他们放弃了这场开始于1789年的政治牌局；很多人至始至终都没弄清它的本质，而从1791年末开始，有些人就已经尝到了它的苦头，而其他人则是看到局中有诈，玩牌者暴力相向之后主动弃牌出局。自此之后，他们除了袖手旁观之外，再无其他举动。"只要他们还没有被剥夺旧有的生活乐趣④，能够在全国范围内行走自如，且免于前线的征战之苦，那么他们就甘愿承受任何横征暴敛，而不会有任何反抗之举，几乎让人都忽略了他们的存在。他们每天考虑最多，也是最为担心的问题是：

---

① 《观察家》，XV, 66, 1月5日会议，巴黎市长(Chambon)的发言 — Buchez et Roux, XXVIII, 91。1792年10月Godolle给罗兰的信— Ib., XXI, 417 – Schmidt, II, 69 (Dutard, 18, 6月)。
② Schmidt, I, 203 (Dutard, 5月10日)。
③ 《观察家》，XV, 67 1793年1月5日会议．巴黎市长的演说。
④ Schmidt, I, 378 (Blanc, 6月12日)。

'共和制会让我们像在旧制度下那样过得开心么？'"他们可能都期望自己的中立态度能使他们免于祸害；无论谁是政治赢家，应该都不会去迫害那些在其上台之前就已经退出政局的人吧？"昨天早上，一个小地主①这样对我说：'我根本不会缴械，因为我压根就没有武器。''啊，'我对他说道，'您别得意了。全城有4万人都和您一样。在巴黎，这没有什么好炫耀的。'"可见，这些富裕的市民在有序的社会监管下过惯了安逸的日子，变得短见而又自私；他们不愿意改变生活习惯，也没有意识到暴风雨即将来临。

除了这些年金收益者之外，那些工商业从业者、大商人和店铺老板，也都不愿意参与公共事务，他们总是忙于自己的私事，将时间和精力都放在了照看自己的店铺和作坊上。例如，"虽然那些酒店老板②在当时都被贫民归为贵族一类"，然而"与平日相比，他们在革命和民众骚乱期的生意反而更红火"。因此，在当时，任何人都无法在政治上获得他们的支持。"他们都在自己店里，和三四个伙计"一起忙活。如果有人想叫他们去投票，他们就装着没听见。或者这样说："我现在忙着呢，怎么脱得开身？我这有客人。如果我和我伙计走了，谁来招呼他们？"

除此之外，他们在政治上的消极表现还有其他原因：由于国民卫队和市政厅里的职位现在都被雅各宾派占据，因此无论是在政府还是在军队，都没有他们的代表。吉伦特派不愿意与他们结盟；部长加拉（Garat）也不需要他们。而且，这些人内部也并不团结，相互之间都不信任；"只要让他们鹬蚌相争，就可从中坐收渔翁之利。③"最后，九月惨剧如同噩梦一般让他们记忆犹新。因此，他们胆小谨慎，稍有风吹草动就会作鸟兽散。

---

① Ib., II, 5 (Dutard, 6月5日)。
② Ib., II, 19 (Dutard, 6月11日) – Ib., II, 70 (Dutard, 6月18日)。
③ Schmidt, I, 207 (Dutard, 5月10日)。

国民卫队的一个军官这样描述他们："这些社会契约区①的公民们，如果真要他们去维护自己街区，1/3 的人会逃到乡下、1/3 的人会闭门不出、剩下的 1/3 则吓得什么不敢做了②。""如你能在 5 万个温和主义者中聚集 3000 人，就算是奇事一件。如果这 3000 人中又有 500 人敢于表达自己的意见和看法，那就更让人惊叹。不过，这 500 人可能会像九月惨剧的受害者那样惨遭杀害。实际上，他们很清楚这一点，因此他们缄默不言，逆来顺受。"

即使他们能够获得各个市区的多数支持，那又有什么用呢。事实已经证明，12 个莽汉带着无套裤汉区的暴民们就可以将其他 47 个区的温和市民打得四处逃窜。"③总之，温和的市民们放弃了自己的政治权利，不愿参与公共事务，而这就等于将自己提前出卖了。与罗马和斯巴达一样，在巴黎，少数派以人民主权的名义建立了专制政权，将广大温和的民众置于奴役之中。

VI

然而，这个少数派在 8 月 10 日事变之后并没有得势。1792 年 11 月 19 日，雅各宾派的市长候选人鲁里耶（Lhuillier）只在选举中得到了 4896 票④。1793 年 6 月 18 日，竞选国民卫队指挥官的昂里奥只得到了 4573 票；为了让他当选，雅各宾派两次取消了选举结果，要求选民们高声投票，并且取消了投票时出示居住证的规定；于是，雅各宾派的党徒和支持者们靠着重复投票，将昂里奥的得票数翻了一倍。而巴黎的雅各宾党员总数不过 6000 人，都是些无套裤汉和山岳派的

---

① 在 8 月 10 日事变后，巴黎的很多市区都更换了带有革命色彩的名字。社会契约区原名为"Section de la Poste"。—译者
② Ib., II, 79（Dutard, 6 月 19 日）。
③ Ib., II, 81（Dutard, 6 月 19 日）. – Cf. I, 333（Dutard, 29, 5 月）。
④ Mortimer-Ternaux, V, 101.

支持者①。一般情况下,在每个市区议会中,他们的人数只有"10到15人",最多也不过"30到40"。然而,他们从不缺席,是会场里的"暴君"。"其他人只能忍受他们的长篇大论,并机械式地举手表决……"雅各宾派的活跃分子约有"三四百人,他们行事粗鲁直接,显得有些蠢笨;其中有两三百人对之前的革命并不满意,觉得自己并未从中得到期望已久的好处与荣誉。无论何时何地,这些人都叫骂不止,敢于公开地对抗社会秩序……他们沉迷于歪理邪说,低贱而卑劣,唯恐天下不乱"。在他们之下则是马拉的追随者们,包括贫民窟的妇女、游民和"每日领取3法郎爱国佣金的革命者②"。

雅各宾乱党不但在成员数量上没有增加,而且在素质上更是急剧下滑。很多在8月10日反对王室的技工、小酒店和肉铺的老板和店铺伙计等,现在都站到了革命公社的对立面③;这可能是因为九月发生的惨剧让他们对革命感到失望,不愿意看到悲剧重演。

例如圣安托万区技工出身的演说家孔修(Gonchon)就是一个正直、无私和诚信之人。在九月惨案中,他是罗兰的支持者;而后,由于亲眼见证了里昂发生的惨剧,他又支持温和派们反抗马拉党人。④ 有观察家如是说:"慢慢地,那些略有一技之长的人们都脱离了乱党,回归到了正常人群之中。⑤""自从那些挑水工和码头脚夫等莽夫在四处为非作歹,酿造惨剧之后,那些水果商贩、饮料店老板⑥、裁缝和鞋匠,以及其他手艺人,开始很明显地向他们投去厌恶的眼光。于是,这些人无论实际地位高低,一概都被贫民斥为贵族了"。

---

① Schmidt, II, 37 (Dutard, 6月13日), 87 (Dutard, 6月24日)。
② 《观察家》, XV, 114, 1月11日会议. Buzot 的发言 — Ib., 136, 1月13日会议,志愿兵的发言。— Ib., XIV, 852, séance du 23 décembre 1792. Discours des fédérés du Finistère. — Buchez et Roux, XXVIII, 80, 81, 87, 91, 93 Gadolle 给罗兰的信 Schmidt, I, 207 (Dutard 1793年5月10日)。
③ Schmidt, II, 37 (Dutard, 6月13日)。
④ Mortimer-Ternaux, IV, 269 — Buchez et Roux, XXVIII, 82, 83, 93. Godelle 的信 — 国家档案馆档案, AF, II, 43. Gonchon 给 Garat 的信 1793年5月31日。
⑤ Schmidt, I, 254(Dutard, 5月19日),《观察家》, XIV, 522。
⑥ Ib., II, 39(Dutard, 13 6月)。

同样，在市场里，"除了那些被收买的泼妇和雅各宾党徒的婆娘之外，其他的妇女都对乱党的所作所为表示愤慨，不停地斥责和诅咒他们"。有一个商人回忆说："一天早上，我有大概五六个主顾，她们都不愿意称自己是'公民'，而且还是她们想向共和啐上一口。"妇女中坚决的革命者，只剩下那些社会最底层的女性，包括那些因为需求和贪婪而洗劫店铺的泼妇，以及"因为劳累而面容憔悴、靠撑船度日的妇女[①]……就像金融家和贵族的女眷会遭到律师和议员的妻子的妒忌，而后者又会遭到杂货铺老板娘的妒忌一样；这些最为低贱的妇女对杂货铺老板娘的"华丽"衣着早就咬牙切齿了，不遗余力地想要将她拉到与自己同样的生活水平来。"

由于稍有良心的人都与雅各宾派划清了界限，该党的成员只剩下了社会最底层、身份最为卑贱的那些人；首先是"当雇主亏钱时就会幸灾乐祸的低等劳工"，之后是那些最下层的小贩、旧货商、二道贩子、"在市场小角落的旧衣贩子、在无罪者墓地撑着阳伞卖烤肉和扁豆的小厨子[②]"，还有那些自以为现在可以向主人发号施令的家仆、饭店学徒、马夫、跟班、门房和各种雇工；他们无视法律，积极参与选举投票；在雅各宾派的蛊惑下，他们甘愿为其充当爪牙。这些人只要去过两次邮局，就敢声称自己熟知地理；只要听过《爱蒙公爵的四个儿子》[③]，就以为自己精通政治。

然而，雅各宾派这摊烂泥之中，最常见到的东西还是来自于大城市的"泡沫和泥浆"，包括各个行当中的恶棍，生活放荡、不修边幅的劳工和流窜在人群中的小偷；这些人大多在萨尔贝特里尔拘留所住过，在被放出来后有过一段无序的生活，而后又将比赛特尔医院作为自己的归宿。[④]"从萨尔贝特里尔来，到比赛特尔去"，是这些人的人

[①] Rétif de la Bretonne 的数目，Jacob, 287.（1793年2月25日和26日的抢劫）。
[②] Schmidt, II, 61; I, 265 (Dutard, 17, 6月 et 21, 5月).
[③] Ib., I, 246 (Dutard, 5月18日). – Grégoire《回忆录》, I, 387 Buchez et Roux, XXVI, 214。
[④] Ib., I, 189 (Dutard, 6, 5月)。

生格言；他们的生活毫无节制和规律，无论身上有50个利弗尔还是只有5个，都会一个子儿不剩地全数花掉。他们从不知道储蓄，因此近乎一无所有。正是这群人攻占了巴士底狱、发动了八月事变①。无论在什么类型或级别的议会，他们都会到场，挤满旁听席。而在此期间，他们的手指就开始不听使唤；在此之后，他们的婆娘们会"拿着一些手表、戒指、珠宝或是耳坠去当铺卖掉"，然后拿着这些钱去肉店、面包店和酒店花光。没有人敢借钱给他们。他们对自己的婆娘毫无感情可言，而且时常将嗷嗷待哺的孩子扔在家里独自去杜勒伊花园或者是雅各宾俱乐部参加活动。他们之中有很多人早已离开了原先的谋生行当……而且，由于懒惰或是技艺不精，一旦离职，他们就再难重操旧业。"

在他们看来，参加政治活动，靠给人在议会鼓掌拿钱更为安逸。与他们想法相近的还有那些街边的闲散劳力；只要号角一响就可以立即将他们招募起来，在巴黎新建的劳动营工作。然而，在那里②，已经有8000人每天拿着42苏的薪水却什么事都不做。"那些工人每天都是8点、9点甚至是10点才到达营地；如果拿了钱还没走，那么最多也就是做一点推小车的活儿。大部分人整天都在玩牌，到了下午三四点就回家了。如果有人质问监工们为何纵容他们消极怠工，后者会很快答复说自己无法强制要求他们遵守纪律，而且如果自己稍微严格一点，就可能有生命危险。于是，国民公会发布法令，强调劳动是这些劳工们的义务，然而这些所谓的劳动者们就开始大谈"平等"原则，想向8月10日起事那样杀掉公会派来的专员。直到11月2日，这个劳动营才被解散，那些来自外省的劳工根据老家与巴黎的距离按每法里3苏的标准发放遣散费；然而，多数人还是留在了巴黎，声势日益壮大。如同黄蜂一样，既然他们已经尝到了革命的好处，自然不介意靠在政事上嗡嗡发声来榨取公众的钱款。

---

① Cf. Rétif de la Bretonne,《巴黎之夜》, XVI (1789年7月12日)。
② Mortimer-Ternaux, V, 225 — 国家档案馆档案, F7, 146。

于是，雅各宾派的大军已经形成：它的后卫是"那些来自巴黎近郊的贫民；但凡稍有风吹草动，他们就会立刻赶来，试图从中获利"。① 而那些"强盗匪徒"们则担当了它的先锋；冲在队伍最前面的，是"隐匿于巴黎各个角落、被雅各宾派招募起来以备不时之需的盗贼"，紧随其后的则是"离弃主人的家仆、赌场和妓院的打手，都是些卑鄙无耻之徒"。②

当然，这其中自然少不了那些不守妇道的妇女。昂里奥亲自将这些"皇家宫殿的女孩"请到了杜勒伊花园，对她们喊道："女公民们，你们都是共和国的好儿女么？""是的！是的！将军！""你们不会无意中在房里藏着某个倔强的神父，或者是奥地利或普鲁士的敌人吧？""不会的，不会的！我们只接待无套裤汉们！③"和她们为伍的，还有那些被九月党人从小堡和市政厅监狱中放出来的妓女和女小偷；这些泼妇们很快就在当月被雅各宾派聚集起来，接受已经老得"蹒跚踱步"的萝丝·拉格布④（Rose Lacombe）领导，在国民公会旁听席上代表"民意"。在重要时刻，雅各宾派可以纠集700到800人，有时候甚至可以用2000人将会场大门堵死或是将走廊塞满⑤。

这些"荼毒社会的男女蛀虫⑥"无处不在；国民公会、革命公社、雅各宾俱乐部、革命法院和市区议会的会场满是他们的身影；我们可以想象一下他们的嘴脸；有一个议员代表如此描述他们："他们就好像是来自巴黎或是其他大城市的污水沟中一样，肮脏、丑陋，还发出阵阵恶臭……这些人面目恐怖可憎，皮肤发黑或是古铜色，眼睛近乎凹进了头颅里面……他们的发言粗鄙不堪，声音刺耳，如同是野兽在

---

① Schmidt, II, 12 (Dutard, 7, 6月)。
② Ib., I, 254 (Dutard, 5月19日). —— 此时巴黎窃贼成灾，巴黎市长Chmbon本人也承认这一点。
③ E. et J. de Goncourt,《大革命时期的法国社会》(1793年7月《自由通信》)。
④ Buzot, 72。
⑤ Moore, 1792年11月10日(《巴黎编年史》的文章)。Mortimer-Ternaux, VII, 552 (1793年5月20日Michel的信)。
⑥ Gadolle给Roland的信。

嚎叫，还伴随着从口中发出的阵阵恶臭。9月2日惨剧的凶手就在他们之中。"有一个观察者如此说道①："他们如同在舔舐自己带血爪子的老虎，正等待着新的猎物。"

这些杀人犯不但不隐藏自己的罪过，而且还招摇过市。其中有一个退伍老板兼小旅店老板的儿子，名叫"小马曼"，"脸色苍白阴沉，眼睛闪亮，举止粗俗，挎着一把大刀，腰带上还插着两把手枪"。②他正走在通往皇家宫殿的路上，同党们远远地在后面跟着。只要见到有人在交谈，他就会插上几句："是我把兰巴勒开膛破肚，然后掏出她的心脏的……唯一的遗憾是，屠杀的时间太短了。如果再来一次的话，应当杀上五天！"而且，他还毫无顾忌地报上自己的姓名。

而作为拉拜监狱屠杀指挥者的马亚尔则早已臭名远扬，他直接将自己的总部设在法布尔街的科里蒂安咖啡馆；在那里，他一边大口大口喝酒，一边捋着胡子调遣自己的打手。他手下一共有68个莽夫，让周围的街区陷入恐怖的气氛之中。在咖啡馆或者戏院，雅各宾暴徒们会突然拔出手中的刀剑，向那些手无寸铁的人民威胁道："我是……我干过……如果您敢藐视我，就尝尝我手中刀剑的厉害吧！"在接下来的几个月中，他们之中有一批人在昂里奥一位副官的指挥下，对科尔贝省和莫省乡间的农民进行了洗劫③。而在巴黎，他们则等待时机，挑选一些重要的日子下手。

1793年2月25日和26日④，伦巴第街、五钻街（rue des Cinq Diamants）、博雷佩尔街、蒙马特街、圣路易岛、麦港、圣雅克街和市政厅前广场的杂货店都遭到了哄抢，只有那些雅各宾党人开的店没有受到骚扰。暴徒们一共洗劫了200多家店铺，抢走的东西不仅仅包括

---

① Buchez et Roux, XXVIII, 80. Gadolle 给 Roland 的信。
② Beaulieu, Essais, I, 108（目击证人的证词）— Schmidt, II, 15. 的报告，6月8日。
③ Alexandre Sorel, ib.（1793年12月14日 Lecointre 的谴责，以及治安法官的文告）— 国家档案馆档案，F7, 3268, 1792年11月28日, Corbeil 省长给部长的信，附有公告。
④ 《观察家》, XV, 565. — Buchez et Roux, XXIV, 335 — Rétif de la Bretonne,《巴黎之夜》, VIII, 360 作者的亲眼所见。

实物、肥皂、蜡烛等生活必需品,还包括糖、烈酒、桂皮、香草和茶叶。"在布尔多奈街(Rue de la Bourdonnaie),很多人拿走了店里的面包和糖,却没有付钱"。街道和广场都混乱不堪,和1789年10月5日的骚乱一样,在参与哄抢的妇女之中,混杂着"很多乔装打扮的男人,大多连胡子都没有剪干净"。在有些地方,他们干脆趁火打劫,用纵火或是持枪来威胁店主们,逼迫他们交出"黄金、指券和珠宝",甚至强暴他们的妻女。整座城市如同沦陷到了外敌之手一样惨遭蹂躏和践踏。

VII

于是,从1792年的最后几个月开始,登上政治舞台的就是这样一群政治流氓;他们不但完全掌控了巴黎,还借此来号令全国。如果他们表示要清洗首都,立即就会有5000名莽汉和无赖以及2000名泼妇[①]充当军警。这些人对于革命充满热忱,深信自己拥有无上的权力;基于此种信条,他们将自己的邪念看成是美德,虽然犯下累累罪行却自认为是在服务社会。

需要指出的是,在他们的内心深处,他们都已将自己看成是国家的无上之君。如果我们需要了解他们的行事动机,就需要分析他们在应对各种危机时的心态;审讯国王时出现的分歧、内尔温顿(Neerwinden)战役的惨败、杜墨里埃(Dumouriez)的背叛、对马拉的指控、对赫伯特的逮捕等事件,一次又一次地刺激着他们的神经,让他们不自觉地感到焦虑和恐慌。这种感觉并非是因为受到外部影响,而是他们知道自己并非是一支纪律严明的军队,而是一帮因为有着共同利益而暂时聚集起来的乌合之众。谁若想指挥他们,就首先必须对他们唯命是从,成为实现他们诉求的工具。因此,即使某些领

---

① Cf. Éd. Fleury, Babeuf 139 et 150.

袖人物曾赢得过他们的掌声，被他们高高举起，但这种支持也无法持久，且不会一成不变；而后者为了维持他们的拥护，必须充当他们的传话筒，想办法满足他们的贪欲。

　　1792年7月的佩蒂翁和9月里的马拉都是这样。"多一个或者少一个马拉丝毫不会影响时局的发展。①（事实上，这本来就是一个马拉之流辈出的年代。）""即使他们（指雅各宾领袖）中只剩下一人，比如沙莫特，就足以带领群匪"，因为真正引领队伍的正是匪徒们自己。"他们只忠于自己，对任何领袖都毫无敬意；而且一旦起事，这些领袖反而成了他们的根本。无论马拉还是罗伯斯庇尔，只有在高喊厮杀时才能获得他们的好感。"而且，这些领袖们一旦与他们意见相左，就会被视为绊脚石而遭到遗弃。因此，即使吉伦特派想要对他们的权力有所约束，他们也不会自投罗网。面对前者为他们量身而定的宪法草案，他们心中却另有主张，即简单明了易于操作，又迎合他们的本能。

　　例如他们的领袖之一，我们都已熟知的塞勒（Saule）先生，此人"年纪老迈，又矮又胖，终日酗酒，最开始靠编织挂毯为生，后来又成了游医，四处兜售治腰痛的膏药②"。之后，他又在制宪会议的走廊上领导那些拿钱起哄者，后来因为诈骗而被赶了出来。然而，立法议会召开时，旁听席上又出现了他的身影。而后，他得到了某个政客的赏识，得以在议会门口开起了一家"革命"咖啡馆。再后来，他又被任命为旁听席督察员，得到了600利弗尔的赏金和一套国家住宅，成了公共意见领袖。而现在，他又在"领导粮食市场的忿怒派们"。无论是从教育背景和个人行为，还是从其思维原则和发迹历史上看，塞勒都是雅各宾派领袖的标本；"他曾发誓要大富大贵，于是现在他已名利双收；他不停喊叫要消灭贵族和教士，于是这些人接连地消失了；他还曾坚持要废除王室专款，于是王室专款也被禁止；后来，他跑进王

---

① Rœderer,《五日纪事》。
② Schmidt, I, 215 (Dutard, 5月25日)。

宫，指着国王的鼻子说要砍掉他的脑袋，于是路易十六最后果然人头落地"。无论是在个人形象还是行为上，塞勒可谓雅各宾派众多党徒的缩影。

因此，即使其他雅各宾党人对于革命的理解与塞勒先生如出一辙，也都不足以为奇。他们觉得自己的权力理应凌驾于一切法律之上，而自己对于他人生命和财产的践踏不过是维护秩序的义举。他们见识短浅、残忍无道，不逊于任何暴君；惯于使用各种暴力手段，如逮捕、驱逐、财产充公甚至是处死。时而通过骚乱暴动直接铲除异己，时而又通过屈服于他们淫威之下的议会代表，间接地实现其政治野心；然而，他们却自视为人民代表，对自己的恶行泰然处之。

以上就是他们的政治原则，由于深陷于堕落、无知和野蛮之中，他们变得极为固执己见。在虚华伪善的政坛上，这些顽固极端的思想被演说家们大肆吹捧，被议员代表作为法令通过，而后又被官员们付诸于实践。而且，从他们开始行动直至最后夺权，都容不下哪怕是一点点不同的声音。在1792年9月，他们用自己的行动发声："任何人，只要不与我们为伍，就应当处死，他们的黄金、珠宝和钱包都是我们的！"1793年11月，他们又通过革命政府发声："把所有的异己分子都推上断头台，他们留下的一切都归我们所有。①"虽然吉伦特派的主张和康德赛制定的宪法，在国民公会获得了大多数人支持，但深得贫民拥护的雅各宾纲领和塞勒先生简明扼要的主张，依然轻松地占了上风。有一位吉伦特党人如此说道："这些巴黎的流氓把我们当成了他们的奴仆②。"既然是奴仆，如果胆敢违抗主人，就必然受罚。而在国民公会召开当天，各地的议员赶往会场时；他们已经察觉到自己即将落入魔爪之中：正如路旁看热闹的贫民们所言："干嘛要这么多人来统治法国？巴黎的人还不够多么？③"

---

① 最后一句为杜潘所言。
② Buzot, 64.
③ Michelet IV, 6– Buchez et Roux, XXVIII, 101. 卢维给罗兰的信函。

第四章　处于地区控制中的中央政府

Ⅰ．雅各宾派的优势—主导市区议会—革命公社的维持、改选和完善—新的领袖：沙莫特、赫伯特与帕希—国民卫队的改组—新的军官与士官——支暴民队伍—雅各宾派社会基础的公众性与隐秘性 Ⅱ．国民公会中的雅各宾成员—他们的性格与思想—圣茹斯特—国民公会少数派的暴力行为—来自旁听走廊的压力—来自街边的威胁 Ⅲ．多数派的变节—受到威胁—精神上的懦弱—政治上的需要—吉伦特派从内部瓦解—他们与雅各宾派同谋 Ⅳ．吉伦特多数派的主要法令—他们对政敌的打击手段 Ⅴ．1793年3月28日之后的监察委员会—1792年8月和9月体制的重建—解除武装—公民证的发放—强制征兵—强制征收—征收款项的使用—国民公会的反抗—马拉遭受指控和驱逐—普通民众的徒劳反抗—对青年反抗者的镇压—雅各宾派在市区议会的胜利与暴行 Ⅵ．雅各宾对抗国民公会的策略—4月15日针对吉伦特派的请愿—获得联名的手段—国民公会宣布起诉不实—12人委员会、赫伯特遭到逮捕—屠杀计划—山岳派领袖的介入 Ⅶ．5月27日—中央革命委员会—市政府被解散而后又重新组建—昂里奥担任总指挥—5月31日—公社的手段—6月2日—12人委员会与22人委员会遭到逮捕 Ⅷ．新政府—为何它被法国人所接受

时任国民公会议员的托马斯·潘恩①向丹东写道："丹东公民，

---

① 国家档案馆档案，AF, Ⅱ, 45, 1793年5月6日（原文为英文）。

巴黎与外省直接的裂痕正在不断加深：各省派代表来此可不是为了接受嘲讽的。侮辱外省代表也就意味着是在侮辱选派他们的各省。若要防止裂痕进一步加深，我个人认为只有一个办法：将公会和以后的议会都迁往远离巴黎之地……在美国独立战争时，我就已经发现，如果将议会设立于地区政府的辖管范围，就可能带来各种不便。美国国会远设在费城，四年之后就因为各种原因迁到了新泽西州。而后，它又迁往纽约，后来又回到费城。最后，当人们发现国会置于某个区域政府辖管范围内会带来极大的问题时，决定修建一座独立于所有地区政府之外的城市，将国会专设与此。之所以如此，是因为在那些曾经做过首都的城市，当地的地区政府都会通过公共或是私密的方式对国会施压；而这些地区的民众也试图在国会中发挥更大的影响力，压制那些来自于其他各联邦州的代表。这些问题现在正出现在法国。"丹东对此十分清楚，而且也知道其风险所在。然而，他最终还是妥协了。8月10日事变之后，整个法国就已被巴黎钳制，而后者的脖子上，正架着革命者的尖刀。

I

市区议会的构成与召开，使得雅各宾党牢牢地掌握住了公权力的源头，对其产生的影响力也越来越大。而且，巴黎革命公社的选举组织制度，从立法会议时期一直沿用到了国民公会治下[①]，使形势更加恶化。"几乎在每个市区[②]，占据坐席的都是那些无套裤汉，他们在大厅内发号施令、遍布暗哨，并对提案进行监督与修改。议会内总是有五六个密探，每人每天可得30苏的报酬。他们从议会开会一直会待到议程全部结束；他们不但要监控全场的人，还负责在各个监察会之间传递消息……于是，当某一个市区议会的无套裤汉人数不够时，

---

① Schmidt, I, 96. 10月11日Lauchou给国民公会主席的信函。
② Ib., I, 223. 5月14日Dutard的报告。

其他地区的无套裤汉就会接到通知并立即赶来。"

在有些市区,议会的选举则被提前内定,议席被雅各宾派强制霸占或者夺取。由于立法议会和国民公会的软弱,非法的革命公社委员会竟然维持了近4个月,只到12月份才被迫解散。但很快,通过全民公决,它又死灰复燃,结构日臻完善,而且还获得了合法地位。九月惨案的三位参与者和策划者——小水手出身,后来又做过小文员、绰号"阿那克萨戈拉①"的沙莫特,背景不明,被称为"杜歇老爹"的赫伯特,以及出身贫寒,却善于阿谀奉承和阴谋诡计,靠着虚伪的外表混到陆军部长职务后大肆纵容劫掠的帕希——不但成了委员会的领袖,还分别兼任地区行政官、监察官和市长的职位。

除了行政权力职务,雅各宾派还夺取了军权。在8月10日后不久②,国民卫队就被迫重组,分组成与市区数量相等的营团,变成了"市区营团"。现在,我们可以想象一下国民卫队改组后的兵员和军官以及士官的背景。一位议员代表如此写道:"8月10日以后,在巴黎的武装部队,主要由一些手握长枪的乌合之众构成,其间混杂着少量的市民子弟,完全配不上国民卫队的称号。事实上,国民卫队的编制人数为11万;在动员令下达后,所有登记在册者,只要没有解除武装,就当应招。然而,几乎所有的人选择留在家里,并出钱雇佣无套裤汉替他们入伍。每个市区营团的兵员人数相当,约为100人。于是,巴黎出现了一支约四五千人的匪兵队伍,其中很多人都在九月惨案中行过凶;如拉拜监狱的马亚尔及其手下的68人,尚蒂利的哥迪埃及其手下的40人,绰号"加尔默罗修会杀手"的安杜恩和他在巴黎近郊的1500个追随者,以及富尼埃、拉左斯基及与他们一起制造奥尔良惨案的1500个凶手③。

---

① 古希腊唯物主义哲学家,这里为沙莫特的绰号。—译者
② Buchez et Roux, XVII, 101. (Décret du 19 août 1792.) – Mortimer-Ternaux, IV, 223. – Beaulieu, Essais, III, 454. – Buzot, 454.
③ Beaulieu, Essais. IV, 6. —国家档案馆档案, F7, 3249 (Oise). Oise省官员1792年8月24日、9月12日和20日的信函。

至于如何收买这些匪兵，以及他们在民间的同党，雅各宾派也不甚担心；既然它掌握了权力，自然可以拿到钱。除开乱党们在九月份洗劫的战利品和获取的肥缺不算，革命公社每个月为它的这支部队花费85万法郎，单是帕希和沙莫特①每人每月就出资400法郎；其他平民也能从国库或公款中分得一杯羹。大量的闲散工人被召集到一个巴黎劳动营中工作，每月的开销为100万法郎。而小零售商们每个月则能够获得500万法郎的补贴，以弥补他们由于信用券滥发所造成的损失。而为了保证贫民们能够买到便宜面包，每日还需花费1.2万法郎②。

然而，如此巨额的行政开支依然无法满足暴民们，他们还会通过其他方式搜刮钱财物资。帕希尚在国防部长任上时，就纵容暴徒们劫掠，结果使得抢劫犯罪常态化。仅在他担任市长的3个月中，巴黎就有价值约1.3亿的财物遭到洗劫，且无法追偿③。而另一方面，获得"公正腓力"美称的奥尔良公爵，现在却几乎被他原先花钱收买的暴徒们用绳索勒着，逼他掏出更多的钱继续资助他们。既然他为了活命可以投票赞成处死国王，自然不会在乎这点牺牲④。在他欠下的7400万债务中，可能有很大一部分来自于此。现在，雅各宾乱党将军政和财务大权都掌控在手，成为了巴黎名副其实的主宰，接下来要做的，就是征服由它自己安排设立，现在又遭到孤立和隔绝的国民公会⑤了。

II

通过选举，它已经在公会中建立了一支由50名议员代表组成的

---

① Schmidt, I, 270.
② Mortimer-Ternaux, IV, 221 à 229, 242 à 260; VI, 43 à 52.
③ Sybel, Histoire de l'Europe pendant la Révolution française, II, 76. – Mme Roland, II.
④ 请参看 Mémoires de Mme Elliot, – Beaulieu, I, 445。
⑤ Schmidt, I, 246 (Dutard, 5月13日) "巴黎城中国民公会的支持者不到30人"。

先头部队；然而，他们很快就将其他议员中那些生性蛮横、脾气暴躁、浅薄愚拙、狂热妄想、虚伪阴险和仇视社会或宗教之人全部吸纳进来。于是6个月内，国民公会里雅各宾派的议员人数就翻了一番①。坐在会场最左边的罗伯斯庇尔、马拉和丹东构成了极左派的核心，团结在他们周围的则是与他们同样卑劣的九月党人：首先是尚博、塔里安和巴拉斯等道德败坏者；还有富歇、古夫鲁瓦（Guffroy）和雅福克（Javoques）等无赖；以及达维德、加利耶和若瑟夫·勒本这类狂生、凶徒和半疯癫状的恶棍；勒瓦瑟尔、博多、让本·圣安德勒和勒巴这类疯子；最后还包括那些头脑简单、粗俗蛮横、只知道用拳头解决问题的走卒，如布尔伯特、杜科斯诺、鲁贝尔和本塔博勒。

丹东②这样描述他们："这群人愚昧无知，没有任何常识，一边酗酒一边高喊革命爱国。马拉只知道狂吠；勒让德尔只知道杀戮；而其他人则只知道在席位上站起或坐下表决；然而他们精力十足，且脾气不小。"

在这些异常活跃的无知者中，面容冷峻、年轻力壮的圣茹斯特可谓是猛兽一头。这位25岁的少年版苏拉③涉政不久就以其残暴而出名，由此为自己争得了一席之地④。在6年前，他就已经开始在家行窃：他拿着从母亲家偷来的银器和珠宝，在巴黎妓院聚集的弗洛蒙托街⑤找了一家豪华宾馆，将赃物挥霍一空。于是，家人将他带到一个类似于看管所的地方关了起来。当他被放回家时，却哼着一首根据《圣女贞德》改编的歪诗。而后，他又如同剧烈抽痉一样，突然一头扎进革命之中。此人内心充满傲气，思维紊乱、思想阴沉，带有罗马和斯巴达式的血腥，心智扭曲，经常性地自相矛盾、胡言乱语和谎话

---

① Buchez et Roux, XXV, 463. 1793年4月13日的记名投票，马拉获得了92名代表的支持。
② Prudhomme,《革命之罪》。V, 133. 1792年12月与丹东的谈话。Barante, III, 123。
③ 苏拉是罗马共和国时期的独裁者。—译者
④ 他代表山岳派在对国王的审判中首次发言，由此成为了雅各宾派的领袖。
⑤ Vatel, Charlotte Corday et les Girondins. I, préface, CXLI（圣茹斯特夫人的信函，1786年6月的审讯记录）。

连篇；而现在，历经长期的积累和压抑，他的野心终于爆发，让他变得极端暴戾、无情和死板，不顾一切地投入到了他的乌托邦幻想之中，而他的蛮横专行将毁灭一切。

很明显，像圣茹斯特这样的雅各宾少数派根本忍受不了议会的议事规则。他们不但不会向多数派妥协，反而会对其进行谩骂、中伤、威胁、推搡甚至拳脚相加，到最后甚至直接掏出匕首、手枪，亮出刀剑，真刀真枪地干上一场。"无耻小人、诬告者、流氓、禽兽、杀人犯、无赖、蠢材、猪"，所有这些都是他们语言攻击时的常用词汇。

然而他们的暴力行径绝不限于此。在国民公会的一次会议上，议长曾三次试图制止闹事的乱党们，台上的响铃也被打碎。暴徒们不停地对他进行辱骂，迫使他离开议席而且还威胁要"将他打烂"。而当他准备宣布一条文告时，巴希尔（Basir）就想要将其从他手上抢走；来自瓦兹省的布尔东（Bourdon）则叫嚣说"如果他胆敢把文告的内容念出①，就会将他杀掉"。整场会议如同一场角斗竞技②。有时候，山岳派会全体行动，如潮水一般从会场左边涌起，而右派们也以同样汹涌的人潮回敬。这两股势力在会场中央短兵相接，人人都表现得十分张扬和嚣张，相互叫骂不停。打斗中，有一名山岳派人士直接掏出了手枪，于是吉伦特党人劳泽-德佩勒立即持剑还击③。从12月中旬开始，右派的一些重要人物不断"遭到追捕、威胁和袭击"，以至于"夜不能寐，不得不为自己配备防身武器④"。自从国王被处死以后，"只要身置会场之中，他们的武器就从不离手"。实际上，他们每天都惶惶不安，不愿意束手待毙。3月9日和10日晚上，会场的右派只剩下43人，他们统一口号，"第一次主动地冲向对方，以便在被全数剿灭之前多杀掉几个仇家"。⑤

---

① 《观察家》，XV, 74. — Buchez et Roux, XXVII, 254, 257, 1月6日与2月17日会议。
② Ib., XIV, 851, 1792年12月26日会议. Jullien de la Drôme 的发言。
③ Ib., XIV, 768, 12月6日会议。
④ Louvet, 72.
⑤ Meillan, 24.

右派们几乎孤注一掷,却依然无法挽回败局。因为除了议会会场上的狂徒之外,还必须对付旁听走廊上的暴民,其中不乏臭名昭著的九月党人。雅各宾乱党们人数众多,不断地对他们进行围堵。先是在阅马场的老议会大厅,而后是在杜勒伊宫的新会场,右派们发现他们深陷于会场和旁听走廊的双重围困之中。"旁听走廊的正廊上人头攒动,约有八九百人,而两边的回廊也被挤满,至少有1000到1500人"。过去制宪会议和立法议会旁听席上的喧闹程度远远无法与之相比。一位外国访客如此说道[1]:"旁听者对于国民公会不抱有一丝敬意,对其肆意诋毁。"

实际上,公会曾发布法令,禁止旁听者在会场上对议会评头论足,然而"这条规定天天都遭到侵犯,却没人因此而受罚。"拿钱闹事的暴民们不断地纠缠和压制多数派,无论后者如何表示抗议,都无济于事。一位议员说道[2]:"这场斗争令人生厌;叫骂声、抱怨声、跺足声与嘘唏声如同呕吐出来的秽物一般,不断地从旁听走廊上泻下。"另一个议员则这样写道:"长期以来,如果遭到他们否定,我们就无法开口[3]。"

"在布佐与马拉辩论的当天,暴民们个个凶相毕露,在旁听走廊上不停地嘘唏、跺脚和威胁。"只要布佐一开口,就会被旁听者们的喊叫声压住,以至于他半个小时内说不出一句完整的话。记名表决时的情形则更加糟糕,暴民们如同西班牙斗牛场上的观众一样情绪激动,全身心地投入到会场上的斗争之中。每当有议员表示反对处死国王或在此事上呼吁全民公决时,就会有人叫骂不听;如果有人胆敢赞成对马拉的指控,暴民们就会嘘声不断。不少议员曾向旁听席如此呼喊:"我在此处毫无自由,你们完全是在用刀胁迫我们表决。[4]"

在会场门口,暴徒们威胁查理·维耶特(Charles Villette)说,

---

[1] Moore, I, 44 (10 octobre) et II, 534.
[2] 《观察家》,XIV, 795, 1792年12月19日,Lanjuinais的演说。
[3] Buchez et Roux, XX, 5, 396, 1793年4月17日会议,Lauze-Deperret的演说。
[4] 会场发言 – Lanjuinais说:"看上去大家在会场都可以自由发言,实际上我们总是处于暴徒的匕首和枪炮之下。"

如果他不肯投票赞成处死国王,就把他杀掉。这种威胁绝非戏言。3月10日,"暴民们都做好了闹事的准备……拿着手枪进入了旁听走廊"。① 5月份,雅各宾派收买了一些衣衫褴褛的妇女在俱乐部组建了"博爱妇女队"。每天早上,她们都会跑到会场,拿着武器守在会场外的走道里,堵住那些非雅各宾派的旁听者,将他们的旁听票撕掉。这些泼妇们不但占据了旁听走廊上的所有位置,还不时地挥舞手中的手枪和匕首,宣称"为了大多数人的幸福,值得让1800人掉脑袋。"②

除了会场中的乱党和旁听席上的暴民之外,雅各宾派还有着第三股势力。由于这群人的背景和人数都晦暗不明,因此更加令人生畏。他们的主体是散居于巴黎的乱民,他们随时准备着重演8月10日和9月2日的惨剧,将多数派清洗干净。无论是在革命公社、雅各宾俱乐部、科特里尔俱乐部、主教府俱乐部、各区议会、杜勒伊宫还是在街头,都有人不断地在叫嚣要纵火或者闹事。

杜勒伊市区议会主席③记述道:"昨天,巴黎好几个地方,巴克街、马莱街、圣奥斯塔歇教堂、革命宫、斐扬高台,都有一些流氓同时在鼓动暴民们闹事杀人。"第二天,在斐扬高台上,"有人提议说要杀掉卢维,因为他诋毁罗伯斯庇尔"。内政部长罗兰说:"我时刻都能听说有人在搞阴谋、搞暗杀。"三周以后,"巴黎发生了好几起动乱"。④罗兰被告知有人"在骚乱前先放炮作为信号",而领头闹事者都是事先选好的。

在接下来的一个月中,雅各宾派置既定的法令于不顾,私自操纵"市区议会印制并发放圣礼拜堂俱乐部与斐扬俱乐部的相关人员名单,而后又分别印发了8000人和2万人的黑名单,以及1789俱乐部

---

① Meillan, 24.
② 国家档案馆档案 AF, II, 45. — Buchez et Roux, XXVII, 125。
③ Moniteur, XIV, 362 (1er novembre 1792). — Ib., 387, séance du 4 novembre. Discours de Royer et de Gorsas. — Ib., 382. Lettre de Roland, 5 novembre。
④ Moniteur, XIV, 699. Lettre de Roland, 28 novembre.

和蒙台居俱乐部的成员名单"。①到了1月份,"大街小巷都有人在大声念出名单上贵族和保王党人的名字,指责他们在处死国王一事主张全民公决"。②其中有些人的名字被写进了大字报贴在墙上;康塔尔省主教泰拔(Thibault)的大字报则贴满了一面墙,旁边还写着这样一行字:"我很想认识一下这位康塔尔省的主教,我会让他尝尝厉害的。"而一些莽汉们则指着从国民公会会场走出的议员代表们喊道:"应该把这些混蛋劈死!"

每个星期动乱的征兆都层出不穷,如同密布乌云时隐时现的闪电一般预示着暴风雨的来临。1月1日,"有消息称,城内的关卡将再次关闭,入室搜查的行动会再次开始"。③1月7日,在格拉维利尔区议会(Gravilliers)的动议下,革命公社向陆军部索要放置在圣德尼军火库的132门大炮,准备分发到各个市区。1月15日,格拉维利尔区议会又向其他的47个区提议,重设8月10日事变时的全权特派专员,并将主教府作为专员们的联络中心,以此维护公共秩序与安全。就在当天,为了防止国民公会阻挠他们的阴谋,他们授意公会旁听走廊上的暴民们对会场里的议员们进行威胁,称大炮正在调往巴黎,"将要针对他们再上演一次8月10日事变"。与此同时,大批暴徒冲向监狱,试图"重开杀戮",所幸受到军方的拦阻。1月28日晚上8点,闲民们聚集在皇家宫殿,在桑泰尔的带领下抓捕了"约6000名没有公民证的人",将他们送到各个市区议会中进行审判。接下来,除了

---

① Ib., XIV, 697, n'du 11 décembre.

② Moniteur, XV, 180, séance du 16 janvier. Discours de Lehardi, Hugues et Thibault. — Meillan, 14: "Alors fut tracée une ligne de séparation entre les deux côtés de l'Assemblée. Plusieurs députés que la faction voulait perdre avaient voté la mort. On préféra prendre pour base la liste des suffrages pour l'appel au peuple dans laquelle ils étaient presque tous inscrits. Nous fûmes donc désignés sous le nom d'appelants."

③ Ib., XV, 8. Rabaut-Saint-Étienne 的演讲, Buchez et Roux, XXIII, 24.— Mortimer-Ternaux, V, 418. —《观察家》, XV, 180,. — Buchez et Roux, XXIV, 292. —《观察家》, XV, 182.— Ib., 179.— Buchez et Roux, XXIV, 448。

征兆式的闪电之外，有点地方已经可以听到动乱的雷鸣声了①。

12月31日，曾经被马拉指控为拉法耶特密探的鲁万（Louvain）在圣安托万区被害，他的尸体被拉到街头示众，一直拖到停尸房。2月25日，在马拉的煽动和革命公社的纵容下，暴民们又开始抢劫商铺。3月9日，有200多人拿着刀剑和手枪破坏了科尔萨斯（Corsas）的印刷厂②。从当天晚上直至翌日，乱党们开始准备直接冲击国民公会；"雅各宾委员会要求巴黎所有市区的'人民'都拿起武器，从部长们和'反动'议员代表们的钳制中解放出来。"科特里尔俱乐部则鼓动巴黎民众们"行使主权，逮捕那些议员叛徒们"。富尼埃、瓦尔勒和尚泊永（Champion）要求革命公社"宣布起义，并关闭城中关卡"。国民公会会场周围的街道全部被"蛮横的杀戮者们"堵死，佩蒂翁③和布尔隆维尔（Beurnonville）被当众认出，遭到围攻且险些丧命。一些暴徒们聚集在斐扬高台，宣称要对议员们进行"人民审判"，而后还要砍下"他们的脑袋，送他们回外省去"。所幸的是，当天突然降雨，天气骤冷，让沸腾狂热的暴民们降了温。菲尼斯泰尔省的代表克夫勒冈（Kervelegan）逃了出去，设法在圣马尔索区找到一支刚到巴黎不久、忠于国民公会的布雷斯特志愿军。后者及时赶往会场并驱散暴徒，使国民公会暂时摆脱困境。然而面对来自于山岳派、旁听席闹事者和街边暴民的三重压力，议员遭受的迫害逐月加深，特别是3月10日之后，局势已经难以为继。

III

随着压迫逐月加深，议会中的多数派逐渐妥协屈服。有些人因

---

① Buchez et Roux, XV, 23 à 26. — Mortimer-Ternaux, VI, 184.— Ib., 193. 3月12日，富尼埃在演讲台上的讲话 – 3月10日，巴黎市长报告—司法部长报告，3月13日— Meillan, 24. — Louvet, 72, 74。

② 此处的印刷厂主要负责法令文告的印刷和发放。—译者

③ Pétion, Mémoires, 106 (édit. Dauban): "我不停听到有人喊道：'混帐，我们要你的脑袋！'—我敢肯定他们多次想要刺杀我。"

为受到人身威胁而退缩。在对处死国王的判决进行第三次点名表决时,虽然旁听走廊上传来一片"处死"声,多瑙(Daunou)身边的一名议员还"用手势表示他强烈反对"。于是,他成了众矢之的;旁听席上的无赖"无疑注意到了他的表态",于是发出了阵阵威胁声,将他的声音完全盖住。"于是,在一断时间的沉默之后,他竟然……投票赞成处死国王"。① 其他人,例如来自迈朗的杜兰(Durand)都接受罗伯斯庇尔的建议——"与强者为伍方可安全",说服自己"保持理智,绝不能触动人民的情绪",并"通过保持缄默来进行自我保护,远离是非②"。

在平原派的500名代表中,很大一部分人都属于此类,被冠以"沼泽蛤蟆"的美称。6个月来,他们不是缄默不言,就是充当雅各宾派行凶的傀儡;只要罗伯斯庇尔向他们看上一眼,"他们就会战栗不已",心都会跳到嗓子眼。在吉伦特派倒台之前,他们已经"被目前的局势吓破胆,心中没有一丝反抗的念头",人人"脸色苍白,流露出恐惧与绝望之感③"。康巴色勒斯曾尝试迂回抗争,最后还是躲到立法委员会避难④。打杂男佣出身的巴莱勒拥有南方人所独有的口才,然而在看到多数派大势已去之后竟然为少数派发声。赛耶斯(Siéyès)在逼迫下违心地投票赞成处死国王;在此之后,或是出于厌恶,或是出于理智,他再也不发一言。对此他如此评价:"面对洪流一般的革命烈酒,我就不必再倒进自己的这杯温酒了吧?⑤"

即使在吉伦特派中,也有一些人妥协,却花言巧语地为自己辩护;有人"自认为颇受拥护,害怕动摇自己的地位而不敢轻举妄动⑥。他们通常借口说要将自己的影响力留到关键时刻使用,或假意或真心地表示要放任极端分子们乱来,让他们自食其果"。有些人的妥

---

① Taillandier:Daunou自传(Récit de Daunou), 38. — Doulcet de Pontécoulant, Mémoires. I, 139。
② Durand de Maillane, 35, 38, 57.
③ 《罗兰夫人回忆录》, édition Barrière et Berville, II, 52。(罗兰的注释)
④ 《观察家》r, XV, 187. Cambacérès 的投票。
⑤ Sainte-Beuve, Causeries du lundi, V, 209。(赛耶斯未编辑的手稿)
⑥ 《罗兰夫人回忆录》, II, 56。(罗兰的注释)

协动机十分荒诞奇怪；巴尔巴鲁表示，应当尽快将国王处死，只有这样才能证明吉伦特派的清白，让中伤他们的雅各宾派闭嘴①。而博尔里耶（Berlier）赞成国王死刑的原因是：流放他有什么用呢？路易十六恐怕到不了边境就会被人们撕烂的②。在对国王进行判决的前夜，维尼奥对德·赛古（de Ségur）说道："我绝不投票赞成死刑，如果我做出如此不齿之事，就是自取其辱。"而后他开始数落审判的种种不公，并表示自己知道投反对票会遭受的风险。"哪怕只有我一个人，我也不会违心赞成死刑③。"然而到了第二天，他却食言了，而且还借口说"不应当为了一人之生命而去破坏政治上的平衡"。④于是，约有15到20名代表仿效他投了赞成票，结果致使少数派在表决中占得优势⑤。这样的软弱、妥协和变节行为同样见于其他的关键时刻。在谴责3月10日事变时，维尼奥将民变归罪于贵族们，但后来他向卢维承认说"他不愿意指明真凶，以免过于刺激那些已经群情激愤的暴民"。⑥事实上，如同当年的立宪派一样，吉伦特派在政治对手面前显得过于文明，面对暴力不知所措，只能默默忍受。

　　他们之中有人如此评论说⑦："要想制服乱党，唯一的办法就是将其消灭，而且这并非难事。整个巴黎和我们一样，都深受其害。如果我们有起事煽乱的意图和计划，就可以将雅各宾派彻底铲除。然而，作为文明之士，我们不愿以暴制暴，哪怕这样可以救国家于危难之中。"于是，他们只知道高声抗议，对雅各宾派的革命法令进行无谓的抵抗，呼吁外省对抗巴黎。

　　然而，面对在行动上务实而又充分投入的雅各宾派，他们不过是

---

① Mortimer-Ternaux, V, 476.
② Ib., V, 513.
③ Comte de Ségur, Mémoires. I, 13.
④ Harmand de la Meuse（国民公会代表），《革命轶事》83, 85。
⑤ Meissner, 148,《巴黎之旅》(1795年最后一月）。
⑥ Louvet, 75.
⑦ Meillan, 16.

在螳臂当车。毫无疑问,作为一个狂热的革命派①,卡尔诺(Carnot)已表现得足够诚实,与吉伦特党人并无二异。而康彭(Cambon)在公开场合也像罗兰那样义正言辞,强烈地谴责9月2日、革命公社和社会动乱②。然而到了夜里,这二人却各自在私下盘算着自己的行动预算与计划;他们首先需要一个能为他们提供百万资金和军队的政府,并且得到国民公会异口同声的认可。这就意味着必须对公会进行钳制,或者说对其进行彻底清洗,将一切异议者全部驱逐;换言之,要在巴黎实现暴民专政。1792年12月15日,康彭开始行动,为全欧洲的暴民恐怖主义树立了榜样。从这一天开始,他鼓吹所有的无套裤汉们团结起来,建立一个新的体制,让穷人成为特权者,去压榨原先的富人们;简而言之,他想将现有的社会秩序完全颠倒过来。现在,赛耶斯的预言似乎已经成真,康彭的呼求不再是简单地实践革命原则,而是要解放全人类,这个目标似乎势在必行,使得很多立场不明确的议员代表们决定跟随潮流;他们开始与吉伦特派疏远,放任山岳派为所欲为。

更为糟糕的是,不但中间派别已经陷落,吉伦特派本身也开始瓦解;它的成员们不知道如何统一战线,"反对任何形式的步调统一,每个人都习惯于各自为战③",在提案时根本不考虑盟友的意见,偶尔还会投票反对自己的党派;除此之外,由于吉伦特党人的政治准则不够明确,时常会认同政敌的提案或行为;而他们心中所存留的荣誉感和人性则成为了他们的沉重负担,将他们拉向无底深渊。而与此同时,新的政权正按照让·雅克提出的理想模式建立起来,它无处不在,独断专行,崇尚启蒙哲学和绝对平等,既反天主教会又反基督教教义。在运转之中,它善于自我宣传,却容不得异议;强制性地施行财富平均分配;垄断教育,迫害教会,侵蚀人们的个人意识。同时,它还

---

① M. Guizot之言 (Mémoires, II, 73).
② 《观察家》XIV. 432, 1792年11月10日会议。康彭的发言:"我反对任何谋杀行为。"
③ Meillan, 100.

会通过军事行动将自己的体制强加于其他国家。

从本质上说,吉伦特派与雅各宾派的区别仅在于后者更为暴力和专横,二者在政治目标上并无不同。在吉伦特党人心中,他们与自己的政敌一样崇尚革命,因此多次言行不一。由于党派本身的诸多缺陷,一方面,他们在公会中的多数优势已下降至279票对228票①;而另一方面,由于他们一再退让,结果将重要职务逐一让出;最后,当雅各宾派发起攻击时,他们只能呼喊告饶。

IV

吉伦特派曾提议建立一支外省卫队,然而面对山岳派的反对,他们始终不敢将提议付诸于实践。6个月来,他们一直依靠行军路过的外省志愿兵保护,并因此幸免于3月10日的事变。然而,他们不但没有利用机会将志愿兵整编成自己的武装力量,反而任凭他们离开或者被帕希和其他雅各宾党人收买。尽管他们三令五申要惩治九月惨剧中的始作俑者,却因为受到后者的威胁而一再拖延审查②。

当富尼埃、拉左斯基、德斯菲尔(Desfieux)和其他3月10日事变的肇事者们当庭受审时,竟然仅凭几句厚颜无耻的道歉就获得赦免并当场释放,这使得他们下次起事时更加无所顾忌③。而在陆军部,多数派们也养虎为患,雅各宾党人帕希和布舒特(Bouchotte)先后得到扶植,后来却与多数派为敌。而在内政部,多数派最重要的支持者罗兰倒台,被加拉取代,此人思想教条空洞,性格矛盾阴沉,而且经常信口雌黄,根本就无法胜任已经十分复杂繁重的政事。而且,由于多数派投票赞成处死国王,使得他们与大多数诚实的国民之间划开了一条无法填补的鸿沟。

---

① Buchez et Roux, XXVII, 287, 5月28日会议。
② 《观察家》, XV, 395, 1793年, 2月8日会议。
③ 3月13、14日法令。

此外，他们还将法国带入了一场主义之战①，促生了反法联盟，不但使边境不得安宁，还让国内陷入长期的混乱。最后，多数派还为后来的恐怖专政做好诸多铺垫：他们通过了一系列法令，设立了革命法庭，任命富其耶-坦维尔（Fouquier-Tinville）为公共检察官，并确立了陪审员公开表决制度②；将流亡贵族（无论男女）的财产一并充公，并剥夺他们的政治权利，即使是那些藏匿者和6个月之内返回之人也不例外③；宣布"贵族和一切反革命都不受法律保护④"；强行向各个市区的富人们额外征税，以保证低价的面包供应⑤；对谷物的囤积实行申报与最高限额制度⑥；将私售钱币者统统处以6年监禁⑦；强制向富人们"借取"大量钱款⑧；在每个大城市中都建立起一支领饷的无套裤汉军，以此"将贵族们置于长枪之下⑨"；此外还设立了一个公共利益委员会⑩，为谋财害命的暴徒们提供了一个中央组织机构。

在这一系列毁灭性的措施之外，吉伦特派还为自己制造了隐患：他们不但为政敌提供了上百万的资金来扩充武装，并且以借贷的形式向各个市区议会提供了上十万法郎来收买闹事者⑪，而且还在3月的最后几天里，准许每个市区议会选出一个监察委员会，授权其可以私闯民宅搜查可疑者，并解除其武装，全然不记得就在此月，他们刚刚躲过雅各宾的第一次冲击⑫。他们纵容雅各宾派肆意逮捕无辜平民、强行对特定群体征收额外税金；为了方便雅各宾派进行搜查，他

---

① Moore, II, 44 (octobre 1792). 丹东宣称"国民公会应当成为反王权的普世性组织"。
② Duvergier,《3月10日-12日，法令汇编》I, 4, 12,13条；II, 2,3条。此外还有3月29-31日法令，规定任何主张王朝复辟者都应当判处死刑。
③ Ib. 3月28日-4月5日法令（第6条）。— Cf. 3月18-22日，4月23、24日法令。
④ 3月27-20日法令。
⑤ 4月3日法令。
⑥ 5月4日法令。
⑦ 4月11-16日法令。
⑧ 5月20-25日法令。
⑨ 4月5-7日法令，丹东在议事中的发言。
⑩ 4月6-11日法令。
⑪ 5月13, 16, 22, 23, 24, 25, 26, 29日及6月1日法令。
⑫ 3月21-23日法令和3月26-30日法令。

们还规定每家每户都需要把"家庭成员的姓名、年龄和职业"都贴在家门口①，并将这些信息登记入册抄送给雅各宾派。最后，他们甚至连同自己一起出卖，"置国家议员代表的豁免权于不顾②"，表示自己的成员在遭受政治揭发时不受保护，应当接受审查和指控。

V

对此，一位观察家曾如此讽刺道③："这给我的感觉就好像是在对雅各宾派说：'来啊，我们有的是手段，但是我们不会用来针对您；因为您目前势力还不够壮大，所以我们从内心里不愿攻击您。既然合法政府与军事武装分别是公权力的两大来源，那么我首先要设立监察委员会，安排你们的人担任要职，让它成为你们鞭挞巴黎诚实民众和钳制民意的工具。但是，我们感觉自己做得还不够，现在我们还准许你们解除一切可疑者的武装，放弃一切军事力量，就连我们口袋里的小刀都一并让给你们④；而我们将保留在道德和才能上的制高点。如果你们不知道感恩，反而想要对我们的人痛下杀手，那么外省有人会为我们复仇的。'然而，如果你们（指吉伦特派了）都被消灭掉了，各省之间为此再自相残杀又有何意义呢？"这可谓是对吉伦特派妥协政策的最好总结，以及对其前景的最佳预测。

自此以后，通过国民公会正式公布的一系列法令，雅各宾派不但充分掌握了文明国家中普遍可见的一般性行政权，还建立了类似于古代与现代东方独裁政体的专制权，可以让其任意对社会个体进行压制，剥夺他们的武器、自由和财产。从3月28日开始，始现于1792年8月10日、成型于9月2日的暴力专制又在巴黎死灰复燃。早上，雅各宾派开始召集党羽行动。到了中午，城中的关卡全部关合，桥梁

---

① 3月29—31日法令。
② 4月1日—5日法令。
③ Schmidt, I, 232. 5月10日，Dutard 的报告。
④ 国家档案馆档案，F7, 2401 à 2505. 巴黎各区议会提案记录。

和道路全部被封闭,街头巷尾都有乱党警戒,没有任何人"能够擅自离开属于自己所居住的市区",即使在市区范围内活动,也必须带上爱国公民证。暴徒们经常私闯民宅搜查嫌犯,不少人直接在家中被捕①。在接下来的两个月中,这样的场景在监察委员会的授意下一再重复,而在各区委员会任职的,却并非当地的固定居民,而是一些无套裤汉,他们大多来自于"市区之外,年龄远不到40岁,妄图利用乱局出人头地②",出身贫寒却野心勃勃,愚昧无知却自以为是,蛮横、残忍而又阴郁。

首先,雅各宾派解除了一切可疑者的武装。"一旦监察委员会认定某个公民有反革命嫌疑③",就可以指派一名代表带上十名武装人员前往其住所搜查;即使获得爱国公民证,也只能保证一个月的安全④。仅在留尼汪(Réunion)一区,就有57人被指控有"危害共和的反革命行为";这些人中不仅有律师、公证人、建筑师或其他上层市民,还包括小商贩、小店主、帽商、染坊主、锁匠、技工、镀金匠和冷饮商。此外,各区还藐视法律,对在8000人请愿书与2万人请愿书上签字的市民进行搜查。一位观察者这样说道:"通过这些伎俩,全巴黎的枪支几乎全部落入了乱党手中,总数至少有10万支。"而即使吉伦特想要购买武器,也为时已晚,因为革命公社已经发出命令,规定"任何人购买枪支都必须持有其所属市区监察委员会签发的许可证。⑤"

与此同时,通过签发与拒发爱国公民证,各区的监察委员会确立了其绝对权威,无论是其辖区内居民的公共权利还是私人生活,它都可以随意干涉。如果被拒发公民证⑥,就意味着拿不到通行证,无法在国内自由行动。如果商贩拿不到公民证,就无法保住自己的铺

---

① Buchez et Roux, XXV, 157. - 国家档案馆档案, F7, 3294, 3月28日留尼汪区文告。
② Schmidt, I, 223 (Dutard, 5月14日). —Meillan, 111 - 国家档案馆档案, F7, 3294 et 3297。
③ 国家档案馆档案, F7, 3294, 5月28日留尼汪区文告。
④ Buchez et Roux, XXV, 168. 5月27日公社文告。
⑤ Buchez et Roux, XXV, 167. 5月27日政令. - XXVII, 157. 5月20日政令。
⑥ 国家档案馆档案, F7, 3294.- Buchez et Roux, XXV, 149, et XXVI, 342。

位；而如果公职人员、律师或公证人拿不到公民证，就无法离开巴黎，如果侥幸逃出，则会被永远拒之城外。如果他们胆敢上街，则随时可能遭到逮捕，被两名带枪者押解到市区的监察委员会；但如果他们待在家中，则随时会有人破门而入搜查，以确认他们家中是否藏有神父或贵族。对于所有巴黎市民来说，爱国公民证必不可少；否则当他们早上打开窗时，很可能会发现自己的房子被一群身穿卡玛尼奥拉服①的革命者们围住②。然而在雅各宾党人眼中，雅各宾主义即是爱国主义；因此他们不会随便地将爱国公民的身份授予那些对革命态度冷漠之人，更不会授予他们的政敌。因此，要想得到公民证，就必须忍受漫长而反复的盘查和审问，签发程序繁琐，而拒发之事时有发生。布佐为了给自己的家人申请公民证，先后往四国区（Quatre-Nations）的监察委员会跑了四次，却始终没有获批③。

为了更有效地控制局面，巴黎革命公社向每个市区指派了一名代表④强行征兵，以应对旺代的叛乱。被强征入伍的名单都由该代表亲自确定；由此，全巴黎约有1.2万名反雅各宾派人士被变相驱逐出城，各市区议会仅存的一点点反对声音至此完全消声。在被征调的人员中，首当其冲的是律师行或公证处的雇员、银行、大商铺和政府中的职员，以及在各个商铺或办公点打杂的伙计，换言之即市民阶层或准市民阶层中的单身者，他们在巴黎的总人数约为2.5万人⑤。根据征兵法令，他们之中每两个人就有一人被强征入伍，而被选中者大多都在政治上态度明确；这使得剩下的人自动封住了口，再也不敢在市区议会上发表异见⑥。

雅各宾派在用一只手束缚民众的同时，另一只手则伸入了他们

---

① 大革命时期的革命服装。—译者
② Buchez et Roux, XXVI, 402（《法国革命者》5月8日的文章）。
③ Buchez et Roux, XXVI, 284. 5月8日，布佐的讲话。
④ Ib., XXVI, 332. 5月1日，公社的法令。
⑤ Schmidt, I, 216. Dutard的报告，5月13日。
⑥ Ib., I, 301 (Dutard, 5月25日)。

的腰包。在各个市区，监察委员会在公社代表的协助下①，自行设立标准或参照公社的标准，对区域内的富裕家庭进行财产评估，要求他们按照自己的财产盈余缴纳财产税。财富盈余越多，税赋越高；其中基础年税金为：家长1500法郎、主妇1000法郎、每个孩子1000法郎。如果家庭的财富盈余在1.5万到2万法郎之间，则应当缴税5000法郎。如果盈余在4万到5万之间，则应当缴税2万法郎。无论如何，每个家庭的富余财产都不得超过3万法郎，超出部分全应收缴国库。每个被认定需要纳税的家庭，应在48小时之内缴纳全部税额的1/3，而后应在15天内再缴纳1/3，余款则应在月内结清，否则就会遭受重罚。

这对于很多人来说如同灭顶之灾，不少家庭的财产和收入被过度夸大，甚至将其远期的收益也计算在内；有些人实际上根本就拿不出现钱来，例如歌剧院的经营者弗兰科尔实际上已经负债累累，却依然被认定需要缴纳财产税。"波克塞伊区（Bon-Conseil）发布命令，表示'如有人胆敢拒缴，就将其动产和不动产一律充公，由革命委员会负责卖掉，拒缴者则应被视为有反革命嫌疑'。然而这并不算完事，"委员会拿走的不过是部分的富余财产"，剩下的钱财也无法久留。清算专家德斯菲尔②表示，巴黎最富有的100名公证人和金融家所占有的财产总数应为6.4亿法郎，于是市政府将这100个富人的名单分发到各个市区，以督促他们再交出1/10的财产，也就是6400万法郎。于是，这些富翁们被狠狠地勒索了一笔，家产像挤海绵一样被榨了出来。罗伯斯庇尔说："法国最富有的人，年金收入也不应当超过3000利弗尔。③"

在这些"绅士"们的"资助"下，无套裤汉们很快地武装了起来，大笔的资金被用于"贿赂工匠们参加市区议会为雅各宾派发声，或是

---

① Buchez et Roux, XXVI, 399. 5月3日，公社关于强制借钱的法令。
② Buchez et Roux, XXVI, 463, 5月11日雅各宾派会议。
③ Meillan, 17.

圈养无业游民充当打手"。①在这种强征暴敛的政策下,富人们的一切财产都成了搜刮对象。马厩里的良马被抢走;在老妇人,特别是一些寡妇的家里,最后几辆留在巴黎的马车也被拉走②。各区的委员会利用手中的权力,大肆刺激穷人的仇富之心③;而在受到蛊惑的凶残暴戾的贫民和流浪汉面前,国民公会和巴黎市民的零星反抗显得微不足道。

4月13日,由于马拉在三个月前遭受指控之后不但不有所收敛,反而变本加厉地煽风点火,忍无可忍的多数派决定对他进行正式起诉④。翌日,他在革命法庭应诉;然而,和其他的新设机构一样,法庭的成员都是雅各宾派成员。此外,乱党们对此也早有准备。在马拉的吩咐下,"革命公社、各个市区委员会和其他革命团体"都派遣代表前来旁听。此外,"一大群革命者"早已占据了法庭大厅;"到了早上,市政厅的其他厅室、走廊和邻近的街道上",都挤满了"无套裤汉,如果他们的伟大领袖遭受不公,他们就会群起而攻之"。⑤而马拉本人则表现得如往常一般自命不凡;他根本就没有将自己当做被告,反而带着"革命使徒和殉道者"的神采;他的发言引来了阵阵掌声。最后,法庭一致决定将他赦免;暴民们将桂冠戴在他的头上,如同凯旋一般地将他抬往国民公会。

马拉的胜利让吉伦特派惊愕不已,他们得眼睁睁地看着他重新回到会场,默默地等待迫害的到来。议会中的温和派如此软弱无能,而议会外的温和派则同样不堪一击。5月4日和5日,香榭丽舍与卢森堡宫附近,各出现了五六百名个衣着不俗却并无武器在身的年轻

---

① Buchez et Roux, XXVI, 463, 5月11日雅各宾派会议, d'Hassenfratz 的讲话 – Ib., 455, 5月11日雅各宾派会议, 罗伯斯庇尔的讲话。
② 国家档案馆档案, F7, 2494, 5月16日与17日, 留尼汪区的文告 — Buchez et Roux, XXX, 167, 5月27日公社法令。
③ Schmidt, I, 327. 5月28日 Perrière 的报告。
④ Buchez et Roux, XXV, 460.
⑤ Buchez et Roux, XXVI, 149. — Ib., 马拉的发言, 114. 革命法庭布告. – Ib., 142, 国民公会会议。

人,他们对征兵令表示抗议,拒绝前往旺代镇压反叛的保王党人[1];他们喊道:"共和万岁! 法律万岁! 打倒煽乱份子,让马拉、丹东和罗伯斯庇尔见鬼去吧!"结果,桑泰尔指使自己的私兵将他们驱散,并逮捕了1000人。至此之后,其他人再也不敢在街头抗议。

由于没有其他的反抗途径,5月上旬,陆续有人回到市区议会组成了多数派,以对抗雅各宾的专制。在波克塞伊区、马赛区和团结区,卢里埃、马拉和沙莫特分别遭到唏嘘、警告和指控[2]。然而,这不过是杯水车薪之举,要想长期把持市区议会,这些温和派就必须像无套裤汉那样对政事坚持不懈,且随时准备用武力解决问题。不幸的是,在1793年,年轻人尚未真正经历雅各宾的残暴专制,对乱党仇恨不深,意志也不够坚决,没有像后来在1795年那样全力以赴。"乱党们一夜之间就将他们背后的座椅砸烂[3]",于是这群年轻人开始退缩,再也没有回到议会中来。

15天以后,暴徒们大获全胜。为了更好地打击对手,他们公开结盟,在市区之间来回穿行,相互协助[4];一个市区的雅各宾派通常以派驻代表或调解纷争的名义,向邻近市区的议会派遣由壮汉们组成的使团;于是,邻近议会的雅各宾派瞬间由少数派变成多数派,并且仗着人多势众对温和派进行谩骂威胁,以此控制投票表决。有时候,当会议结束,会场人快走空时,他们突然宣布议会继续开会,仅靠在场的15到20人推翻当天本已定论的事宜。

此外,如同在市政厅一样,他们在市区议会里也安排了打手,随时会招呼他们用武力驱逐议会中的顽固抵抗者。此外,为了让议会中所有的异议者闭嘴,这15到20名雅各宾党人又自行设立由5到6

---

[1] Ib., XXVI, 358,《巴黎纪事》356,马拉的文章. — Schmidt, I, 184. Rapport de Dutard, 5 mai. — Paris, Histoire de Joseph Lebon. I, 81.5月7日,小罗伯斯庇尔的信。

[2] Buchez et Roux, XXV, 240 et 246.

[3] Schmidt, I, 189 (Dutard, 5月6日)。

[4] Mortimer-Ternaux, VII, 218. Lombards 和 Bon-Conseil 的正式文告(4月12日):"上述两个市区根据此文告正式结盟,建立互助友爱关系,团结一致,对抗妄图破坏自由的贵族。"

人组成的监察委员会,将异议者中的领袖人物逮捕起来。波克塞伊区的议会副主席和团结区的治安法官,分别因为向国民公会呈交了一份针对煽乱份子的议案和签署了一份针对沙莫特的判决书而被投入市政监狱①。到了5月末,无论在哪个市区议会中,都不再有人敢于对雅各宾派说不。事实上,在大多数情况下,参加议会的只剩下雅各宾党人。例如在格拉维利尔区,乱党们驱逐了所有的异议人士,没有任何"阴谋家②"会鲁莽地在议会中现身。现在,雅各宾派已经羽翼丰满,可以通过缴械、身份识别、罢免公职、强征税款和强行征兵等一系列手段来对付异见人士。在将市政权力控制在手,逼迫市政府成为其同谋和向导之后,雅各宾派将矛头指向国民公会,而手中拿着的正是从后者那里获得的武器。而受到打击的吉伦特派此时只好躲入最后的避难所之中。

VI

在对国民公会采取行动之前,雅各宾派首先需要掌控所有的市区议会;在那些尚未落入他们之手的市区,他们故伎重演,通过暴力和欺骗手段逼迫议会中的诚实市民就范。这样雅各宾派就可以营造出民怨沸腾的气氛,让国民公会疲于应付。市政厅与设于主教府的革命公社联络处都派出专员,同时向各个市区传达同样的信息③。

他们如此说道:"这是一份请愿书,签字吧。不用念了,绝大部分市区已经通过了。"这样的谎话在有些市区起了作用,有些市区议会甚至不经阅读就签字通过。在有些市区,请愿书被宣读之后遭到拒签;在其他一些市区,参会者则表示希望通过正常程序来决定是否

---

① Buchez et Roux, XXVII, 78, – Mortimer-Ternaux, III, 220,– Buchez et Roux, XXVII, 231, 26 mai。
② Buchez et Roux, XXVII, 154. Bourdin对雅各宾派的讲话,5月20日。
③ Buchez et Roux, XXVI, 3. 48个市区的专员联名上书,得到35个市区和公社认可,于4月15日呈递给国民公会。

签署。于是,雅各宾派的阴谋家们赖在会场不走,等到所有的诚实公民离开之后,他们开始主导议事,最后决定通过请愿书。

翌日,当其他的公民来到市区议会,暴徒们就拿出已经通过的请愿书,将昨晚的决议强加于他们之上,逼迫他们签字;如果他们想要发表自己的意见,暴徒们就会威胁说:"签字,否则就不发给你们爱国公民证!"。为了将此种威胁兑现,一些由迫害者们把持的市区议会决定更新区域内居民的公民证,那些拒绝在请愿书上签字的公民被拒发新公民证。然而,雅各宾派的手腕不仅限于此,他们还在安排党羽们手持长枪守在街头巷尾,威胁逼迫路人签字。

一切市政权力都被雅各宾派公开地应用于政治博弈之中。"由民兵开道,市政秘书们带着桌板、墨水、纸张与登记册与革命公社的专员伴着阵阵鼓声走上街头"。整列队伍会不时地"庄重立定",并高声谴责布里索、维尼奥和瓜代;而后,"他们就开始搜集路人的签名"。[1] 由此,巴黎市长以革命公社行政委员会和35个市区议会的名义向国民公会呈交了一份措辞强硬的请愿书,指责22名吉伦特党人为叛徒并要求驱逐他们。没过几天,尽管只获得了13到14个市区的认可,市长却以全市48个市区议会的名义又提交了一份同样内容的催告信[2]。

有时候,雅各宾派在政治上还会使用一些更为卑劣的手腕。例如一些暴徒曾以圣安托万区代表的名义,向国民公会递交革命方案,并且威胁道:"如果你们不接受我们的计划,那么我们就立即宣布起义,有4万人在门口等着呢。[3]"而事实情况是,这些所谓的代表不过是"50多个匪徒,圣安托万区的居民大多都不认识他们"。在一名织毯工出身的专员带领下,他们大肆洗劫沿途的商铺和作坊,并擅自代表在旺多姆广场聚集的民众[4]。

---

[1] Fragment, par Lanjuinais (dans les Mémoires de Durand de Maillane, 297).
[2] Meillan, 113.
[3] Buchez et Roux, XXVI, 319 (5月12日). — Meillan, 113.
[4] Buchez et Roux, XXVI, 327. 人们得到通知后立即派遣新的代表,表示对于之前的所谓代表,"我们不承认他们"。

尽管拿骚乱作为威胁十分卑鄙，却行之有效；乱党们以此向国民公会表明自己才是国家的主子，并为后续的行动做好准备。马拉被赦的当天，一群乌合之众簇拥在他周围，以游行的名义占领了国民公会的大厅；暴民们挤满了台阶，与旁听走廊的闹事者们遥相呼应；在雷鸣般的掌声和欢呼中，这位一切动乱、抢劫和杀戮的教唆者再次被推上讲台①。

虽然长期处于困顿之中的国民公会一再退让，却不愿意束手待毙。它最终宣布针对22名吉伦特党人的请愿书活动为造谣中伤之举；之后，它设立了一个12人特别委员会，专门对公社与各市区呈交的文件进行调查，从中寻找雅各宾凭空捏造谎言诋毁政敌的证据。此外，委员会还传唤市长帕希作证受审，并签发了针对赫伯特、多布森（Dobsent）和瓦尔勒的逮捕令。

看到所谓的民意不但没有让国民公会屈服，反而激起了它的反抗，雅各宾派决定动用武力。维尼奥在受审时向公会承认②："3月10日以来，我们就不停地针对你们公开闹"。一位观察者在3月12日时这样记述道："这段时期十分恐怖，和9月2日惨剧前的情形十分相似③"。就在当晚，一个雅各宾党人向他的同党们提议，"先下手为强，将'流氓无赖们'全部铲除"。他如此说道④："我对国民公会十分了解，它的议员中有一部分人是流氓无赖，要把他们绳之以法；应当处死迪穆里奥的支持者和其他的阴谋家。我们现在应该关闭城中的关卡并鸣炮示警！"

翌日清晨，"街头巷尾的墙面上贴满了宣传布告"，挑唆市民们去"掐断政客们的喉咙⑤"。无套裤汉们喊道："应该有个了断了！"在接下来的一周里，无论何时何处，雅各宾党徒"都在密谋动乱……所

---

① Buchez et Roux, XXVI, 143.
② Ib., XXVII, 175, 23 mai.
③ Schmidt, I, 212. 5月13日 Dutard 的报告. — Ib., I, 218。
④ Buchez et Roux, XXVII, 9. 5月14日瓜代写给国民公会的信。
⑤ Buchez et Roux, XXVII, 2. (Patriote français, 13 mai.)

谓的自由精神和爱国主义,都成了乱党们为非作歹的借口,使他们不再受到任何约束;如果想要限制他们,只有以暴制暴。这群狂徒都信誓旦旦要把一切反革命,特别是那些'臭名昭著者①'都用手撕烂,重重地踩在脚下……最后,他们终于达成一致,一旦确信可以充分调动全巴黎的匪徒,就立刻起事②"。在市政厅、主教府和雅各宾俱乐部,乱党的基层干部们已经在谋划屠杀了③。

有人提议说寻找一栋独立的建筑作为屠场;楼房的一楼必须有三个连通的房间,而宅子后面有一个小院子。按照计划,他们会在夜里行动,将请愿信上列出的22名吉伦特党人绑架到这栋楼里;然而将他们一个个带到最里面的房间杀掉,然后将尸体埋进院子里,在上面铺上石灰。而后再伪造一些书信材料,散布谣言说他们已经潜逃到国外去了④。

巴黎治安委员会的一名成员提出了一个更为简单的方案,他说道:"我们可以像9月2号那样除掉他们,但不用我们自己动手,早已有人在为此做准备了。"在场的山岳派代表布尔东和勒让德都没有表示反对,但后者提出不要在国民公会对吉伦特派动手;但一旦他们走出会场,"只有杀掉这些流氓才能保卫共和",因此这场杀戮合情合理。他希望"自己身边的卑鄙之徒(指吉伦特派)死于非命,绝不会对他们表示同情"。

有些雅各宾派分子表示只杀掉这22个议员还不够,应该杀掉30个或32个;甚至还有人提议说要杀掉300个。有人还递上了10到12份迫害名单,表示要把各区的可疑分子全部计算在内。有人提议说要用一个晚上的时间一次性地将这些人全部除掉:首先将他们带到卢森堡区附近的加尔默罗修院,如果"人数太多,地方不够",就转

---

① Schmidt, I, 242. 5月18日 Dutard 的报告 — Ib., 245。
② Schmidt, I, 254. 5月19日 Dutard 的报告。
③ Bergoeing, Chatry, Duboscq, Pièces recueillies par la commission des Douze et publiées à Caen, le 28 juin 1793.
④ Bergoeing, Pièces, etc. – Meillan, 39 et 40.

移到比赛特尔医院；在那里"让他们从地球的表面消失"。还有些人则表示可以煽动暴民们给巴黎来一次大清洗，用"含糊不清、闪烁其词"的语言对他们说："行动起来，你们想怎么做就怎么做吧；这是我们能给出的最好建议，否则那些应该被打倒的人就会溜走。"

瓦尔勒则提出了一个更为详细和全民的方案，以维护"公众利益"："将平原派代表和那些原制宪会议与立法议会的代表一同抓捕起来；他们都是贵族、教士和贪官污吏；把他们和那些部长们全数除掉，彻底铲除波旁王朝的遗害。"而他的同谋者赫伯特则在自己的小报中攻击吉伦特派，表示"最后的丧钟将为他们敲响"。

与此同时，职业的行刑手们也得到通知，为即将开始的杀戮做好准备。拉佛雷夫妇原先在卢浮宫码头靠卖旧衣服为生。然而在9月2日，他们却因为杀人而名噪一时。而据拉佛雷先生估计，"全巴黎约有6000名无套裤汉已经做好准备，只等一声令下就大开杀戒，除掉国民公会的'恶徒'和来自于各个市区、联名要求公会废除巴黎革命公社的8000名请愿者"。另一个九月党人①，植物园营团的指挥官昂里奥试图鼓动码头工人们，用嘶哑的嗓子对他们喊道："同志们！我们现在需要你们来成就一件大事！你们要搬运的不再是木材，而是尸体！"于是一个小工用半醉不醉的语气回应道："嗯，是啊，是啊，很好！我们会像9月2号那样干活的，这样可以赚到几个小钱。"昂里奥又告诉他们说："锁匠兼造币师歇纳尔师傅已经为你们打造好了匕首……公会会场里的妇女们已经拿到200把了。"最后，5月29日，在雅各宾俱乐部②，赫伯特建议"直接杀向12人委员会"，而另一名雅各宾党徒则表示"篡权的独裁者"（指吉伦特派）将不受法律保护。

以上种种提议都过于极端、危险、肤浅、不切实际，或至少时机未到。作为全局观和理智尚存的山岳派领袖，丹东、罗伯斯庇尔以及马拉本人都意识到，一旦大开杀戒，久生叛意的外省就会立即与巴黎

---

① Schmidt, I, 335. 5月29日 Perrière 的报告。
② Bergoeing, Pièces. etc., 195. — Buchez et Roux, XXVII, 296.

针锋相对①。现在所要做的并非是毁掉合法的体制,而是要对其充分利用,按照自己的意图来肢解它。因此,雅各宾派继续披着合法的外衣,用义正言辞的外表使外省放松警惕并趁机对其施压。

4月3日②,一向谨慎稳重的罗伯斯庇尔在雅各宾俱乐部宣讲道:"希望我们的好公民们在各个市区里团结起来,共同施加影响,迫使国民公会同意逮捕那些对人民不忠的代表。"他的发言听起来毫不偏激,也没有任何原则性的错误。依照法律,人民享有与其政治代理人合作的权利;而实际上,旁听席上的民众每天都在实践这种权利。罗伯斯庇尔办事谨小慎微③,因此不愿过多介入;然而他又极为善于掩饰自己,因此辩解道:"我无法为人民指明自我拯救之路;没有人有这个能力,特别是我。四年来,革命已经让我心力交瘁,一想到独裁者得胜的场景就会让我撕心裂肺……革命的烈火已经将我耗尽。除了革命之外,我已无暇顾及其他。"

此外,他还授意市政厅"与人民紧密联合";换言之,对抗国民公会之事应当由革命公社出手,而山岳派则不露面,"只会在暗中把握全局④",操控着一些傀儡在市政厅公开上演闹剧。5月31日,公社向国民公会宣读的那封极富挑衅色彩的催告书,实际上"是丹东和德拉科瓦的手笔,借公共利益委员会的名义发出"。在七日危机中,丹东、罗伯斯庇尔和马拉为闹事者出谋划策,在自己把握的尺度内自编自导一场动乱哑剧。

VII

于是,一场三幕式的政治悲喜剧开始上演。每一幕的终结都伴

---

① 5月29日,里昂出现叛乱,6月2日,国民公会接到报告,la Lozère 有3000人起义,并夺取了 Marvejols,下一步就要夺取 Mende (Buchez et Roux, XXVII, 387)。
② Mortimer-Ternaux, VII, 38.
③ Buchez et Roux, XXVII, 297, 5月29日雅各宾派会议。
④ Barère, Mémoires, II, 91, 94.

有一个戏剧性的转折；而这三次转折不但手段雷同，而且已被提前预知，负责剧透的则是剧目的负责人之一勒让德。他在科尔德利俱乐部告诉党羽们说①："如果局势僵持不下，如果山岳派无法在会场上成为多数派，那么我就要向人民呼求，向旁听走廊中的群众喊话：下来和我们一起议事吧！"

于是，5月27日，当国民公会决定逮捕赫伯特及其党羽时，山岳派仗着旁听者的支持，公开地进行挑衅②。尽管多数派一再坚持自己的决定，却无济于事。丹东说道："只要有100名正直的公民在场，我们就敢反抗你们！"马拉则对伊斯纳尔喊话："主席先生，您是一个暴君，一个可耻的独裁者。"库东则叫喊说："打倒公会主席！"接下来，山岳派议员们决定罢免主席，他们都从席位上跳了起来，向伊斯纳尔跑去，表示要"杀了他"，用谩骂和威胁逼迫他闭嘴。最后，被整得心力交瘁的伊斯纳尔，离开了席位。接替他位置的博瓦耶-芬弗雷德也同样遭到驱赶；最后，山岳派扶植他们的同党埃罗·德·塞舍尔当上公会主席。

与此同时，一大群武装分子无视会场入口禁止闲人通行的规定，"涌进了进入会场的通道，并封锁了其他过道"。三名议员代表——马杨、尚爱普和利东——准备离开会场，却被暴民们立即抓捕，甚至"还有人拿刀比着利东的胸脯③"。而会场内乱党们却对他们场外的同党表示支持和鼓励，并为他们的暴行辩护。一向莽撞的马拉在得知指挥官拉菲（Raffet）要派兵清空会场通道后，立即"掏出手枪对准他，不许他走动④"，因为占领通道请愿是人民的神圣权利。三个小时之中，约有"五六百几乎全副武装者⑤"守在会场的门口。

---

① Schmidt, I, 244. Dutard 的报告，5月18日。
② Buchez et Roux, XXVII, 253 5月27日会议 – Mortimer-Ternaux, VII, 294. – Buchez et Roux, XXVIII, 9。
③ Buchez et Roux, XXVII, 258. – Meillan, 43。
④ Buchez et Roux, XXVII, 259 (Raffet 的讲话)。
⑤ Meillan, 44. – Buchez et Roux, XXVII, 267, 280.

到了最后，格拉维利尔区和红十字区又分别派来了自己的队伍，为入口处带来了最后一次人潮冲击。于是，暴徒们终于冲入了会场，与坐在议席上的代表们混杂在一起。此时已至午夜，很多议员代表因为疲惫已经离开。但当佩蒂翁和拉索尔斯想要回到会场时，却被困在人潮之中难以穿行。于是，冲入会场的请愿者们坐到了空出的议席之上，堂而皇之地成了议员，与山岳派沆瀣一气。而身为雅各宾派的会议主席不但不遣散他们，反而邀请他们"一同消除那些影响人民利益的障碍"。在会议大厅，会场中人群熙攘，灯光昏暗，而旁听席则喧哗不断；没有人能够听清提案的内容，也没有人看得清到底有多人起立又有多少人坐下；但至少，会议上通过了两个法令：其一，释放赫伯特及其党羽；其二，解散12人委员会①。于是，雅各宾派的信使立即跑到市政厅，宣布刚刚发布的法令，革命公社里立即响起了阵阵胜利的掌声。

然而到了第二天，多数派又回到会场；面对记名表决的压力和雅各宾派的恐怖，他们毫不妥协，通过新法令维护了12人委员会。雅各宾派决定重新行动；不过他们并非一无所获。虽然多数派出于谨慎和自我保护的本能重新在会场设置了前哨，但由于他们过于软弱且幻想和解，竟然同意将囚犯释放；于是赫伯特及其党羽重获自由。这使得他们在斗争中处于下风；而雅各宾派则大受鼓励，准备发起第二轮攻击。这一次，他们的策略十分简单，将8月10日的成功经验如法炮制。

这意味着人民"至高无上、不可分割"的权力，将凌驾于现行体制有限而又短期的权威之上；权限明晰的合法政府将被专制独断的革命政权所取代。因此，担任西岱区（la Cité）议会副主席的九月党人马亚尔向其他47个市区发出号召，建议每个区分别任命两名具有"无限权力"的全权专员。共有33个区积极响应；由于遭到清洗和

---

① Meillan, 44:– Buchez et Roux, XXVII, 278.

恐吓,这些区的议会中已差不多只剩下雅各宾党人①;因此当选专员的都是最为坚决的雅各宾党徒,其中大部分人都是来路不明的陌生人②或极端分子。

29日晚,获选的66名全权专员在主教府聚集③,推选出一个由9人组成的革命中央执行委员会,由多布森担任主席。然而,这9个人都是无名之辈,充当的不过是傀儡一般的角色。8天以后,他们的戏份就已演完,不再具有利用价值,很快退到了幕后。然而在此期间,他们却被看成是人民的全权代表,因为人民赋予了他们无上的权力。于是,这些政坛上的新面孔顶着人民代表的头衔招摇过市,有如歌剧院里穿金戴紫、扮演枢机主教和帝国选侯的龙套;如此拙劣的政治闹剧可谓前所未有。

31日早上6点半,多布森和他的8名帮凶出现在巴黎公社委员会上,耀武扬威地宣布解散公社委员会。按照预谋,公社委员会的成员们心领神会地表示愿意退出。多布森立即表示自己深受感动,立即将他们留住,以人民的名义对他们重新任命,并表示他们值得祖国的信任④。与此同时,另一个阴谋家瓦尔勒也在省政府上演了同样的一出戏。于是,省市两级行政机构都接受了"人民权力"的洗礼,与各区推选的66名全权专员沆瀣一气,建立起独裁统治。

在雅各宾派看来,这种新体系毫无纰漏,国民公会无权干涉。而且,"公会的职责仅限于制定宪法与审判专权者,除此之外人民没有授予它任何权力⑤";因此,如果它有其他举动,例如私自发布逮捕令,就是在图谋不轨,妄图篡权。而且,和国民公会相比,巴黎"聚集了各

---

① Mortimer-Ternaux, VII, 308.
② Durand de Maillane, 297. –Lanjuinais:"7个来自城区外的陌生人,Desfieux, Proly, Pereyra, Dubuisson, Gusman 和 Frey 两兄弟却被公社选为革命委员会成员",大部分人都是流氓无赖。
③ Buchez et Roux, XXVIII, 156.
④ Buchez et Roux, XXVII, 306. 5月31日公社文告 – Ib., 136. – Mortimer-Ternaux, VII, 319。
⑤ Buchez et Roux, XXVII, 274. 5月27日 Hassenfratz 对雅各宾派的讲话。

省的精华,是民意的镜子"和革命爱国运动的先锋,因此更能够代表法国①。"还记得么8月10日事变么? 在此之前,各地都有人对共和颇有微词。但是,当你们给王权最后一击之后,他们立刻就消声了。不要对外省过度忧虑。只要我们稍加劝导和威胁,就可以转变各地的民心"。

如果有好事者表示要在各省重开基层议会讨论新体制,雅各宾派就会反驳道:"8月10日事变时召开过初级议会么?各省不是认同了巴黎的做法么? 这次也是一样,是巴黎拯救了全法国!②"最后,新建立的巴黎政府将军队的最高指挥权交到了雅各宾死党、九月惨案凶犯之一的昂里奥手中。而后,他肆意践踏法律,公然扰乱社会秩序。在其授意之下,军队鸣炮示警,巴黎城内警钟响起,各个关口全部关闭。雅各宾派迅速控制住了各个邮局的官员,将所有的信件全部拦截并一一拆封。一切有反革命嫌疑者都被强令向"革命者们缴械;与此同时,雅各宾派还鼓动那些穷困人群拿起武器站到他们一边,许诺每人每天可以领到40苏的佣金"。③而各个市区的雅各宾乱党也于前夜被告知做好夺权准备。到了早上,被雅各宾派把持的市区,当地的监察委员会已经选派出"最为贫困者组成的队伍,因为只有他们才配拿起武器为自由而战"。于是,所有的枪支都派发给了这些"共和国的忠实劳工们④"。随着时间不断推进,那些不愿向雅各宾派屈服的市区接连出现暴力夺权。在菲尼斯泰尔区、磨坊岗区(Butte-des-Moulins)、伦巴第区、博爱区和沼泽区⑤,忿怒的无套裤汉们强行驱散了各区议会里的温和派,霸占了会场并自行选举专员。到了下午,他们推选的代表前往市政厅宣誓就任市区全权专员。

---

① Ib., 346. 5月31日Lhuillier在国民公会的讲话。
② Mme Roland, 5月31日罗兰夫人在阅马场与一名炮兵的谈话。
③ Buchez et Roux, XXVII, 307 à 323 公社5月31日文告。
④ 国家档案馆档案, F7, 2494, 留尼汪区革命委员会登记册, 5月31日早上6点的文告。
⑤ Buchez et Roux, XXVII, 335, 5月31日国民公会会议。专员们以48个区的民前来请愿,但实际只在26个区获得授权。

于是,完全受制于暴民的巴黎公社开始向国民公会发难,不断地发起各种带有威胁性的请愿行动。5月27日,请愿者们冲入了公会的会场,"与其中的左派抱作一团"。而山岳派在确信自己的地位稳固后,纷纷起身向右边挪动①。受到侵犯的右派们则拒绝合作;维尼奥表示"要寻求场外军队的支持和保护",与自己的下属们一起离开了会场。于是,多数派们因为领袖的离开而陷入焦虑之中。在会场内,山岳派、请愿者与走廊上的旁听者们谩骂声不断;而会场之外,约有两三千人挤满街头,喧闹不已②。

磨坊岗区的营团与邻近市区派出的队伍合兵一处,坚守皇家宫殿。于是昂里奥则四处散布谣言,说富裕的中心城区里又竖起了白旗,鼓动圣安托万区和圣马尔塞区的无套裤汉们向皇家宫殿冲来。虽然军队在两边已经架好了大炮,然而多数派却不愿开火,不愿引发内战;他们只是希望"防止事态恶化,危及自由③",认为重建秩序并维护稳定才是第一要务。最后,虽然他们"勇敢"地拒绝了公社关于逮捕"22人集团",以及勒布朗和克拉维尔两名部长的要求;但作为交换,他们却同意解散12人委员会、向武装贫民每人每日发放40苏的军饷并无限制地完全开放旁听走廊。此外,无论是支持还是反对国民公会的市区,其所辖国民卫队将进行统一征调。与此同时,国民公会还表示将在8月10日成立一个联邦大会。于是,危机在最后一刻终于化解,在皇家宫殿因为谣言而针锋相对的两支队伍瞬间化敌为友。

但实际上,革命公社依然是这次冲突的赢家;他们不但成功地使自己的诸多诉求合法化,自己新设的革命体制也获得承认:雅各宾派的执行委员会成了合法机构,作为新的政权接管了市政大权;昂里奥则总领全军,独断专行而不受任何限制。然而,乱党们对此并不

---

① Buchez et Roux, XXVII, 347, 348. — Mortimer-Ternaux, VII, 350.
② Dauban, la Démagogie en 1793. — Diurnal de Beaulieu, 31 mai. — Déclaration de Henriot, 4 germinal, an III. — Buchez et Roux, XXVIII, 351.
③ Mortimer-Ternaux, VII, 565 6月5日 Loiseau议员的信函。

满足,想要让局势进一步恶化。赫伯特在《杜歇老爹报》阐明了他们的理由:"我们还没有完全胜利,那些xxx的阴谋者还活着呢!5月31日晚,公社发出了针对勒布朗、克拉维尔以及罗兰夫妇的逮捕令。从当晚开始一直到第三天,48个市区的监察委员会按照市政厅的指示① 重新拿出了他们的迫害名单,而且又加上一些新的名字②,并依照名单在各自的区域内搜捕可疑者。

于是,任何人,只要对革命委员会表示过不敬,反对过5月31日的雅各宾叛乱,没有支持过8月10日事变,或者是在立法议会里投票反对过雅各宾派,都一概被作为打击对象。这个围捕行动在各区中同时进行;每条街上都可以看到人遭到逮捕,被暴徒们押往市区议会或监狱。首先遭到逮捕的是"反革命"的记者们,他们的报纸被没收,报社也被查封。科尔萨斯的印刷厂遭到洗劫,印刷机被雅各宾派用来印制他们的宣传品③。在社会契约区、博爱区、沼泽区和马赛区,温和派最后的反抗也被打退。而在一旁静观其变的革命公社,又一次将矛头对准了国民公会。

首先,革命公社安排各个市区分别列出一份本区"无套裤汉劳工名单",声称要向这些临时失业者按人头发放6法郎作为生活补贴,但同时又表示这笔款项应由国民公会支付④。作出这样的承诺实际上是为了收买暴民们闹事;帕希深知有钱好办事的道理,因此挪用了原本应发往圣多米尼克殖民地的1.5万法郎。6月2日,雅各宾党徒们列队上街,向贫民们派发面值6利弗尔的指券⑤。为了更好地保证这些人拿起武器替他们卖命,每支队伍还安排了一些运载物资的马车随行⑥。让人吃饱肚子,再喝上一品脱的美酒,最能激发出爱国革命的热情。

---

① Buchez et Roux, XXVII, 352 à 360, 368 à 377. 6月1日和2日,公社的通告。
② 国家档案馆档案,F7, 2494,留尼汪区5月1日布告。
③ Buchez et Roux, XXVIII, 19.
④ Buchez et Roux, XXVII, 357. 6月1日公社文告。
⑤ Meillan, 307. - Fragment, par Lanjuinais. - Diurnal de Beaulieu, 2 juin. - Buchez et Roux, XXVII, 299 (Barère的发言)。
⑥ Buchez et Roux, XXVII, 357. 6月1日公社文告。

昂里奥从库尔博瓦搬回了刚组建不久、准备前往旺代镇压叛乱的志愿军①。这几支队伍里的士兵都是一些善于"冒险投机"的流氓和强盗，后来还得到了"500利弗尔好汉"的美称。此外，他手下还有一只由罗斯塔尔(Rosethal)统领的轻骑兵；这些来自德国的雇佣兵听不懂法语，更不懂法律。

昂里奥还在国民公会周围排兵布阵，精选出一批无套裤汉将会场团团围住，其中包括最精锐的雅各宾炮兵②；他们拉来了163门大炮，并带上了炭火和炉条，随时准备点燃炮弹。虽然杜勒伊宫遭到暴徒们的围困，但被召集起来的国民卫队主力却比他们多出五六倍，完全有能力"应对四五千人的暴乱③"。 然而他们此时却驻扎在吊桥的另一端，不但吊桥吊起，而且视野也被阅马场前的木障遮挡；由于接到命令不得随意走动，而且对正在发生的叛乱毫不知情④，因此他们非但没有前往救援，反而对忠于雅各宾派的先头队伍听之任之。

于是，从早上开始，国民公会的回廊、通道和楼梯上满是旁听走廊的常客和拿钱闹事的妇女。一些手拿刀枪的"胡子"将驻守会场的卫队指挥及其军官扣留起来；由此，合法的卫队被私兵替代⑤，公会议员们也成了囚徒。如果有人必须离开会场片刻，就会有四个枪手负责监督，"为他引路，跟着他，而后又将他押送回来⑥"。而其他人如果想往窗外偷窥，就会被当成靶子瞄准。年老的杜萨勒(Dusaulx)遭到殴打，博瓦西·戴格拉则被暴徒一把掐住脖子带走，回来时领带和上衣都被撕碎。国民公会就在这种禁闭状态下撑了7个小时，最后向昂里奥派去了一名传令员宣读其决议，却得到了这样的回复："告诉

---

① Meillan, 53, 58, 307. — Buchez et Roux, XXVIII, 14 (Précis, par Gorsas).
② Ib., XXVII, 359. 6月1日公社文告。
③ Lanjuinais称有100 000人；Meillan 认为有80 000人；Somme省的议员则认为有60 000人，但都没有足够的证据支持。 根据各种资料显示，作者认为人数要少得多，因为很多人被缴械或被迫退出了。和5月31日那天一样，估计人数约为30000人。
④ Mortimer-Ternaux, VII, 566. Loiseau议员的信："我跑到一个军团中，所有的兵士都表示自己不知道这起事变的原有,只有他们的长官知道。"(6月1日)
⑤ Buchez et Roux, XXVII, 400, 6月2日公会会议。— XXVIII, 43. Saladin的记述。
⑥ Mortimer-Ternaux, VII, 392. 雅各宾俱乐部6月2日公告— Ib., 568. Loiseau的信函。

你们的xx主席,我要把他和整个议会都xx。如果一个小时之内他不交出那22个人,我就把议会劈烂。①"

在会场里,由于领袖和发言人的缺席,多数派们感到自己遭到了遗弃,心理上更加脆弱。在雅各宾想要抓捕的22个人之中,约有1/3的人,如布里索、佩蒂翁、瓜代、让索奈、布佐、萨勒、格朗吉诺弗等都被亲友强留在家里②;而维尼奥虽然到场,却缄默不言,最后想起身离开。而山岳派正好借此将他扣住。有四名吉伦特党人:伊斯纳尔、杜扫勒克斯、兰特纳和佛歇,一直想要坚持立场,最后却还是同意辞职。

既然将军们都已经交出了指挥刀,那么士兵也就跟着缴械投降了。只有非吉伦特党人,来自布列塔尼的天主教徒兰茹奈(Lanjinais)以私人名义谴责暴徒们对国民公会的冲击。于是他立刻成了众矢之的,直接在讲台上遭受到了攻击。刽子手勒让德"用手比划出砍头的动作",向他喊道:"下来,要不然我打死你!"一群山岳派议员也赶来支持勒让德,用枪抵着他的喉咙③。然而他毫不妥协,抓住讲台不肯放手;但他周围其他人的意志却崩溃了。就在这时,善于变通的巴勒雷建议休会,到"可以保护他们的军队那里议事④"。事实上,这已经成了多数派的唯一退路。于是,他们全体起身,顶着旁听走廊传来的阵阵咒骂,冲下楼梯一直跑到阅马场的入口。会议主席德·塞舍尔虽为山岳派,却依然向昂里奥宣读国民公会的决议,义正言辞地要求他撤出。

然而,跟着多数派前来的大多数山岳派议员却借着机会鼓励暴民作乱。丹东拉住昂里奥的手,向他低声说道:"你继续干你的事吧,我们都会作证说公会是自由的;放心⑤。"听到这些话,头戴花翎、身

---

① Buchez et Roux, XXVIII, 44. Saladin 的记述 — Meillan, 237. — Mortimer-Ternaux, VII, 547. Somme 省代表的宣言。
② Meillan, 52. — Pétion, Mémoires, 109 (édition Dauban). — Lanjuinais, Fragment, 299.
③ Lanjuinais, Fragment, 299.
④ Buchez et Roux, XXVII, 400.
⑤ Robinet, 丹东的审讯, 169. Danton 的发言 (Topino-Lebrun 的记录)。

体消瘦的昂里奥不再有任何顾忌,他用半醉不醉的口气对德·塞舍尔说道:"埃罗,人民今天在此聚义,绝不是为了听几句废话的。你是个正直的爱国者;……答应我,用你的脑袋保证,在24小时内将那22个人交出来!。""绝不!""这样的话,我也不多说了。火炮手们!准备!"于是,炮兵们举起了点燃的引线,"骑兵们亮出了马刀,步兵们则将举枪向议员们瞄准①"。

由于受到拦阻,议员们转向左边,穿过拱道后,沿着花园的径路一直走到吊桥边,试图找到一条退路。然而,吊桥已经升起,而其他方向则是一排排拿着刺刀和长枪的暴民们,他们将议员们围困起来,喊道:"山岳派万岁!马拉万岁!布里索、维尼奥、瓜代、让索奈上断头台!将这些污血都排干净!"这时的公会议员们已如同围栏中的羊群一般,四处碰壁。而马拉此时则更像一只狂吠不已的牧羊犬;他不顾自己腿短,领着自己的匪帮拼命地跑了过来,嘴里还喊道:"诚实的议员们,请回到你们的岗位上去!"于是,议员们机械地低下了头,回到了会场。于是大厅立即关闭,他们再一次被囚禁起来。一些陌生人走进会场,和他们共同议事。

为了提高他们的效率,一些无套裤汉手持带有刺刀的毛瑟枪,站在会场的至高点不停地向他们比划,发出威胁。无论会场内外都处于严密的控制之中。议事大厅中则如死一般沉寂。最后,瘫子库东将自己座位上撑了起来,被他的朋友们扶上了讲台。此人阴沉但极具影响力,是罗伯斯庇尔的密友。他坐定后,用十分柔和的声音说道:"公民们,作为国民公会的议员,现在我们必须保住自己的自由……因此,请你们自由地作出决定吧!②"于是,这场喜剧终于落下了帷幕,其荒诞程度恐怕只有莫里哀的作品能与之相比。

在走廊传来的掌声中,这位瘫子情绪激动地提出要逮捕22名吉伦特"叛徒"、12人委员会的成员,以及部长克拉维尔和勒布朗。没

---

① Buchet et Roux, XXVII, 44. Saladin 的记录 — Meillan, 59. — Lanjuinais, 308, 310。
② Buchez et Roux, XXVII, 401.

有人敢提出异议①,"因为大家都必须为自己的人身安全着想,而会场大厅里充满了恐怖气氛"。于是有人表示"无论如何,将这些被追查的人关在家里也无可厚非,因为这样他们还安全一些……即使遭受小小不公,也比在外面遭受大难要好。"还有人喊道:"与其背叛自己的原则,还不如放弃投票。"于是,议员们不再继续坚持。约有三分之二的人选择退出,不参与投票,坐在席位上默默忍受。右派议员中只有50人起身支持被指控的吉伦特党人。而与此同时,进入会场的暴民和伪议员则加入了山岳派,以此赢得投票并迫使公会发出法令。现在,国民公会完全遭到肢解,成为了巴黎政府的傀儡。雅各宾派终于成功夺权,而在这群征服者的统治下,断头台上的大戏即将上演。

VIII

现在到了最为关键的时刻:无论在哪个国家,都未曾出现过国民与其政府如此对立的局面。通过一系列清洗和倒行逆施,掌握国家权力的只剩下最纯粹的雅各宾党徒。1789年涌起的革命潮水慢慢消退,沉淀下的却是社会的淤泥和残渣;其他的政治势力则逐一退出,首先是教士、贵族和立宪派等上层人士;而后是实业家、大商人和市民等中产阶级;最后则是下层社会的精英分子,包括小地产主、小农场主、工匠作坊主,简而言之,即各行各业中的杰出者,他们拥有一定的资产和稳定的收入,受过一定的教育,有着基本的教养和良知。而1793年6月上台执政的雅各宾乱党则是一群乌合之众,包括没有固定工作的劳工、城乡的流浪汉、医院里的常客、干粗活的女佣等各种卑鄙和危险的社会边缘群体②。这群人道德败坏,生活放荡,举止不端,终日游手好闲;然而现在,他们却可以通过巴黎掌控全国。他们

---

① Mortimer-Temaux, VII, 569. Loiseau议员的信函 — Meillan, 62。
② Siéyès(被 Barante 引用,《国民公会史》III, 169)也如此描述"这些所谓的人民实际上是全法民众的死敌,正是他们围堵了国会周边的街道。"

自行拼凑出一支武装队伍，兵员大多都是一些游荡在首都各街区的癫痫或痨病患者，心术不正且行为不轨；他们脾气暴躁、愚蠢而又疯狂，与文明世界格格不入①。

至于雅各宾派如何滥权，我们将通过考察党派本身及其领袖，还有其中最具代表性的打手和阴谋家，以此举证说明。6月2日之后，国民公会"约有一半的议员代表都不再参与任何表决，约有150多人已经逃走或消失了。"②在雅各宾派的高压之下，议员们要么沉默、要么逃走，还有很多人遭到逮捕和指控。6月2日晚上，乱党灵魂人物、思想狭隘偏激又惯于招摇撞骗的马拉上台执政；在过去，这位执着虔诚的雅各宾党徒日日都在策划政治阴谋，引发无数血案；而今天，他终于将垂涎四年之久的权力纳入囊中，能够像马略、苏拉或者是屋大维、安东尼和林必达那样掌握所有人的生杀大权。"当有人给他念出迫害名单上的名字时，他随时会提议再加上一些人，或是将某些人的名字抹掉；于是，手下立即照办，丝毫不理会国民公会。"③

6月3日，昨日引发事变的革命中央委员会向市政大楼派遣了一个特别代表团，占领了王后大厅。已沦为阶下囚的瓜代和佩蒂翁正好在场，亲眼了目睹这些暴徒是如何蹂躏合法政权的。"大厅里鼾声如雷④，有人躺的凳子上，有人则趴在桌上；这些人有的赤着脚、有的穿着拖鞋；几乎所有人都衣衫褴褛、不修边幅；他们面目可憎，腰间别着手枪和刀剑，身上胡乱地挂着绶带⑤，到处都是空酒瓶、面包屑、肉渣和骨头，散发着阵阵腐臭"。

乱党的本性赤裸裸地显露了出来。而领导市政厅匪徒的既不是尚存有一定法律意识的沙莫特，也不是有着瑞士人典型的冷静外表，暗地里却试图曲折求全的帕希，而是比马拉更为粗俗和卑鄙的赫伯

---

① Gouverneur Morris, II, 241. 1792年10月23日的信函。
② Mortimer-Temaux, VII. 7月6日，Laplaigne 代表的信函。
③ Meillan, 51. – Buchez et Roux, XXVII, 356. 6月1日公社文告。
④ Pétion, 116.
⑤ 绶带是官职的象征。—译者

特。他借此机会"利用《杜歇老爹报》大发横财";这份报纸约发行了60万份,分送给武装起来的贫民,而赫伯特为此向市政厅开出了13.5万利弗尔的价码,这使得报纸的利润率达到了75%[①]。

活跃在街头的乱民可以分为武装团伙和民间暴徒两类;前者大多数由一些莽汉组成,纷纷加入到了革命军之中。"革命军[②]一般被认为是1789年后才事实出现的新事物,最初由奥尔良公爵的手下建立,后来不断发展壮大,不但建立了自己的指挥体系,还有属于自己的活动场所、口令和行话……每次革命活动都少不了他们的参与和支持;即使他们不大规模地展开行动,也会设法教唆民众暴乱。1789年7月12日,正是他们扛着内克尔的雕像并封禁了所有的剧院;10月5日,他们引发了凡尔赛民变……1791年4月20日,他们又围住了杜勒伊宫并逮捕了国王……在威斯特曼和富尼埃的指挥下,他们又吸纳了从布勒斯特和马赛赶来的志愿兵,由此成了1792年8月10日事变的主力军,并积极参与了9月屠杀;1793年5月31日,他们又支持马拉党人起事……"

革命军之所以"战功卓著",是因为它本身就是一个匪营,集中了来自阿维农、马赛、布拉班、烈日、瑞士和热那亚的罪犯。而现在,雅各宾派对他们进行细心筛选[③],将其中最为强悍和暴戾,同时也是最为忠于革命的那批人留下,将他们整编成正式的军队,发给他们三倍的粮饷,以此收买他们充当自己的私兵。在"吸纳了那些失业的假发工、家仆,以及那些没有体面工作,整日难以糊口的贫民和靠着一张嘴搬弄是非的煽乱者之后",革命军开始向里昂、波尔多、第戎和南特派遣队伍,把持这些城市的防务;而剩下的1万人则留在巴黎,"充当雅各宾派的禁卫军"。

至于民间的暴徒,首先包括那些市区议会中的常客,这些人前往

[①] Mortimer-Ternaux, VII, 300.
[②] Mallet du Pan, II, 52 (8 mars 1794).
[③] Buchez et Roux, XXIX, 152.

会场主要是为了拿到40苏的例钱。其次,还包括那些出现在不同公共场合的"民意代表",他们人数约有1000,都是些口头爱国者,"其中2/3为女性"。波留尔(Beaulieu)①这样评述他们:"我已经花时间仔细观察过他们的表演了;他们如同魔灯一样飘移不定,从国民公会跑到革命法院,而后又从革命法院跑到革命公社或雅各宾俱乐部;他们晚上会在那里开会……有时候甚至忙得顾不上最基本的生活需求。当参与到大型运动或是杀戮之中时,他们会坚守岗位不动,即使是吃饭也不会离开。"

无论是革命军还是民间的暴徒,都接受昂里奥的领导;此人最开始靠诈骗谋生,而后又给警察做密探,曾因为偷窃而被关押在比赛特尔医院;在革命中,他曾策划了九月屠杀;在此之后,无论是在街头巷尾还是在药贩子们聚集的高台,他都穿着一身将军制服招摇过市,显摆自己的将领身份并借此迷惑人心。这个无赖总是喝得烂醉;他的头如同锥子,声音嘶哑模糊,眼睛凶光闪闪,脸颊在神经刺激下间歇性地抽搐,根本配不上他的头衔。"他只要一张嘴,就会像其他莽汉一样谩骂不停,声音极为阴沉,脸部不停抽动,只有在讲完话,耳朵抖动三下之后,面部才会恢复平衡"。②

马拉本可以与赫伯特和昂里奥上演一出政治三重奏,所幸的是夏洛特·科尔德给了他一刀;否则,作为报业和军队的领袖,他很可能在雅克·胡、勒克莱克、文森、罗森和底层忿怒派的支持下,驱赶丹东,压制罗伯斯庇尔,掌控整个法国。雅各宾派的这些领袖人物的群众基础是下层贫民,而现在他们俨然成了国家的新主人③。即使我们无法预知在接下来的14个月中他们会做些什么,但就其秉性来看,也不会有人会对他们的政权抱有任何期望。

然而,无论新的政府如何糟糕,外省最终还是对其表示顺从与

---

① Beaulieu,《论大革命》. V, 200。
② Schmidt, II, 85. 6月24日 Dutard 的报告。
③ Barbaroux, 12。

屈服。实际上,当雅各宾派迈出恐怖专制的第一步时,里昂、马赛、土伦、尼姆、波尔多、卡昂和其他城市就已经感到危机正步步逼近①,于是立即针对当地的雅各宾俱乐部展开行动。然而,这不过是本能的自卫反应;和山岳派不同,它们既没有想过要建立国中之国,也没有计划夺权中央权力。里昂喊出了"共和万岁!人民团结万岁"的口号,礼遇国民公会的专员,并准许运往阿尔卑斯军营的辎重车辆和马匹通行。如果不是巴黎过于蛮横无理,否则里昂根本不可能想要反抗;事实上,旺代之所以出现叛乱,主要也是因为巴黎坚持要在那里进行严苛的宗教迫害。

在很多城市,市民们并未感到精神上受到长期压迫,也不觉得会有危及生命的风险逼近,因此并未想到要脱离中央。即使是处于专制残暴的中央政府之下,除了里昂和旺代之外,法国的其他地区没有想过要去破坏国家统一,割据自治。强大的中央集权体制确保了民族的团结和凝聚力。对于法国人来说,他们只有一个祖国。当祖国处于危险之中,有外敌在边境出现,他们就会聚集到国家的大旗之下。即使掌旗者是篡权者、投机者、无赖或是蠢材,只要他能坚定地执掌住旗帜②,他们就会紧跟其后。

在大多数法国人看来,在国家有危难之时夺取篡权者的权力、挑战他们所谓的权威、驱赶他们并取而代之都会损害国家利益。作为义士,应当为了公众的利益而摒弃私仇,为了献身于国家而服从这个不名誉的政府。在陆军部,工兵营和指挥所的军官们都忙于研究作战地图,心中再无他念。

例如"成功指挥了敦刻尔克和莫博日(Maubeuge)解围战③"的军官达尔森(d'Arçon),他拥有无人能及的天资,善于分析,知识丰富,观察敏锐且想象力丰富,道德高尚且头脑灵活。杜潘这样评价

---

① Lauvergne,瓦尔省革命史176. 在土伦"反革命情绪不过是个人情感"。
② Gouverneur Morris, II, 395. 1794年1月21日信件。
③ Mallet du Pan, II, 44.

他:"我和他的密切来往已有十年,他和我一样对革命并不热心。"卡诺(Carnot)也对革命不感兴趣,但他还是和公共利益委员会的其他同事——如比约-瓦勒雷、库东、圣茹斯特和罗伯斯庇尔,一同签署了多个法令,致使很多人惨遭杀害。普通士兵对于革命也同样冷漠,然而无论是1791年兴起的志愿兵,还是1793年征兵制下组建的军队,无论其兵源来自乡村还是城市,他们在保家卫国的同时也是在为革命而战。因此,形势越是激化和危险,极端派别越能够得势。

自从8月10日,特别是翌年1月21日以来,革命已不再是为了剔除旧制度中陈腐有害的糟粕,对其进行现代化改良,建立一个平等温和的君主宪政体制,而是为了武力对抗布伦瑞克的武装①进攻和流亡贵族的反扑报复,防止旧制度复辟,旧有的封建和税收体制死灰复燃,甚至变本加厉。

乡村里的大部分农民都对这种体制深恶痛绝;从经验和传统上看,这样的憎恶会让社会陷入无休止的长期动乱之中。无论如何,农民们都不愿再缴纳任何地租、酒赋和盐税。对于他们来说,这些就是旧制度的全部,因为自从革命以来他们几乎就再也没有税租的概念。因此,这些人的革命态度十分坚决,特别是当看到人头税、什一税和封建地权似乎要卷土重来时,他们就会为了革命而死战到底。对于底层市民和工匠们来说,乱世之中各种出人头地的机会则是他们投身革命的主要动力;而且,他们的革命理想尚未泯灭。

大敌当前,所谓的革命理念早已被雅各宾阴谋家们玷污,但大部分官兵却依然对其保有纯洁的幻想;当他们在热玛卑斯的枪林弹雨苦战,或是赤脚行军于积雪覆盖的孚日山麓之时,自由、平等、民权和理性进步,这些模糊却又优雅的概念浮现于他们眼前,引领他们勇往直前。他们对于这些理念的信仰坚定不移,从未想过要去玷污或是践踏它们。至于雅各宾派每日上演的政治丑剧和断头台惨剧,他们

---

① Gouvion-Saint-Cyr, I, 56:"不到三个星期内,布伦瑞克就征调武装了100个营团向法国开进。"

也从未参与。他们既不是雅各宾派的骨干,也不是在各区闹事的匪徒,更不是议会的拿钱闹事者,或是断头台上的侩子手。当意识到危机来临时,他们立即从革命的疯狂中清醒过来,像常人一样懂得尊卑之分,知道服从命令;为了革命历经艰辛,九死一生。因此,他们因着自己的贡献和牺牲而成为英雄①,以解放者自居,开始自傲起来。

一位观察家②曾如此评论他们中的生还者:"他们之中很多人深信法国人是唯一理性的民族……在法国人眼中,欧洲其他地区的民众愚昧无知,或者就是无耻地将自己出卖给了那些独裁者,他们与我们战斗,竟然是为了保住自己身上的枷锁。彼特和科堡则是这群无赖的领袖'……所有欧洲人都被他们整齐划一地看成是傻瓜和叛徒……在1794年,法国国内的主导理念是:为国尽忠……除此之外,丰衣足食、发展前进等其他概念,都华而不实。既然现在社会已不存在,那么社会进步也就无从谈起。唯一能让民众聚集起来的不过是各种盛大的庆典,意在激发人民的爱国之情。当人们在街上读到宣传鼓手巴拉的英雄事迹时,就会感动得热泪盈眶……爱国主义成为了法国人的唯一信仰。"

然而,这不过是表面现象。对于高贵的法兰西人民③,无论他们的统治者如何骄奢淫逸、恶贯满盈,他们最后都会挺身而出,拨乱反正,将民族从危难中解救出来。

---

① 关于这种爱国情绪 Cf. Gouvion-Saint-Cyr, Mémoires, et Fervel, Campagnes de la Révolution française dans les Pyrénées-Orientales。

② Stendhal,《关于拿破仑的回忆》。

③ Gouvion-Saint-Cyr, Mémoires, 43: "爱国主义替代了一切,成为了我们的唯一胜利源泉,而胜利则是我们唯一的期望。"